同济大学经济与管理学院资助出版

同济经管
TONGJI SEM

复杂工程的
项目管理优化方法研究

彭 岩 等著

同济大学出版社
TONGJI UNIVERSITY PRESS

图书在版编目(CIP)数据

复杂工程的项目管理优化方法研究 / 彭岩等著. —
上海：同济大学出版社，2019.1
ISBN 978-7-5608-8265-9

Ⅰ.①复… Ⅱ.①彭… Ⅲ.①项目管理—研究 Ⅳ.
①F224.5

中国版本图书馆 CIP 数据核字(2018)第 294354 号

复杂工程的项目管理优化方法研究

彭 岩 等著

出 品 人 华春荣 策 划 吕 炜 陆克丽霞 责任编辑 李小敏
责任校对 徐春莲 封面设计 陈益平

出版发行 同济大学出版社 www.tongjipress.com.cn
(地址：上海市四平路 1239 号 邮编：200092 电话：021-65985622)
经 销 全国各地新华书店、网络书店
排版制作 南京展望文化发展有限公司
印 刷 江苏凤凰数码印务有限公司
开 本 710 mm×1000 mm 1/16
印 张 16.5
字 数 330000
版 次 2019 年 1 月第 1 版 2019 年 1 月第 1 次印刷
书 号 ISBN 978-7-5608-8265-9

定 价 82.00 元

前言 FOREWORD

当前，中国经济正从高速增长转入中高速增长"新常态"，多年积累的各种矛盾集中爆发。如何破解？产业改造升级、增强经济社会发展新动力，解决区域间、产业间发展不平衡问题，各种重大和复杂工程犹如"火车头"，发挥着巨大的牵引作用。中国经济的发展、城镇化的快速进程，催生了一批复杂工程建设项目，数量日益增多、规模日趋庞大、复杂性日渐明显。由于复杂工程具有建设周期长、涉及利益主体多、不确定性因素多、对社会影响大的特点，给项目的管控和治理带来了巨大的挑战。本书共有 4 篇文章，从多个角度入手，引入最新的理论成果，深入探讨中国背景下适用的项目管理优化模型和方法。

第一篇作者为彭岩。在工程建设项目中，业主与承包商之间长期存在着对立和不信任的关系，承包商往往通过低价竞标、高价索赔的方式赚取利润，相应地，业主也常常通过拖欠工程款来缓解资金压力。这些都引发了建筑市场管理的低效率，频出的建筑质量问题和项目超预算、超工期。本文为此提出一种不完全信息下基于声誉评估的动态信任博弈模型。结果表明：在工程项目的全生命周期过程中，本文提出的动态信任博弈模型能使各方效益最大化并有效防止欺骗，从而保障施工安全、招标公平可信，并且减少项目结算时的交易和谈判成本，提高建筑市场效率。

第二篇作者为王仲钰。总分包模式是目前我国建筑业内最常见的发包模式，论文研究总包数量与分包数量对业主成本的影响，进而降低业主成本，对总分包组织进行优化。研究发现，工程规模、总包单位的管理能力、材料设备的管理难度系数以及标准情况下的施工合同与材料设备合同数量这些参数会影响到最优情况下的总分包数量。业主方的管理能力、总包方的管理费系数和各参与方的利润率等参数会较明显地影响业主最小成本，据此可以为业主在总分包模式下有效降低成本提供参考。

第三篇作者为卢科宇。管理者在对待新的项目时，往往低估项目的复杂性，造成了投资超支和进度延期等目标失控的现象经常发生。因此，找到一种合理的方式客观地管理复杂工程是至关重要的。论文针对项目前期复杂工程工期估算的方法进行了深入的研究，综合实践过程中项目管理者的做法，采用人工智能(Artificial Intelligence)领域的案例推理(Case-based Reasoning)概念构建模型。本文以摩天大楼这类复杂工程作为实证研究的案例，选取1993—2014年国内25个项目构建案例库，验证CBR工期估算模型的运行效果，最终结果显示CBR工期误差4.16%，远低于传统工期估算误差9%～16%。该研究改进了复杂工程工期估算方法，其结果可以为业主和承包商提供更准确的决策判断依据，有利于进度管理和资源配置。

第四篇作者为林婧。能耗反馈系统作为干预建筑住户能耗行为的一种手段，被学者们广泛研究其在建筑节能方面的效果。尽管有不同的内外部因素的影响效果研究，两个可能会对能耗反馈有效性产生显著影响的因素尚未被实证研究，也就是内部因素反馈方式和外部因素住户的文化背景。此外，能耗反馈对用户行为干预一直被作为一种长期节能手段，然而，对其长期效果的研究仍旧不足以验证其长期节能的有效性。因此，论文搭建了基于网站和基于智能手机应用程序这两种不同能耗反馈方式的能耗反馈系统对以上问题进行了研究。该研究首次对文化和反馈方式对于能耗反馈系统的有效性的影响进行了分析，研究发现，能耗反馈系统的设计应对目标群体的文化背景具有指向性，且应当注意反馈方式的设计与选择，以提高建筑节能效果并使得节能效果可持续。

目录 CONTENTS

第一篇

不完全信息下业主与承包商的动态信任博弈模型

彭　岩

一、引　言

（一）研究背景

伴随着中国整体经济的快速发展，中国工程建设行业无论是在数量还是规模上都呈现几何级的增长。然而在经济发展的大背景下，社会整体的信任水平却在下降。根据张维迎的研究，我国现阶段阻碍经济发展的一个瓶颈性的问题就是信任的缺失，而且这种现象存在的广泛程度已经遍布各行各业（张维迎，2003）。

1. 业主与承包商负面关系的广泛存在

根据赵振宇等（2005）的研究，建设工程中业主方与承包商普遍存在着相互防备以及对立的负面关系，工程项目中各参与方之间需要建立信任关系。负面关系严重影响着项目"铁三角"，也即项目的成本、质量和进度。业主拖欠工程款、承包商恶意索赔、由于合同不完备使得合同签订与履行过程相分离、概算超估算、决算超预算比比皆是（Wang，1994），在合同签订中，业主往往还通过一些免责条款将项目风险转嫁给承包商，承包商又把这些可能发生的费用在投标时加入报价中，在合同执行中，双方又利用合同的漏洞采取对自身有利的策略。信任的缺乏造成了大量的监督成本，引发索赔、仲裁，损害了社会效益（Chan，2004）。

2. 建设工程行业的问题

建筑业投资体量大、就业人口多、对 GDP 的拉动作用明显，长期以来都是国民经济的支柱产业。但是建筑业存在着项目管理低效、粗放，生产力水平低，欺诈、不合规项目频出等问题。据麦肯锡调查估计，98%的大型工程超出预算30%，77%的工程至少延期 40%（图 1－1）。

除此之外，中国的建筑还存在着严重的质量问题。以住房为例，上海闵行某小区由于施工程序错误导致楼体整体倒塌，被网友称为"楼脆脆"；2009 年，四川某小区两栋楼在大雨后产生严重歪斜，甚至靠在了一起，被称为"楼歪歪"；浙江某小区也被爆客厅楼板仅仅厚 7.9 厘米，被网友称为"楼薄薄"。大型工程的严重事故如开阳县南江乡的小尖山大桥由于基础施工不符合相关规范发生倒塌，造成 8 人死亡，12 人受伤。2007 年，湖南省凤凰县发生重大坍塌事故，造成 64

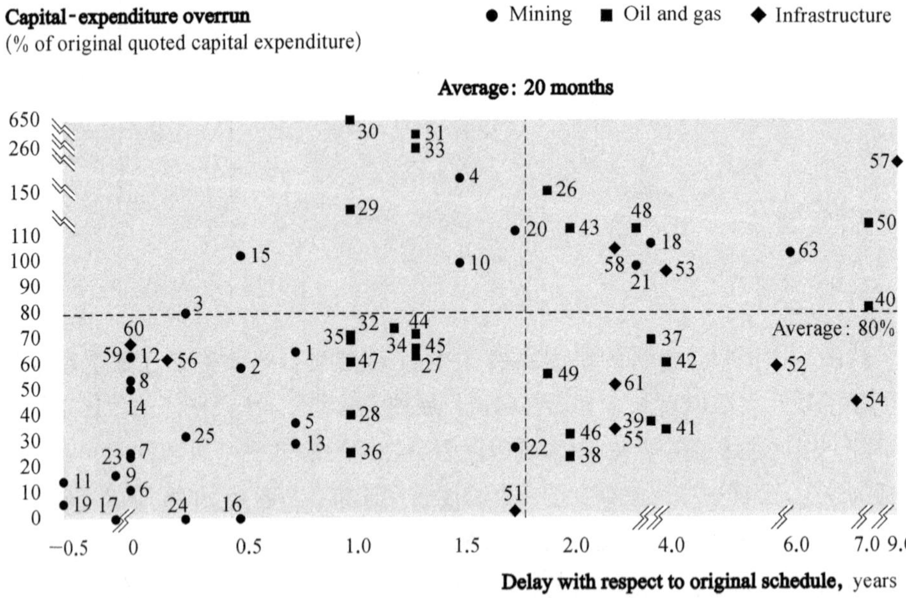

图 1-1 建筑业超预算工期情况统计

人死亡，4 人重伤，18 人轻伤，属于工程领域的严重事故。

3. 建筑业生产力水平低

根据麦肯锡的研究，在过去 40 年间，不同于工业和服务业，美国建筑业生产力水平持续地下降，已经与制造业的生产效率差距甚远(图 1-2)。根据丁士昭在 2001 的研究，在其他行业的生产效率持续提高的同时，我国建筑业也存在与美国建筑业的类似情况(丁士昭，2001)。

与发达国家相比，我国的建筑工程领域的信任研究尚处于起步阶段。目前工程项目管理的理论研究和实践中，都集中在对项目物力财力以及相应技术等硬要素上，而对于信任等软实力的研究较少。本文为此提出了一种非完全信息下基于声誉评估的动态信任博弈模型。在论证了发包商和承包商之间信任建立和资源交易都存在博弈之后，引入了信任博弈的概念和要素构成，并且利用声誉数据提出了一种基于贝叶斯理论的信任类型概率分布计算方法；然后给出了动态信任博弈体系的结构和抽象模型，并且详细分析了在招投标和合同跟进过程中博弈参与者的交互行为；通过分析信任类型和均衡策略之间的关系，提出信任博弈的三种均衡类型，并且给出基于重复博弈和信任衰减的动态信任博弈算法；最后通过 MATLAB 模拟博弈过程，结果表明：本文提出的动态信任博弈模型

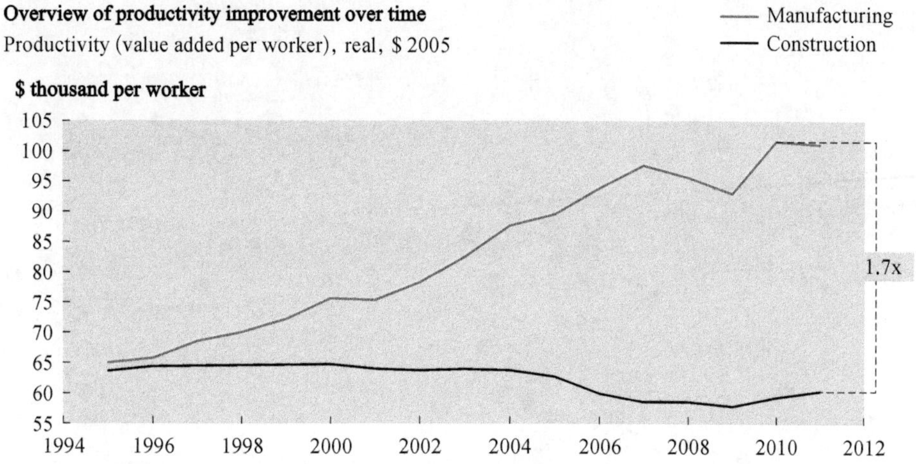

Source: Expert interviews; IHS Global Insight (Belgium, France, Germany, Italy, Spain, United Kingdom, United States); World Input-Output Database

图 1 - 2　建筑业生产力水平

能够很好地解决工程项目管理过程中的信任缺失问题，从而保障合作过程中的安全、公平、可靠。

（二）研究方法

1）文献研究法

根据研究目的，通过研究该领域该问题前人已经撰写的文献来获得思路、资料和研究方法，从而更加快速深入地抓住问题的本质，也避免重复的劳动和研究。本文首先研究了国内外关于信任的理论基础，再将信任引入工程管理领域，利用信任模型与博弈论的方法论进行研究，并对已有的研究进行了评述。

2）跨学科研究法

学术研究一个很重要的特点即跨学科，能将综合的学科方法和理论进行创新性的引用和论证，往往能激发出更高的学术意义和价值。从本文的研究问题来看，如图 1 - 3 所示，信任研究和博弈研究都横跨管理科学与工程、计算机、社会学、教育学等多个领域；从研究方法和模型来看，本文更是开创性地将信任模型引入工程建设中业主与施工方的关系研究中，具有一定的创新性。

3）仿真研究法

根据宣慧玉在 2002 年提出的定义，仿真研究是通过建立仿真模型，通过计算机技术的应用和计算来模拟真实的经济场景，通过场景设定和参数变化来得

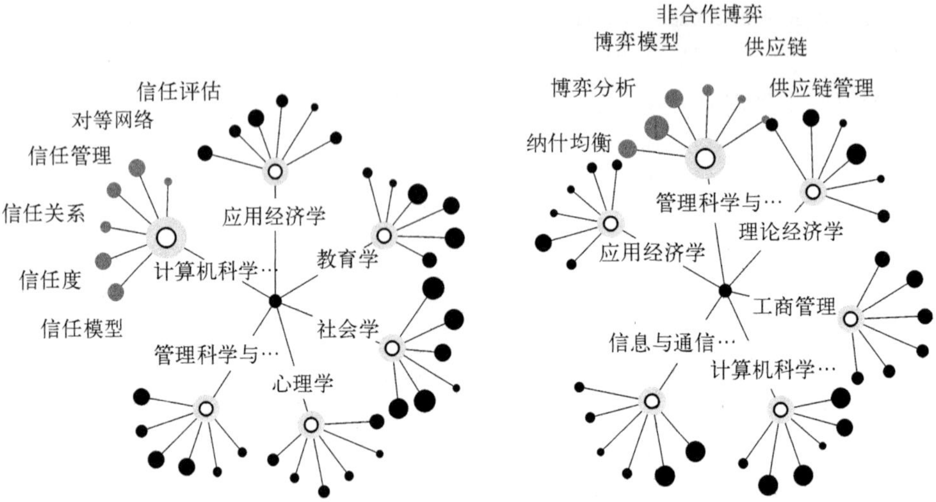

图 1-3　信任与博弈的研究图谱

到解或者发现规律的方法(宣慧玉,2002)。本文在多步和长期的博弈中,通过仿真来模拟真实的工程项目背景,从而进一步得到信任变化过程和博弈参与者的选择。

(三) 研究思路

本文的研究内容是业主与承包商的动态信任博弈模型,针对目前工程建筑领域存在的一系列信任缺失问题,建立一个基于信誉度计算的项目全生命周期的动态模拟过程,以此来提高市场效率。

在研究内容上,本文按照"研究背景—文献综述—博弈关系的存在分析—信任度的计算—动态博弈模型建立—动态博弈均衡及算法—仿真模拟"这七个环节来进行研究。首先,介绍本文的研究背景及意义,然后对国内外对这个问题的研究成果进行综述,再对本问题的基础理论进行梳理,阐述业主与承包商之间博弈关系的存在。再根据贝叶斯公式进行信任度的计算,然后引入动态博弈模型,通过分析信任类型和均衡策略之间的关系,提出信任博弈的三种均衡类型,并且给出基于重复博弈和信任衰减的动态信任博弈算法。最后通过 MATLAB 模拟博弈过程。

全文分为七个部分,各部分的研究内容如下。

第一部分为绪论。介绍本文的研究背景与研究意义,提出研究问题和研究视角,明确了问题的理论意义和实际应用意义,并阐述研究思路、框架以及研究的基本内容和研究方法。

第二部分为国内外文献综述。介绍了信任相关研究的进展和现状，回顾了信任在工程建设领域的应用，以及信任博弈的基本概念，并对这些文献进行总结和评述，指出本文的研究方向和这些文献的区别和突破，提出进一步值得研究的问题。

第三部分为建设工程项目全生命周期中业主方与承包商的博弈。阐述了业主与承包商在项目全生命周期中的角色扮演，并论证了博弈过程的存在。

第四部分为信任度计算。利用贝叶斯公式，用信任度来衡量业主与承包商互相信任的程度，并提出了直接信任度和间接信任度的概念。

第五、六部分为动态信任博弈模型的建立、均衡、仿真。引入动态信任博弈模型，初步建立博弈过程，求出均衡解，并进行进一步的建模仿真。

第七部分总结整体内容并提出了展望。

（四）技术路线框架

本文的技术框架如图 1-4 所示。

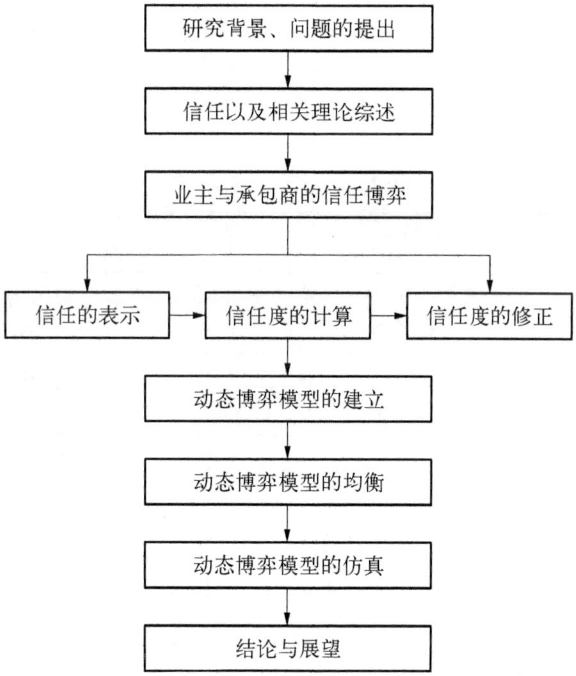

图 1-4　本文的技术框架

二、文献综述

(一) 信任

1. 信任的定义

对于信任的定义的探讨,多个学者从不同的学科视角都有不同的理解。从心理学角度看,信任是一种对对方行为的心理期待和心理预期,尤其是在双方需要合作或者进行其他行为上交互的时候。从社会学角度看,信任的基础是建立在健全的法制和道德(社会文化规范)之上的,它是一种社会现象,同时也是在某种社会制度和文化下的一种特殊产物,不同的社会、不同的文化,会孕育出不同类型、不同程度的信任。从经济学角度来看,人的非理性和人类行为的不确定性导致信任事实上是一种风险状况的子集,人在不同条件下其信任行为也会有较大的差异。

Gambetta 在 1988 年提出,信任是对于他人或者某一群体是否会采取某种行为集合的基于主观判断的概率水平,也就是说,事实上,信任可以理解为个体主观上推测他人或者群体会采取对于自身有好处或者无害的行为的概率,如果这个概率高,一般可以促使个体采取合作或者产生亲近行为(Gambetta,1998)。

在对一系列研究进行了综合分析之后(表 1 - 1),本文决定采用 Rosseau 等人针对工程建设管理领域形成的定义:信任是一种由于对他人的行为或意图抱有正面的期待所以愿意接受弱点的心理状态。

表 1 - 1 信任的定义

研究者	定义
Mayer(1995)	个体主观上期待他人或者群体会在没有监督的情况下采取对于自身有好处或者无害的行为,因此愿意承担这种相信的后果
Seligman(1997)	信任是个体无法对他人行为进行判断但是仍期待和相信他人的善意行为的一种社会关系的维系
Gambetta(1988)	他人或者某一群体是否会采取某种行为集合的基于主观判断的概率水平
Dirks(1999)	公司内和公司外的有效关系的标志
王绍光(2002)	信任取决于对方违背信任的可能性打破带来的伤害
梁克(2002)	信任是一种社会机制,它可以减少社会的复杂性
张维迎(2003)	信任是一种社会资本,它能够有效地促进国家经济增长和社会和谐

2. 信任的分类

关于信任的分类，也有较多学者从不同角度进行了研究。下面分别总结了不同学者对于信任的理解(表 1-2)。

表 1-2　对于信任的理解

作　者	定义和范围	说　　明	信任维度
Luhmann (1979)	个人信任	个人信任涉及个人之间的感情纽带。当经历背叛或破坏性事件时，它的情感成分作为信任的保护基础	基于认知的、基于影响的信任
	制度信任	系统信任不包含情感内容。它是基于一个表象的基础，它对于货币职能或权力交换是必不可少的	基于制度的信任
Lewis (1985)	制度信任	制度信任是指在法律层面而言的官僚制裁和保障的功能	基于制度的信任
	认知信任	这种信任是低情感和高理性的结合，并且是基于一些构成信任的好的理由的	基于认知的信任
	情感信任	高情感度、低理性的混合，情感信任一般存在于友谊和爱情中	基于影响的信任
McAllister (1995)	基于影响的信任	基于影响的信任是指提供额外的帮助和援助，这是个人的工作以外的作用，没有报酬	基于影响的信任
	基于认知的信任	基于认知的信任是基于成功的过去的互动，出于相似程度和组织背景的考虑	基于认知的信任
Rousseau (1998)	基于计算的信任	这种信任阐明了一种看法，即一些有益的推荐、证书和文凭是促进基于计算的信任度媒介	基于认知的信任
	基于关系的信任	这种信任是由个人不断地相互作用引起的。情绪和个人依恋对信任关系也有影响	基于关系的信任
	基于制度的信任	法律制度、冲突管理、合作，制度规范和专业实践是培养基于制度的信任的工具	基于制度的信任
Hartman (2002)	能力信任	能力的信任被定义为基于一个人的感知能力来执行	基于认知的信任
	正直信任	正直信任基于对对方有道德准则的行为的态度感知	基于认知的信任
	直觉信任	直觉的信任包括情绪和对一个人的印象	基于影响的信任

续 表

作　者	定义和范围	说　　明	信任维度
Kramer (1999)	基于历史的信任	基于过去交互信息和经验	基于影响的信任
	气质性信任	这种信任基于信任相关的经验的积累	基于认知的信任
	第三方信任渠道	个人通过第三方的历史数据，以评估对方的可信度	基于认知的信任
	基于类型的信任	这种信任是根据从一个人的社会或组织中获得的知识发展起来的	基于认知的信任
	基于角色的信任	基于角色的信任增长是基于角色关系的知识，而不是具体的对一个人的能力、性格、动机和意图的了解	基于认知的信任
	基于规则的信任	基于规则的信任是双方对于系统规则的共同理解	基于制度的信任

如图 1-5 所示是 Ellen Lau 于 2008 年深入研究了信任领域尤其是工程建设管理中的信任之后建立的信任模型，他将信任分为四个维度：一是普遍存在的信任(generalised trust)；二是合同信任(contractual trust)；三是基于知识的

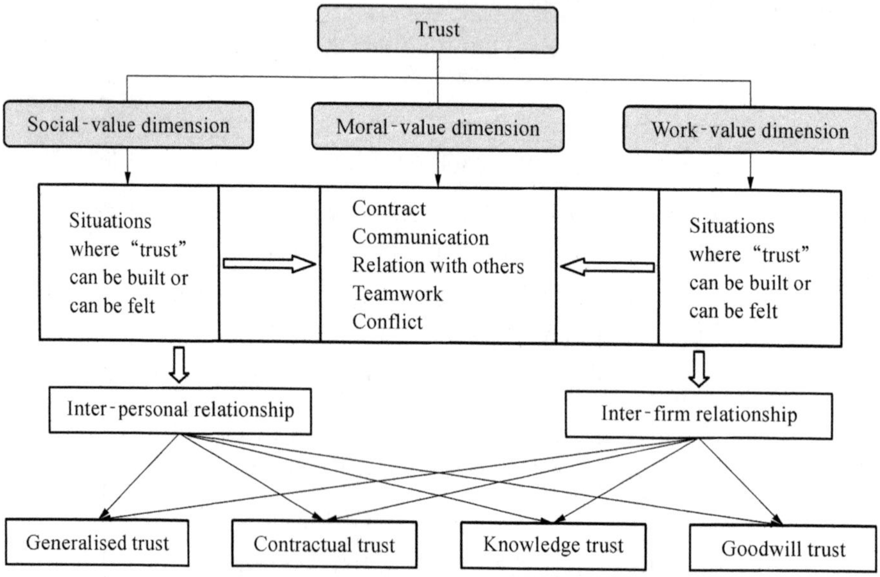

图 1-5　信任的维度

信任(knowledge trust);四是商誉信任(goodwill trust)。并且将信任划分为社会价值维度、道德价值维度和工作价值维度三方面(Lau,2009)。

3. 信任机制研究

目前,随着对信任机制研究的不断深入,出现了越来越多与"信任机制"相关的研究点,形成了庞大的研究网络,从总体上看,大致可以分为以下两类:

一类是基于不同的情景设定下的信任的具体形成来源,也就是哪些重要的因素或者情感是信任的直接来源或引发机制。根据 Mayer(1995)的研究和整理,这类信任的研究称为前因性研究,他认为在工程建设环境下,激发信任最重要的因素是技术能力,或者基于正直的品格的声誉。表 1－3 列出了在 Mayer(1995)和杨静(2006)等的基础上整理的文献。

表 1－3　对于信任机制的研究

作　　者	自　变　量
Boyle(1970)	过去交往经验,"囚徒困境"的警惕
Cook(1980)	行为可信赖性、能力
Dasgupta(1988)	面对惩罚的可信赖性、遵守承诺
Deutsch(1960)	能力、生产意图
Dyer(2003)	可靠、公正、善意
Farris(1973)	开放、情绪、新行为组织规范的实验
Frost(1978)	对供方的信赖性、利他主义
Gabarro(1978)	开放、先前成果
Good(1988)	能力、意图、供方行为说明
Hart(1986)	开放、一致性、价值共享、独立/反馈
Hovland(1953)	专门技术、欺骗的动机
Johnson-George(1982)	可靠性
Jones(1975)	能力、个人期望相关的行为
Kee(1970)	能力、动机
Larzelere(1980)	善意、诚实
Mishra(1996)	能力、开放、同情心、可靠性
Ring(1992)	正直、善意
Rosen(1977)	能力、组织目标

续 表

作　　者	自　变　量
Sitkin(1993)	能力、共同价值观
Solomon(1998)	善意
Strickland(1958)	善意

另一类则是从理论角度来建立信任模型讨论信任如何一步一步建立，并且分析了信任的研究维度，但是这类的研究目前并不多，总结如表 1-4 所示。

表 1-4　对于信任机制的研究

作　　者	研　究　内　容
Doney(1997)	从施信方自身的心理过程和判断过程两个维度来研究信任的产生机制
McKnight(2010)	从施信方的心理过程和双方交往的过程两个方面来看信任发展和建立的动态过程
Cullen(2000)	基于能力的战略联盟之间信任的机制性研究
Shapiro(1992)	基于善意的信任机制研究，此时的信任者认为受信任方有回报好意的倾向
Rousseau(1998)	在互相的交互过程中对于关系和情感的投入角度研究信任的演化和形成

4. 信任的度量

学者们针对不同的研究目的设计了不同的信任度量方法，如：Rotter(1967)设计了人际关系间信任的度量；Farris et al.(1973)设计了组织行为中信任的度量；Larzelere and Huston(1980)以及 Rempel et al.(1985)量化了亲近关系中信任的度量；McAllister(1995)设计了基于影响和基于认知的信任度度量。表 1-5 总结了学者对于信任度量的研究。

表 1-5　对于信任度量的研究

研究学者	类　型	描　　述
Butler(1991)	不同情况下的信任度	测量了人与人之间其他情况和类型的信任度
McAllister(1995)	人际信任度量和行为反馈	测量基于影响和认知的信任度的工具以及信任和不信任情况下个体的行为反映

续　表

研究学者	类　型	描　述
Currall(1995)	形象代言的信任度量	测量了形象代言的信任度
Cummings(1983)	组织信任度量	测量商业组织之间的基于影响的和基于认知的信任
Couch(1996)	社会关系的信任度量	个体在三种社会关系中的信任水平：浪漫的伴侣、合作伙伴、家人和朋友
Dietz(2006)	组织内的信任度量	在工作场所中信任的必要组成以及组织内的信任度建立和测量
Evans(2008)	信任度量问卷的特性度量	个体可信程度的不同度量

5. 工程项目中信任的研究

对于工程项目领域，关于信任的研究也很早就开始了，其发展脉络主要分为三个方面(图 1－6)。

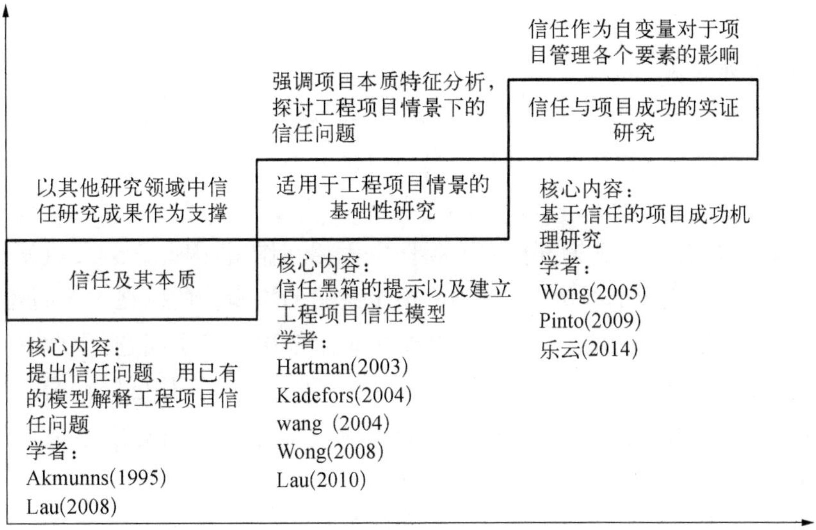

图 1－6　工程管理中信任的应用

一是研究信任及其本质，学者多通过德尔菲问卷调查、半结构化访谈等方法，采用层次分析、结构方程模型等提炼出信任包含的内容，并将信任模型引入工程管理领域，但是，由于工程项目具有的一次性、组织复杂性等因素，又有大批学者从业主与承包商信息不对称的角度出发，构建更加适用的工程建设领域的信任模型。

二是适用于工程项目情景的基础性研究，这一阶段，学者开始关注不同地区不同情况建筑市场的内生特色，如 Pinto(2009)总结出加拿大市场中，业主更看重承包商的能力和行为态度，这对于建立信任关系有着重要意义；但是，根据 Wong(2005)的研究，承包商和业主的信誉是在香港市场建立信任的必要因素。

三是研究信任与项目成功的实证研究，这一阶段的研究一般通过案例分析或实证研究的方法进行，如 Jeffrey 认为，信任能够提高业主与承包商的工作满意度来达到项目成功(Pinto, 2009)，Albertus 认为，信任可以促进合作关系的产生，形成好的合作氛围，使得项目能成功(Kadefors, 2004)。Jin(2005)通过问卷调查，证明信任关系是促进项目成功安全的重要因素。Eriksson(2007)则研究了信任对于采购程序的影响，论证信任能够降低交易成本，减少过程控制成本。蒋卫平(2011)等也运用结构方程模型论证信任是各方面综合的结果，对于项目的成功至关重要。

（二）博弈

1. 博弈的基本概念

博弈论(game theory)又称为对策论。它是研究个体在做决策时与外界环境不断地发生相互作用获得各类信息最终做出决策并且形成均衡的过程。博弈论广泛地被用于它的基本假设是理性人，也即它是研究理性人在选择过程中的冲突和合作，由于在决策过程中不断地发生相互作用，因此它会反过来影响到系统内其他决策者的行为，最终影响整个系统的均衡。所以在这个过程中，它属于一种对策，但是由于它引入了数学模型来解决经济学问题，因此具有严谨性和假设性。其基本假设是，对于系统中的理性人来说，其目标是为了追求经济利益或其他利益的最大化，但是这种最大化是基于付出的成本最小的基础上的。

博弈有如下几个必要的要素：博弈的参与者(player，一般被称为局中人)、行为(behavior，也即行为策略)、信息(infromation，这里包括完全的和不完全的信息)、次序(squence)、策略(strategy)、博弈的支付(payoff)等。其中，三个基本要素分别为：局中人、策略和支付函数。下面对这几个重要的基本要素加以说明。

(1) 参与者在博弈中可以是一个自然人，也可以是一个组织(如企业、群体等)，但是需要满足理性，能够独立决策，也能够对自己的决策影响到系统内的其他参与者做出反应等多项要求，一般用 $i=1, 2, \cdots, n$ 表示。本文着重研究业主和承包商之间的博弈，属于双人博弈。

(2) 行为是博弈的参与者在一定的背景环境下特殊的策略集合，这里还涉及博弈参与者的行动次序，根据次序不同，可以分为动态博弈和静态博弈。

(3) 信息是指博弈的参与者对于其他参与者的了解，对于博弈规则的知悉等。

(4) 策略是指博弈的参与者在一定的博弈规则和信息释放下作出的行动选择的集合。

(5) 支付反映了博弈的参与者获得的报酬、伤害和期望，从报酬维度可以将博弈分为零和、常和与变和博弈三种。分别对应博弈参与者支付函数之和为零、非零常数、不同常数三种情况。

博弈可以分为合作博弈和非合作博弈，经济学家们一般所说的都是非合作博弈，他的理论成熟度远远高于合作博弈。按照掌握的信息不同以及博弈次数的差异，非合作博弈又可以分为完全信息静态博弈、完全信息动态博弈、不完全信息静态博弈、不完全信息动态博弈，分别对应不同的均衡条件。本文主要研究其中的不完全信息动态博弈。

2. 博弈的应用

博弈从发展之初就吸引了大量专家学者进行理论研究。一开始起源于 James Waldegrave 在 1713 年写的一封信，在那封信中，他提供了一个在一场两人的纸牌游戏中的最小最大混合的战略。博弈论进入现代是随着 1913 年德国数学家泽梅罗 *Uber eine Anwendung der Mengen-lehre auf die eorie des Schachspiels* 的发表，该文中论证了两个竞争关系的对手如何做出有益于双方的决定，如果二者都能有对方的所有信息和偏好的话。在一个信息透明的竞争中，参与者知道自己的战略和支付函数。

随着博弈理论的进一步发展，von Neumann、Luce 和 Raiffa(1957)专注于冲突偏好，von Neumann 和 Morgenstern 重点研究了信息的完美和不完美对于博弈的影响。进一步开始拓展到多人博弈的情况（图 1-7）。Luce and Raiffa (1957)的分析集中于有限个参与者的情况，她们为零和博弈构建了解决的模型。Arrow(1949)则研究了最大最小化原则。Meszek(2007)、Zavadskas and Turskis(2008)发展了一种新的对数标准法。Peldschus(2007)研究了博弈中的特定战略即均衡。

博弈论自从提出之后，也在很多领域有应用，具体如图 1-8 所示。

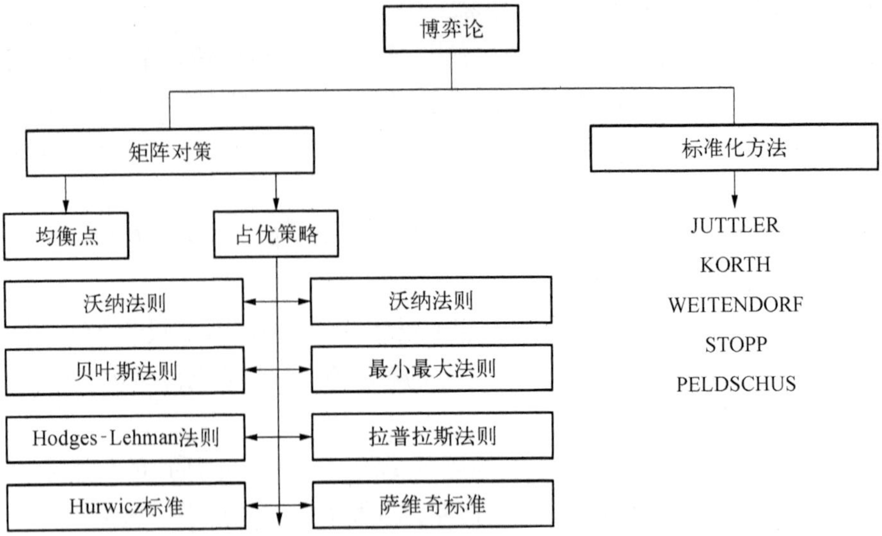

图 1-7 博弈方法论

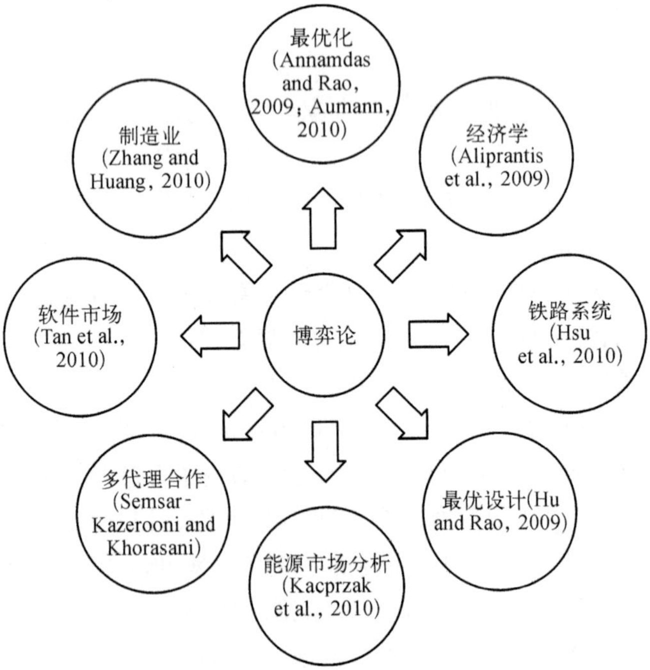

图 1-8 博弈的应用领域

其中，在工程领域应用尤为广泛，Zavadskas et al.在 2004 年应用博弈论解决了建设工程管理的问题，Peldschus 与 Zavadskas 在 2005 年研究了建设领域的模糊矩阵博弈；Su et al.在 2007 年利用博弈论提出了一个城市公共交通的模型；Sun 和 Gao（2007）应用一个均衡模型解决了城市交通分配问题。Homburg 与 Scherpereel 在 2008 年分析了绩效评估中的风险。Motchenkova 在 2008 年应用了一个差异化的模型来描述一个可能违背竞争法的公司之间的交互。

3. 信任博弈

博弈论在信任方面的应用也很广泛。主要包括通过博弈实验来研究信任机制的形成、合作机制的发展以及信任导致的“互惠”强度。通过研究，Lewicki et al. 在 1994 提出了不同类型的信任发展的不同阶段。一般个体会先对支付函数也就是收益和伤害进行计算，然后选择自己的信任策略，最终形成较为稳定的合作策略。在这个过程中，三种类型的信任不断地变化，逐步由计算型信任过渡为情感型信任。Barney et al.在 1994 提出这与社会价值观以及文化相关程度较大，信任的博弈是一种长期的演化过程，在长期的动态博弈中，博弈参与者的支付函数、参与者的偏好以及信息的完全程度都会影响博弈者的策略选择。张维迎则认为，合作和信任的前提是博弈的双方或多方有共同的利益，为了长期的合作，人们倾向于选择信任。

在信任博弈中，还存在两个重要的、与其他博弈不同的因素。一是信任博弈存在惩罚机制，也就是说当失信行为发生的时候，会对施信方造成伤害，且信任度越高，往往伤害度也越大，故往往博弈双方会通过合同约定或者道德约束来制定一定的惩罚机制，这种惩罚机制往往是建立在长期信任的基础上。研究信任的著名经济学家福山在其 1992 年的专著中曾经指出俱乐部制度的重要作用，事实上，这种俱乐部制度就是对于参与者的一种信任约束，一旦失信，个体的信誉将受到极大影响，而且会在系统内快速传播。Engle-Warnick et al.于 2001 用博弈实验和演化博弈的方法论来研究个体在动态博弈中的策略，并研究了其影响因子。二是对于博弈中理性人的假设，由于博弈的双方都是理性的，短期的一次性的博弈往往选择欺骗是最佳的策略，故信任机制的建立有两个必要因素：① 无限次的重复博弈；② 不完全信息下的有限次博弈。而且由于双方都是理性人，所以信任的维度多为计算型或者制度型的信任，绝大程度上取决于支付函数的大小，影响型和情感型的信任较少。

（三）总结和评述

信任问题引起了心理学、经济学、社会学等的广泛关注，也有大量的文献集中于此，本文主要从两个维度对于文献进行了总结和梳理。

首先是研究领域。在各类交叉中着重于工程管理方面的信任研究，在这一方面，大量文献从信任的本质及其机理、不同应用情境下信任模型的应用以及信任在工程建设管理中的应用和重要性角度进行了阐明，但是，缺乏对于信任的产生和演化的动态过程的解释，相关研究更多地聚焦于影响因素的研究和论证，对于机理的研究也更多地从经济学范式的角度进行，缺乏社会学研究方法的引入。更重要的是，目前没有研究者从项目全生命周期出发，研究各个阶段中信任所起的作用，也缺乏一个相对全面的框架来阐述项目成功与信任的内生因果关系。

其次是研究方法。信任的研究方法主要分为相关因素分析和博弈分析。本文主要研究了信任博弈的相关文献，研究者主要是通过实验分析的方法用博弈论作为分析工具从理论上来分析信任，主要建立在对个人偏好的分解之上。缺乏用博弈的方法来解释工程中的信任问题的研究。

三、模型准备与模型假设

（一）信任定义明晰

本文在对上述文献作出梳理和总结之后，将信任分为以下维度：一是基于制度的信任（institution-based trust）；二是基于认知的信任（coginition-based trust）；三是基于影响的信任（affect-based trust）。

1. 基于制度的信任

基于制度的信任关注固定的流程化的安排，而不是出于私人问题的考虑。这些安排建立了信任并且加强了社会中人与人之间的交流渠道。在影响组织的正常功能和组织关系的发展上有着重要的作用，为了建立基于制度的信任，组织的政策、交流方式和合同是最重要的三个因素。

组织政策规定了优先级和业务流程。它是组织的价值系统的相关指标。组织政策反映了员工的期望行为和他们在组织中的信任。除此之外，McKnight（2010）认为，基于制度的信任能够通过个体对组织政策的相信而发展和增强来实现组织目标。Zaghloul 认为，足够灵活的系统包括创新的管理、一致的组织架构和能够提供信任的建立和维持的平台的组织文化。组织政策因此是基于制度的信任的建立的一个重要因素。

交流系统为组织间的交互定义了渠道。这里的交互被定义为近的或者远的联系。会议、工作坊或者拜访是近的联系，而电子邮件、电话等是较远的联系。根据 Gayeski(1993)的理论：一个清晰定义的交流程序和途径的系统能够增进基于制度的信任。它不仅仅能使交流方便而且迅速，而且能降低因为沟通不畅引起的争议。一个好的交流系统能够降低风险、增加利益相关方的信誉(Zaghloul and Hartman，2003；Wong and Cheung，2005)。因此，一个有效的交流系统是基于制度的信任度另一个因素(Gayeski，1993)。

合同和协议定义了个体间的关系和责任(McKnight，1998)，被认为是基于制度的信任的另一个因素，因为它们可以降低不确定性，最小化风险。合同和协议能够详细说明不清晰的义务和责任。对于公平的风险分担、整体项目绩效的提升(Kadefors A，2004)和成本的控制(Kramer RM，1999)都有重要意义。有了它，建立基于制度的信任才能称为可能。

2. 基于认知的信任

基于认知的信任建立在反映个人或者组织的认知的知识上。这种知识的交换能够通过正式或者非正式的沟通达到。

沟通是个人或者组织交换信息的途径之一。持续的沟通和交互能便利组织间成员理解、收集和分发能被翻译为有意义的知识的信息。沟通的缺乏会导致个体对于剥削和背叛的恐惧，将使得个体缺乏团队责任感。沟通也能培育共同信任，这是商务和信用关系增强的基础。基于认知的信任带来了对于项目成功的重要的合作努力(Kadefors，2004)。它也使得项目中的成员从合作者的能力和需要中学习。在建筑行业，沟通被认为是降低冲突的有效手段(Bayliss，2004)。

知识能被理解为信息。知识，比如被记录的交易、组织角色、财务情况、能揭示一致性的案例、能力、组织或者个人的正义或道德准则。这种知识对于认知型信任是非常重要的。比如，Kramer 曾经在 1999 年提出交易纪录能增强信息获取能力和增进组织间关系，因而是认知型信任的重要工具。一个人在组织中的角色、他的交易记录、声誉和专业性的地位是他可信度的重要指标。有过去绩效的指标、有声誉保证和这个人靠谱程度的详细评估是非常重要的。财务状况包括公司对于促进基于认知的信任度承诺，因为它反映了公司的财务经济能力、管理风险和解决冲击的能力。

在建筑行业，知识对于基于认知的信任建设和项目成功是很重要的。

3. 基于影响的信任

基于影响的信任建立在情感基础上。它描述了一种为别人思考的个人情感依恋和情感维系。尽管 Boon and Holmes 认为基于影响的信任局限于浪漫的关系中，但是在工作中建立基于影响的信任能增强信息交换，提高绩效和建立和谐团队。因此，为别人考虑和情感投资被用来描述基于影响的信任的建立(Boon, 1991)。

为别人考虑是通过表达关心来体现的。它能消除不友好的态度并唤起人们内心的友善的情感。McKnight 认为，互惠的天性使得它成为增进工作关系和建立基于影响的信任度有效手段。

情感是一种有意识的有效状态，经常被个人感情激励。这是一种自发的心理状态而不是通过刻意认知或者获取的经常伴随着心理状态的改变。个人对于情感投资的努力体现了他愿意花时间、精力和努力在一个他认为有用或者很好的人身上。因此，个人的情感投资意愿能够体现基于影响的信任建立。基于影响的信任源自情感投资，他会降低不健康的竞争、腐败，在工作关系中提升团队绩效和士气。

必须指出的是，这三个维度之间并没有显著的界限，它们之间相互影响，甚至不可分离，而不是孤立地发挥作用。其具体的文献依据如表 1－6 所示。

表 1－6 信任的维度

信任类型	构 成	信 任 行 为	来 源
基于制度的信任	组织政策	充分的组织资源，以应对缔约各方的需求增加归属感的组织	Caldwell and Clapham
		组织应明确界定个人的工作任务	Cheung
		良好的组织系统管理，加强了目标的实现，如持续改进、盈利和业务拓展	
		组织政策应明确规定解决成本、时间、风险和安全问题	
	交流系统	在工作中使用有效的沟通方法是必不可少的	Cheung
		与工作伙伴的正式沟通应以系统的方式记录	
		保持一个良好的沟通系统会避免出现模棱两可的情况和不符点	

续　表

信任类型	构　成	信　任　行　为	来　源
基于制度的信任	合同和协议	一个明确定义的合同文件给各方带来了信心和安慰	Cheung；Wong and Cheung；Wong
		在合同文件中的信息应该可以解释双方谁可能受到影响	
		在开始工作之前，澄清合同条款和协议是重要的，以尽量减少未来的争论	
基于认知的信任	沟　通	与另一方保持长期的合作关系，有利于保持个人更好地沟通	McAllister；Cheung；Wong and Cheung
		良好的互动使我能够从另一方获得更多的信息	
		参加工作相关的互动，经常有助于更好地理解个人	
		公开和诚实的交流使个人之间的信息交流更加与工作有关	
	知　识	记录是判断对方能力和一致性水平的重要手段	McAllister；Wong and Cheung
		财务稳定是评价一个公司的可靠性重要因素	
		如果我有一个诚实正直的人，另一方将有信心与我合作	
基于影响的信任	为别人考虑	展示自己的关心和关注，在适当的时候，我的同事给他/她的感觉与我的工作更舒适	McAllister；Kanawattanachai and Yoo
		体贴是一种工具，可以理解个人的需求和感觉，以达到他/她的最大能力	
		在决策过程中考虑每一方的需要，鼓励一个妥协和令人满意的结果	
	情感投资	与对方有良好的人际关系，也可以改善与他/她的工作关系	McAllister Zaghloul
		我更有可能依靠一个我有良好印象的工作伙伴	

本文的信任维度可以用图 1-9 来表示。

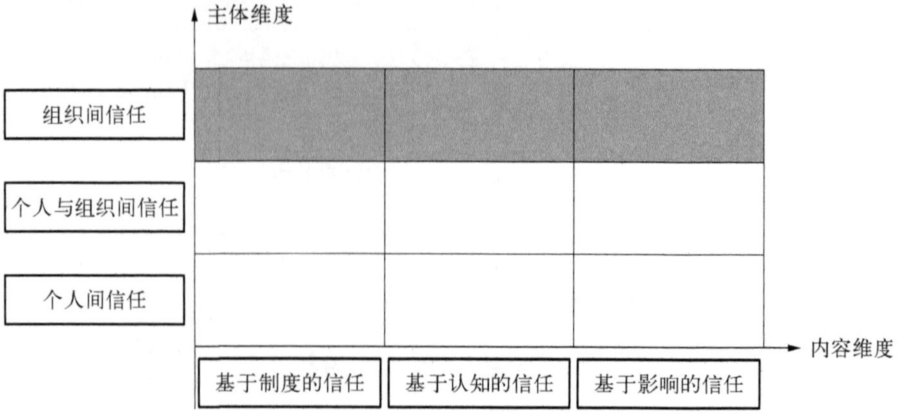

图 1-9 信任维度

（二）建设工程项目定义明晰

1. 建设工程项目的含义

现代项目管理理论认为，建设项目是在一定资源的约束下，控制工期、项目质量、投资等开展的一次性的工作。总结下来，建设项目的特点有以下几个方面。

(1) 建筑产品的生产周期长，使得建筑产品的价格有着很强的不确定性，在项目的全过程中，有预估价、投标价、合同价、结算价等多个价格，实际的价格只有等到交付使用的时候才能最终确定，这决定了建筑产品的价格是一个长期的博弈行为(王卓甫，2003)。

(2) 工程项目建设通常由项目的铁三角进行约束，项目必须在有限的资源下实现质量目标和工期目标，这决定了项目的成功有着较为清晰的基础目标定义。

(3) 建设项目有许多独立的要素构成，包括技术、劳动力、材料设备等。从组织角度看，建设项目由业主、建设监理、设计方、承包商和供应商等合作去完成。工程建设要求诸要素合理配置、组合，形成科学的项目建设运行机制，使建设项目目标得以实现。其价格也是先由承包商报价，再经过业主、监理方等的双重讨论和不断的谈判才能确定的，价格由供求双方共同决定，是一个信息不断释放、不断反馈的动态过程(王卓甫，2003)。

结合PMBOK第四版对于建设工程的项目过程以及制约因素的描述，可以将建设工程项目定义为：为满足业主某种实际使用需求，按照启动、规划、建设、监控和竣工收尾这一过程进行，受到范围、质量、进度、预算、资源和风险制约，目的是为形成固定资产的一系列活动。

2. 建设工程项目的生命周期

对于项目全生命周期理论，美国项目管理协会在PMBOK中给出了如下归纳：建设项目可分为不同的阶段，通常应按照一定的顺序交叉或重叠排列。整个项目包括生命决策阶段、实施阶段、使用阶段三大阶段。并且在这一阶段中业主与承包商会从招投标到项目的每月结算到最终的工程款结算过程中有着持续的验收、检查、谈判、索赔流程(王卓甫，1996)。图1-10所示为本文定义的项目生命周期。

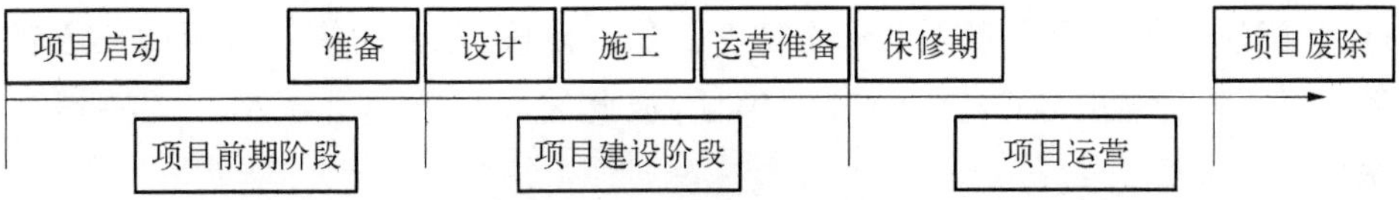

图1-10　项目生命周期

(三) 不完全信息动态博弈

从博弈论的角度看，业主与承包商在整个生命周期中的博弈属于不完全信息下的动态非合作博弈。不完全信息即承包商只知道建筑产品的生产成本、自身的技术资质水平以及建筑物的质量情况，但是承包商对于业主的心理预算价格是无从得知的，仅仅对其可承受价格有一个主观的概率判断。同时，业主对于承包商的技术资质等级、企业定额(也即企业的利润水平)也无法掌握其真实水平。因此，在建筑市场中业主与承包商相互之间的信息往往是不对称且不完全的。

从项目的全生命周期来看，建筑产品的价格是处于反复的谈判和博弈当中的，从承包商中标签订合同确定合同价，到项目进行中的合同变更、索赔，再到最终的项目结算，业主和承包商在进行反复的动态博弈过程，这里借鉴季珍林(2010)的二阶段博弈模型，将业主与承包商的博弈分为两个阶段：

第一阶段是招投标阶段。在这一阶段业主会先进行招标活动，承包商根据投标策略进行报价，由业主决定接受或不接受，这是一个业主与承包商建立初始信任双方互相选择的过程，但是，由于中国建筑市场的结构单边垄断特性使得业主处于主导地位，即业主将根据承包商的资质和财务等的考察来进行承包商的筛选。承包商相对于业主拥有信息优势，尤其对于没有合作经验的开发商，业主很难获得其准确的信息，而承包商为了获得项目总是倾向于隐瞒对自己不利的信息(杨瑞丽，2010)。这一阶段，相互了解的程度比较浅，所以，从信任维度来看属于基于制度的信任。

第二阶段是项目施工阶段。在签订了合同之后，业主与承包商将进行长期的大量的交互和互动，此时，业主的任务是进行项目管理，对项目实施监督并且按期结算工程款，而承包商的任务是在保证成本最优的情况下最大限度地通过索赔和谈判等手段来弥补在招投标阶段低价、亏本竞标、包装行贿所花费的额外支出(方俊，2006)。在这一阶段中，双方的博弈仍然为一方提出合同变更或者索赔，另一方选择接受或者不接受，并且双方的博弈是有次序地进行，同样属于不完全信息下的动态博弈。这一阶段，双方的信任有所增长或者降低，但是已经引入了基于影响的信任，彼此之间可能建立了私人的感情和联系。

故在建设项目的全生命周期中，业主与承包商之间的信任博弈是多次的不完全信息下的动态博弈过程。这种循环和再博弈的过程强调以下两点：

(1) 在一定的信誉背景下，承包商和业主在博弈过程中的行为选择会释放不同的信息，进一步影响信任度的大小。由于利益和共同战略目标的长期存在，二者在当前阶段的博弈中要考虑到双方的持续合作也就是要保证有良好的信誉，这对于博弈者决策和行为都有一定的约束作用。

(2) 在项目的两个阶段博弈中，其博弈的过程和原理是类似的，皆为一方提出另一方选择接受或不接受的有序动态博弈，并且每个阶段双方所掌握的信息都不对称。

(四) 项目成功的定义

关于传统工程项目项目成功、成功标准以及成功因素的文献有很多，成功的标准对应于项目成功评价的尺度(或衡量方法)，而项目成功的关键变量是项目的成功因素。换句话说，它们是管理系统的输入，直接或者间接地导致项目的成功(Cooke-Davis, 2002)。

当标准被充分地定义的时候，成功确实能被评估。对于项目经理而言，成功的标准通常对应于传统的铁三角的限制：时间、成本和客户提到的条款规定或者质量。在建筑工程中，成功主要通过建筑物质量的评估以及明确定义的、被广泛接受的并且可以测量的项目管理绩效指标来评定。但是，项目管理的成功并不等于项目的成功，尽管在建筑业它们是密切相关的。此外，成功的标准和指标的权重也会不同，这取决于评估人的角色（项目经理、客户或者其中一个主要的利益相关者）。没有绝对的成功或者说没有一成不变的标准，只有针对某一个个体的认为的成功（Stukenbruck，1986）。即使每个人都同意制定出的标准条款，决定其权重仍然是一个困难的工作。进度和预算管理可能通过直接的措施评估出来，质量管理也可以通过建筑竣工验收是否通过来评判，但是客户的满意度是不能被直接定义出来的，同样的，在项目过程中积累的经验和知识、对组织和其他的一些无形利益也无法被直接衡量。

Pinto et al.在 1986 年认为成功与外因和内因相关，包括可以控制的因素，如进度和成本、管控、客户影响、组织管理、沟通等，但也包括难以控制的因素，比如环境、政治背景、项目经理的能力等（Slevin，1986）。这些被提到因素主要取决于项目范围、项目本质以及项目的独创性。然而，在目前的项目成功的研究文献中，只有很少的文献是研究成功因素与成功标准之间的联系。然而，很明显一个因素虽然可以解释一个或多个成功的标准，但不能解释所有的成功标准（表 1－7）。

表 1－7　项目成功的定义

<table>
<tr><th></th><th>预成功标准</th><th>建成成功标准</th><th>运营成功标准</th></tr>
<tr><td>项目固有成功标准</td><td rowspan="6">① 项目目标科学合理；② 项目环境分析科学合理；③ 项目技术可行性分析科学合理；④ 项目经济可行性分析科学合理；⑤ 项目设计科学合理；⑥ 发起方正常的工作的流程受到尽可能小的干扰；⑦ 项目预计可以实现发起方的特殊需求；⑧ 项目有良好的获利前景</td><td>① 费用；② 工期；③ 质量；④ 安全性</td><td>① 项目的实用性；② 项目的运行性能；③ 项目的技术性能；④ 项目的社会效益；⑤ 项目的区域经济效益</td></tr>
<tr><td>项目发起方</td><td></td><td>发起方特殊需求得以满足</td></tr>
<tr><td>项目投资方</td><td></td><td>投资方获利</td></tr>
<tr><td>项目实施方</td><td>实施团队工作愉快</td><td></td></tr>
<tr><td>项目承包方</td><td>① 承包方能够获利；② 承包商通过项目实施获得其他合作机会</td><td></td></tr>
<tr><td>项目运营方</td><td></td><td>① 运营方获利；② 运营方团队工作愉快</td></tr>
</table>

（五）信任博弈

1. 信任博弈基本要素

众所周知，在信任建立过程中，每一个参与者都期望：① 自己信任对方的态度越谨慎越好；② 对方信任自己的程度越大越好；③ 自己暴露给对方具有隐私性的信息越少越好；④ 外界提供给对方的信息对对方信任自己越有利越好。因此，信任建立的过程实质是在理性思维指导下各方最大化自身利益的博弈过程。根据以上分析，本文将信任分为以下维度：一是基于制度的信任（institution-based trust）；二是基于认知的信任（coginition-based trust）；三是基于影响的信任（affect-based trust）。

下面，我们就将引入博弈理论，分析它们的信任建立过程。

定义 1.1 在建筑工程承包环境下，存在业主与承包商，面对一定的背景环境，依靠所掌握的信息，同时或先后，一次或多次，从各自可能的行为或策略集合中进行选择并实施，为各自从中取得其他市场参与者的信任并获取最大利益的过程，称为信任博弈（Trust Game，TG）。

在建筑工程承包环境下，信任博弈形式化模型包含的要素包括参与人、行动、信息、策略、支付、结果和均衡。其中，参与人、策略和支付是描述一个信任博弈所需要的最基本的要素，参与人、行动和结果统称为信任博弈规则。

定义 1.2 在信任博弈过程中，每一个信任博弈决策主体，称为信任博弈者（Trust Game Player，TGP）。

在建筑工程承包环境下，假设存在 n 个互为陌生的市场参与者。如果这 n 个陌生市场参与者两两之间都存在信任博弈，则每个陌生市场参与者都可称为信任博弈者。在此，u_i 表示第 i 个信任博弈者，$TGP=\{u_i \mid 1\leqslant i\leqslant n\}$ 表示由 n 个信任博弈者组成的集合。

信任博弈者常在理性思维的支持下，利用知识修改其内部状态（心理状态），以适应环境变化和协作求解的需要，以保持自己的利益最大化。信任博弈者的行动受其心理状态驱动。人类心理状态的要素有认知（信念、知识、学习等）、情感（愿望、兴趣、爱好等）和意向（意图、目标、规划和承诺等）三种。研究信任博弈者的认知、情感、意向的关系，力图建立信任博弈模型，已成为信任博弈理论研究的主要方向。

定义 1.3 在信任博弈过程中，信任博弈者在某个时刻的决策变量，称为信任博弈行动（Trust Game Act，TGA）。

在由 N 个信任博弈者参与的信任博弈中,任何信任博弈者 u_i, $1 \leqslant i \leqslant N$,其在不同的环境中表现出的信任博弈行动常常不同。假设 u_i 拥有 M_i 种信任博弈行动,a_{ij} 表示 u_i 第 j 种信任博弈行为,$Act_i = \{a_{ij} \mid 1 \leqslant j \leqslant M_i\}$ 表示 u_i 的信任博弈行动集,则 $TGA = \{Act_i \mid 1 \leqslant i \leqslant N\}$ 表示 N 个信任博弈者信任博弈行动集组成的集合。通常情况下,不同的信任博弈者的信任博弈行动集十分相近。

在静态信任博弈中,信任博弈行动主要包括:接受提供对方请求的推荐数据,拒绝提供对方请求的推荐数据。在动态信任博弈中,信任博弈行动主要包括接受对方请求的报价,拒绝对方请求的报价,高报价策略,低报价策略。

为了简单起见,本文假定:对于任何信任博弈者 u_i, $1 \leqslant i \leqslant N$,其信任博弈行动 $Act_i = \{a_{i1}, a_{i2}, a_{i3}, a_{i4}\}$,其中,$a_{i1}$ 和 a_{i2} 分别表示高报价策略和低报价策略,a_{i3} 和 a_{i4} 分别表示接受和拒绝对方请求的报价。

定义 1.4 在信任博弈过程中,有关信任博弈者特征或行动的知识,称为信任博弈信息(Trust Game Information, TGI)。

按信任博弈者双方拥有的程度不同,信任博弈信息分为:① 完全信息:信任博弈者双方对产生博弈的事情的知识都是共同知识;② 对称信息:信任博弈者双方有关信息的掌握程度是相等的;③ 不对称信息:信任博弈者双方对实现某一个目标所掌握的信息及采取的策略掌握程度不同,信息在双方之间的分布是不均匀、不对称的。

在由 N 个信任博弈者参与的信任博弈中,任何信任博弈者 u_i, $1 \leqslant i \leqslant N$,其在不同的环境中表现出的信任博弈信息常常不同。假设 u_i 拥有 Q_i 种信任博弈行动,I_{ij} 表示 u_i 第 j 种信任博弈行为,$\mathrm{Inf}\, i = \{I_{ij} \mid 1 \leqslant j \leqslant Q_i\}$ 表示 u_i 的信任博弈信息集,则 $TGA = \{\mathrm{Inf}\, i \mid 1 \leqslant i \leqslant N\}$ 表示 N 个信任博弈者信任博弈信息集组成的集合。通常情况下,不同的信任博弈者的信任博弈信息集也十分相近。

在静态信任博弈中,信任博弈信息指有关信任博弈者特征的知识,特指声誉数据,根据这些声誉数据可评出信任博弈者的"公共信任度"。在动态信任博弈中,信任博弈信息指有关信任博弈者行动的知识,特指与当前信任博弈行动关联的信任度,根据这些信任博弈者的行动策略获取的信任及牺牲的隐私。

为了简单起见,本文假定:对于任何信任博弈者 u_i, $1 \leqslant i \leqslant N$,其信任博弈信息 $\mathrm{Inf}\, i = \{I_{i1}, I_{i2}, I_{i3}\}$,其中,$I_{i1}$ 表示声誉信息,I_{i2} 表示博弈过程隐含的信息,I_{i3} 表示其博弈策略隐含的信息。

定义 1.5 在信任博弈过程中,信任博弈者在掌握一定程度的信任博弈信息下,按照一定顺序进行反应,其行动即为信任博弈策略(Trust Game Strategy,

TGS)。

信任博弈策略可用条件运算符来描述，可表达为：根据对方信任状况，在自身的信任博弈行动集中选择对自己最有利的某个行动。针对所有可能的信任博弈策略，也就构成了信任博弈者的信任博弈策略空间(Trust Game Strategy Space)。如果每个信任博弈者选择一个信任博弈策略，就构成一个信任博弈策略组合(Trust Game Strategy Profile)。

定义 1.6 在信任博弈过程中，一个特定信任博弈策略组合下，信任博弈者得到的确定效用水平，或者是指信任博弈者得到的期望效用水平，称为信任博弈效用(Trust Game Utility, TGU)。

效用是信任博弈者真正关心的东西。在一个信任策略组合下，所有信任博弈者的效用就构成了一个效用组合。效用主要指双方在信任建立后开展的交易给彼此带来的经济效益或经济损失。

定义 1.7 在信任博弈结束后，如均衡信任博弈策略组合、均衡信任博弈效用组合等，称为信任博弈结果(Trust Game Result, TGR)。

定义 1.8 在信任博弈过程，存在一个信任博弈策略组合，这种策略组合由所有信任博弈者的最优信任博弈策略组成，则称为信任博弈均衡(Trust Game Equilibrium, TGE)。

2. 信任博弈类型及其均衡理论

定义 1.9 在建筑工程承包环境下，假设存在任意两个市场参与者 A 和 B，以及市场参与者集合 $Z=\{z_i \mid 1\leqslant i\leqslant M, z_i\neq A, z_i\neq B\}$。如果 A 仅通过其自身的历史交互信息及 Z 中市场参与者提供的信息了解 B 的可信程度，同时，B 也仅通过其自身的历史交互信息及 Z 中市场参与者提供的信息了解 A 的可信程度，同时作出的行动不存在时序关系，则 A，B 之间通过这一方式建立信任并开展交易的过程称为静态信任博弈(Static Trust Game, STG)。

通常，由于建筑市场存在资质准入门槛，故每个市场参与者都参与过不止一个项目，那么都存在其他市场参与者交互的历史交易记录。因此，在定义 1.9 中，Z 中市场参与者向 A 提供的是其与 B 之间的交互信息，向 B 提供的是其与 A 之间的交互信息。市场参与者集合 Z 可以看作是一个带有推荐服务的声誉系统。

声誉是个人或群体的过去的行为，给人留下的关于其意图和行为准则的印象。声誉系统是为市场参与者提供声誉信息的系统。声誉系统中常包含推荐服务，其功能是将个人或群体的声誉从一个社区转移到另一个社区。声誉仅仅在特定的社区存在，离开了该社区声誉便毫无意义。声誉系统的现实应用中，推荐系统负责将信任客体交易历史、声誉记录等推荐给信任主体，然后，信任主体根据此给信任客体进行信任评估和赋值。

定义 1.10　在建筑工程承包环境下，假设存在任意两个的市场参与者 A 和 B。如果 A 通过主动暴露自己最少的敏感信息去获取 B 的最大信任，B 也通过主动暴露自己最少的敏感信息去获取 A 的最大信任，同时作出的行动存在时序关系，则 A，B 之间通过这一方式建立信任并开展交易的过程称为动态信任博弈(Dynamic Trust Game，DTG)。

通常，每个市场参与者为了保护隐私都仅仅会披露企业经营情况的一部分信息，并通过签署保密协议等策略来保护信息安全，也即安全策略(security policy)，来确保一些敏感信息不会泄漏。因此，在定义 1.10 中，A，B 是严格根据安全策略，通过有序披露自己的证书资质、暴露自身的敏感信息来获取对方的最大信任的。

根据市场参与者动作或决策的时序性，信任博弈可以分为静态信任博弈和动态信任博弈。通俗地讲，如果市场参与者双方(信任主体和信任客体)同时决策或同时行动(即并行向声誉系统请求对方声誉数据)的信任博弈，叫静态信任博弈。在静态信任博弈中，市场参与者同时采取行动，或者尽管有先后顺序，但后行动市场参与者不知道先行动市场参与者的策略。如果市场参与者双方(信任主体和信任客体)有先后顺序的决策或行动(即交互地向对方请求所需的数字证书)的信任博弈，叫动态信任博弈。在动态信任博弈中，双方的行动有先后顺序并且后行动市场参与者可以知道先行动市场参与者的策略。

定义 1.11　在建筑工程承包环境下，假设存在任意两个市场参与者 A 和 B 在信任建立的过程既存在静态信任博弈，也存在动态信任博弈，则称为混合信任博弈(Hybrid Trust Game，HTG)。

为了说明上述两个概念，在此列举以下实例。众所周知，在现实社会就业招聘活动中，通常包含两个阶段：投简历阶段和刷简历阶段，应聘人与招聘人面试阶段。在第一阶段，由于双方之间存在双向选择关系，应聘人可根据自己对某公司的了解情况，决定是否应投简历或就业于该公司，同时，公司招聘人可根据对某应聘人履历的了解情况，决定是否应录用或进入下一轮刷选。在第二阶段，应聘人通过现场交流展现自己的能力，去获取公司招聘人最大的认可，同时也进一步了解公司优劣，公司招聘人通过现场交流展现公司的优秀，去获取应聘人最大的认可，同时也进一步了解招聘人的能力。第一阶段双方通过第三方信息进行交互的过程实质是静态信任博弈，第二阶段双方通过现场交互的过程实质是动态信任博弈，而双方整个就业招聘过程实质是混合信任博弈。

借鉴经典博弈理论，信任博弈类型和对应均衡理论如表 1－8 所列。

表 1－8 信任博弈类型和对应均衡理论

信任博弈类型	相应的均衡理论
完全信息静态信任博弈	纳什均衡
不完全信息静态信任博弈	贝叶斯纳什均衡
完全信息动态信任博弈	子博弈精炼纳什均衡
不完全信息动态信任博弈	子博弈精炼贝叶斯均衡

本文主要是研究以市场参与者信任类型概率分布作为公共声誉信息，以市场参与者具体信任类型作为私有信息，在这种非完全信息情景下，讨论如何利用子博弈精炼贝叶斯均衡理论，对动态信任博弈进行建模及均衡求解。下面一节将讨论公共声誉信息的获取，即基于贝叶斯理论的信任类型概率分布计算。

四、基于贝叶斯的可信度评估

在建设工程市场中，对于承包商可信度的评估一般集中于承包商的选择阶段，方法也主要是基于其价格和资质的审核。研究学者多采用将德尔菲法和因子分析法、层次分析法、结构方程模型相结合的方法，试图量化地评价承包商的能力，以此来评定其可信度。但是这种做法缺乏对于现行的承包商低价中标恶意索赔的现象的考虑，同时忽视了在项目全生命周期上的承包商的信任管理。基于此，本文借鉴社会学中的信任模型，从承包商的历史表现来评估其可信度(仅仅是可信度，并不是承包商的能力评价)。

在建设工程市场中，各市场参与者之间的关系与社会学中的人际关系有很大的相似性，表现在：① 建筑工程市场的市场参与者在相互交易时会留下反映其行为特征的信息；② 市场参与者对于其交易对象具有充分的选择权；③ 参与者有义务为其他参与者提供推荐信息，同时也有权利获得推荐信息。因此，借鉴社会学中人际关系信任模型，我们可以对建筑市场中的“信任”定义为：在声誉系统存在的前提下，根据某一特定参与者行为所体现出的可靠程度，对其提供资源服务能力的评估，包括对该参与者过去行为的观察以及其他参与者对其的看法。

在建筑工程市场下,参与者 x 对另一个参与者 y(称为目标参与者)的信任度评价一般根据两方面的信息来综合,一是其自身与 y 的直接历史交易记录,二是其他参与者(称为推荐者)提供的有关 y 的历史交易记录。参与者 x 通过分析直接历史交易记录,可以计算出 y 的直接信任值;通过分析推荐者提供的历史交易(索赔)记录,可以计算出 y 的间接信任值。本文打算利用贝叶斯方法,对上述两种信任值进行分析与评估。贝叶斯方法是以主观概率为基础的,主观概率是对特定事件发生可能性的度量,即相信事件将会发生的可能性大小,这种相信的程度是主观的,但又是根据经验、各方面的知识以及对客观情况的了解,利用相关信息进行分析推理、综合判断而测定的。在利用贝叶斯方法计算直接信任值和间接信任值之前,先讨论信任的表示。

(一) 信任的表示

假设业主为 x,承包商为 y,则 x 对 y 的信任类型空间可表示为 $TrustSpace=\{t_1, t_2, \cdots, t_n\}$,其中,从 t_1 到 t_n 的信任级别由低到高。例如,当 $TrustSpace=\{VU, U, Ne, T, VT\}$,其含义如表 1-9 所示。

表 1-9　一个具体信任类型空间实例

信任类型 t_i	t_i 的具体含义	t_i 的交易(索赔)次数	t_i 的概率分布
VT	Very trustworthy	4 次	5/25
T	Trustworthy	2 次	3/25
Ne	Neutral	6 次	7/25
U	Untrustworthy	3 次	4/25
VU	Very untrustworthy	5 次	6/25

也就是说,x 对 y 的信任可表示为"在某信任类型空间上的概率分布",即 x 对 y 信任是 $TrustSpace$ 到[0, 1]上的映射,记作 $p_{xy}: TrustSpace \to [0, 1]$。其中,$TrustSpace=\{t_1, t_2, \cdots, t_n\}$,$p_{xy}(t_i) > 0, 1 \leqslant i \leqslant n$,且 $p_{xy}(t_1)+p_{xy}(t_2)+\cdots+p_{xy}(t_n)=1$。

1. 直接信任度

定理 1.1　假设业主为 x,承包商为 y,用二项事件(成功/失败)描述他们之间的交易(索赔)结果,当 x 和 y 之间发生 n 次交易(索赔)后,项目成功次数为

u,项目失败次数为 v,且将直接信任度定义为第 $n+1$ 次交易(索赔)成功的概率。则 x 和 y 之间交易(索赔)成功的后验概率服从 Beta 分布,其密度函数为

$$\text{Beta}(\theta \mid u,\ v)=\frac{\Gamma(u+v+2)}{\Gamma(u+1)\Gamma(v+1)}\theta^{u}(1-\theta)^{v} \tag{1-1}$$

且

$$\hat{\theta}_{\text{dt}}=E(\text{Beta}(\theta \mid u+1,\ v+1))=\frac{u+1}{u+v+2} \tag{1-2}$$

其中,$0<\theta<1$,参数 $u,\ v>0$。

证明:设 $p=P(S)$表示在一次交易(索赔)过程中获得成功的概率。先验概率 p 可以是(0, 1)区间的任意值,因此把它作为一个随机变量 p。在没有任何附加信息的情况下,根据 Bayesian 假设,可以假定 p 服从(0, 1)的均匀分布 $U(0,\ 1)$,该先验分布记作 $\pi(p)$。当虚拟市场参与者发生 n 次交易(索赔)后,得到了 u 次成功结果,这是新的信息。设 $A=$"n 次交易(索赔)出现 u 次成功结果"这一事件,将这些交易(索赔)产生的结果视为二项事件,概率为 $P(A\mid p=p)=p^{u}(1-p)^{n-u}$,由全概率的连续形式得到

$$P(A)=\int_{0}^{1}P(A \mid p=p)\pi(p)\mathrm{d}p=\int_{0}^{1}p^{u}(1-p)^{n-u}\mathrm{d}p=\frac{(n-u)!\ u!}{(n+1)!} \tag{1-3}$$

后验密度函数 $f(p\mid A)$表示给定事件 A 的更新信息,由 Bayesian 定理,得

$$f_{p\mid A}(p \mid A)=\frac{(n+1)!}{(n-u)!\ u!}p^{u}(1-p)^{n-u}=\frac{\Gamma(u+v+2)}{\Gamma(u+1)\Gamma(v+1)}p^{u}(1-p)^{v} \tag{1-4}$$

此时,式(1 - 4)中 p 的后验密度函数不再是均匀分布,而是 Beta 分布 $\text{Beta}(u+1,\ v+1)$。

可以用该密度函数对未来的交易(索赔)成功概率进行预测。设 $B=$"知道前 n 次交易(索赔)中成功结果出现 u 次,第$(n+1)$次也出现成功结果"这一事件。则

$$P(B)=\int_{0}^{1}P(B \mid p=p)f(p \mid A)\mathrm{d}p$$

$$=\int_0^1 p\,\frac{(n+1)!}{(n-u)!\;u!}p^u(1-p)^{n-u}\mathrm{d}p=\frac{u+1}{n+2} \tag{1-5}$$

由 Beta 分布的性质可知，式(1-5)即为该交易(索赔)经验分布的期望值 $E(\mathrm{Beta}(\theta|u+1,\ v+1))$。

从以上证明过程可以得知，直接信任度和承包商与以往提供服务的成功次数及总的交易(索赔)次数有关，其表达了承包商提供可靠资源服务的能力，这种能力的评估仅以直接交易(索赔)记录为依据。虽然给出了直接信任度的计算方法，但是该方法还存在几个问题：第一，业主可能从来没有与该承包商产生过交易(索赔)，那么就无法度量承包商的信任度；第二，一个承包商可能只有很少几次与该业主有过交易(索赔)，也不足以用来评估承包商的可信度。在建筑市场上，由于建筑产品体量大，交换过程常常是一次性的，用直接信任度 $\hat{\theta}_{\mathrm{dt}}$ 来对真实信任度进行估计已经不适合，因此需要有足够的把握确认对信任度 $\hat{\theta}_{\mathrm{dt}}$ 进行估计。事实上，这需要对信任度的置信水平进行度量。

定理 1.2　设建筑市场中的两个虚拟用户 x 和 y，用信任类型空间 $TrustSpace=\{t_1,\ t_2,\ \cdots,\ t_n\}$ 描述他们之间交易(索赔)的评价，每次交易(索赔)的评价只能对应信任类型空间中一个值。当 x 和 y 之间发生 m 次交易(索赔)后，信任类型 t_i 对应的交易(索赔)次数为 w_i，将 $p_{xy}(t_i)$ 定义为第 $m+1$ 次交易(索赔)是信任类型 t_i 的后验概率，其可表示为

$$p_{xy}(t_i)=(w_i+1)/(m+n) \tag{1-6}$$

由于定理 1.2 的证明是定理 1.1 的推广，在此不做论述。

2. 推荐信任度

定理 1.3　对于建筑市场往往还存在推荐信任度，因为在招标的过程中评标专家会对承包商的其他交易(索赔)进行整体的综合考虑，若承包商还与另一个 z 业主发生过交易(索赔)，用信任类型空间 $TrustSpace=\{t_1,\ t_2,\ \cdots,\ t_n\}$ 描述他们之间交易(索赔)的评价，其中，x 与 y，z 与 y 间的交易(索赔)独立，交易(索赔)总次数为 m_0 和 m_1，其中，x 与 y 间信任类型 t_i 对应的交易(索赔)次数为 w_i，z 与 y 间信任类型 t_i 对应的交易(索赔)次数为 h_i，将 $p_{xzy}(t_i)$ 定义为 x 通过 z 对 y 在信任类型 t_i 的后验概率，其可表示为

$$p_{xzy}(t_i)=(w_i+h_i+1)/(m_0+m_1+n) \tag{1-7}$$

定理 1.3 的证明是定理 1.2 的推广，在此不做论述。

定理 1.4 进一步拓展，假设业主为 x，承包商为 y，一个市场参与者集合 $Z=\{z_j \mid 1\leqslant j\leqslant M,\ z_j\neq x,\ z_j\neq y\}$，用信任类型空间 $TrustSpace=\{t_1, t_2, \cdots, t_n\}$ 描述他们之间交易（索赔）的评价，同时满足：x 与 y，z_j 与 y 间的交易（索赔）独立，其中，x 与 y 交易（索赔）次数为 m_0，信任类型 t_i 对应的交易（索赔）次数为 w_i；z_j 与 y 交易（索赔）次数为 m_j，信任类型 t_i 对应的交易（索赔）次数为 h_{ij}。此刻，推荐虚拟用户不止一个，可对公式（1－8）加以推广，将 $p_{xzy}(t_i)$ 定义为 x 通过 Z 中每个推荐者对 y 在信任类型 t_i 的后验概率，其可表示为

$$p_{xzy}(t_i)=\left(w_i+\left(\sum_{j=1}^{M}h_{ij}\right)+1\right)/\left(m_0+\left(\sum_{i=1}^{M}m_i\right)+n\right) \tag{1-8}$$

定理 1.4 是定理 1.3 的扩展，证明类似，在此不作分析。

3. 总体信任度

由上面两小节的讨论可知，业主 x 对承包商 y 进行信任评价时，通过自身与 y 的直接历史交易（索赔）记录可估计出有关 y 的信任类型直接概率分布 $p_{xy}(t_i)$，通过推荐者集合 Z 可以估计出有关 y 的信任类型间接概率分布 $p_{xzy}(t_i)$。在此，引入“信任类型综合概率分布”概念，用来表示信任类型直接概率分布和信任类型间接概率分布的合并值，公式如下：

$$t_{xy}(t_i)=f(p_{xy}(t_i),\ p_{xzy}(t_i)) \tag{1-9}$$

f 由市场参与者 x 的资质、能力等主观因素决定，一个常用的信任类型概率分布合并函数为

$$f(p_{xy}(t_i),\ p_{xzy}(t_i))=\lambda p_{xy}(t_i)+(1-\lambda)p_{xzy}(t_i) \tag{1-10}$$

其中，$\lambda\in[0,1]$，参数 λ 称为权重因子。通常，市场参与者更相信自己的直接交易（索赔）经验，所以，直接信任度的权值也更大，即 λ 常大于 0.5。

（二）信任度修正

1. 时间因素

在上面小节的基础上，对信任度进行一定的修正和调整。由于时间因素对于信任度往往有着重要的影响，越近的历史记录，往往影响越大，而工程难度越复杂、工程越重要，其历史影响也越大，故引入时效性因子公式如下：

$$u(n)=\sum_{i=1}^{n}u_i\eta^{n-i} \tag{1-11}$$

$$v(n)=\sum_{i=1}^{n} v_i \eta^{n-i} \tag{1-12}$$

其中，$u(n)$ 与 $v(n)$ 分别表示 n 段时间以后建设工程项目成功和失败的总数，且 $0\leqslant\eta\leqslant1$。当 $\eta=0$ 时表示仅考虑最近一次的影响，反之，当 $\eta=1$ 时表示不考虑时间因素的影响。在具体应用中，通过以下运算公式进行调节：

$$u(i)=u(i-1)\cdot\eta+u_i \tag{1-13}$$

$$v(i)=v(i-1)\cdot\eta+v_i \tag{1-14}$$

将 $u(i)$ 和 $v(i)$ 代入：

$$\hat{\theta}_{dt}=E(\mathrm{Beta}(\theta\mid u+1,\ v+1))=\frac{u+1}{u+v+2} \tag{1-15}$$

即可以求出该承包商的直接信任度。

2. 惩罚因子

根据研究者的研究发现，惩罚是促进信任与合作的一条重要途径，故引入惩罚型因子公式如下：

$$\delta=\begin{cases}1,\ \Delta DTD_n\geqslant0\\0<\delta<1,\ \Delta DTD_n<0\end{cases} \tag{1-16}$$

其中，$\delta\in(0,\ 1)$，DTD 表示直接可信度，$\Delta DTD_n=\Delta DTD_n(t)-\Delta DTD_n(t-1)$。当 $\Delta DTD_n(t)<\Delta DTD_n(t-1)$，也即当承包商出现失信行为的时候，会对其有惩罚机制。

在引入惩罚性因子和时效性因子之后，信任度的计算如下：

$$f(p_{xy}(t_i),\ p_{xzy}(t_i))=\lambda p_{xy}(t_i)+(1-\lambda)p_{xzy}(t_i) \tag{1-17}$$

$$f'=\delta\cdot f(P_{xy}(t_i),\ P_{xzy}(t_i)) \tag{1-18}$$

（三）仿真模拟

首先对 η 与 δ 的取值进行仿真模拟，选取最佳的值。

对参数进行设置（表 1－10），根据信任的表示的定义，信任可以分为 VU，U，Ne，T，VT 五个等级，在十次循环中，依次的顺序分别为：VT，VT，U，T，VT，VT，无，无，无，无。

表 1-10 仿真参数的设置

参　数	默认值	描　述
H	1 000	总交易历史数据
N	3	市场参与者数目
η 和 δ	变量	调节衰减速率的常量
T	10	仿真迭代次数

如图 1-11 所示，显示了取值分别为(0.95, 0.3)(0.95, 0.2)(0.9, 0.3)及(1, 1)时的对比曲线图。当按照设置的可信度进行仿真时，当有不信任的交易被采集时，更小的 η 和 δ 意味着更快的衰减和更大的惩罚力度。模型在引入了这两个因子之后，其反应更加敏锐。当没有不信任或者信任的证据被收集到的时候，衰减因子越小，信任度越难以长期稳定。

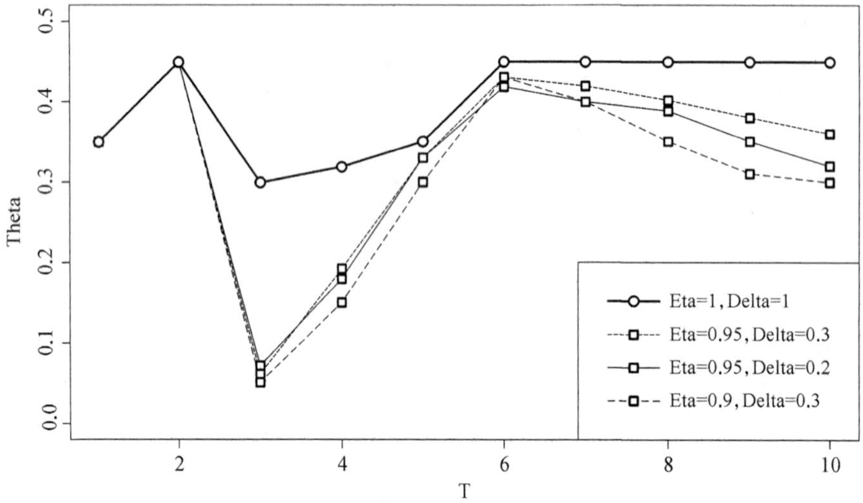

图 1-11 仿真结果

引入这两个因子，从实际意义来看，时效性因子能够调整时间因素，在这里，当某一个开发商长期没有与其余开发商的交易记录的时候，可信度会有衰减；而惩罚性因子表示每一次承包商有失信行为的时候，惩罚因子就会使得承包商可信度下降。故本文中取 $\eta=0.9$, $\delta=0.2$。事实上，在博弈机制中引入这种惩罚效应是符合经济规律的。博弈按照持续的时间和进行的次数可以被分为有限次重复博弈和无限次的重复博弈，无限次的重复博弈是没有明确的结束时间的，它们的共同点即会惩罚不合作的行为。

五、动态信任博弈模型建立及其分析

（一）动态信任博弈体系结构

1. 动态信任博弈体系表示

本节将把上一节讨论的基于贝叶斯理论的信任类型空间概率应用到信任博弈中去。非完全信息下动态信任博弈体系结构如图 1－12 所示。

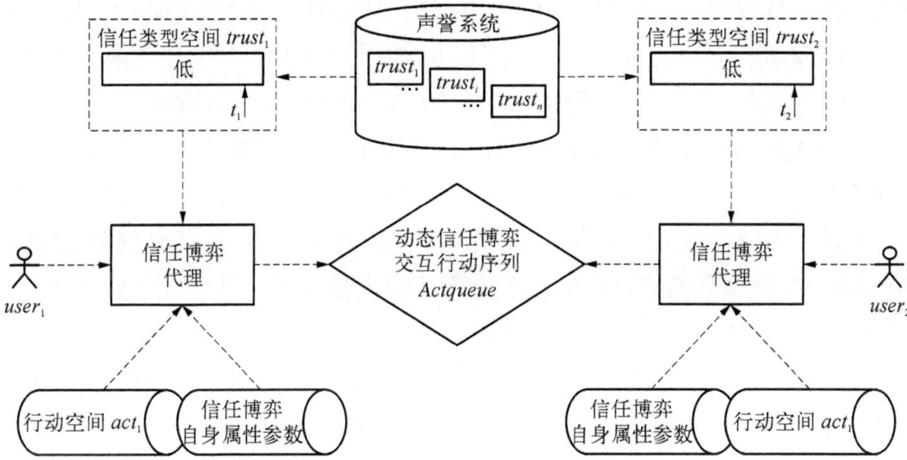

图 1－12　动态博弈体系

图 1－12 中的“动态信任博弈交互行为序列”如图 1－13 所示。

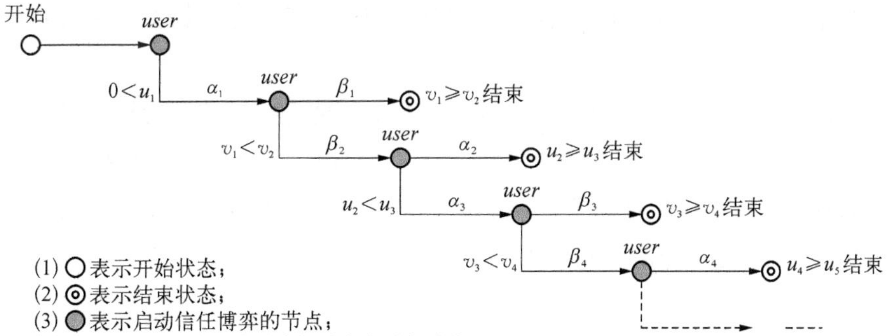

(1) ○表示开始状态；
(2) ◎表示结束状态；
(3) ●表示启动信任博弈的节点；
(4) $user_1$，$user_2$，分别表示先行动者和后行动者；
(5) α_i，β_i，$i\geqslant1$，分别表示第 i 次信任博弈 $user_1$ 和 $user_2$ 的贝叶斯均衡策略(或行动)；
(6) u_i，v_i，$i\geqslant1$，分别表示第 i 次信任博弈 $user_1$ 和 $user_2$ 选择均衡策略时的收益。

图 1－13　动态信任博弈交互行为序列

2. 动态信任博弈概念模型

定义 1.12 （DTG 概念模型） 设某声誉系统下存在任意两个用户 $user_1$ 和 $user_2$，在某环境中 $user_1$ 和 $user_2$ 对应的信任类型空间分别为 $trust_1$ 和 $trust_2$，对应的行动集合分别为 act_1 和 act_2，记 $UserSet=\{user_1, user_2\}$，$TrustSpace=\{trust_1, trust_2\}$，$ActSet=\{act_1, act_2\}$。设 $UserSet$ 中任意用户 $user_k$，$k=1,2$，其在信任类型为 $t\in trust_k$ 时启动第 $i(i\geqslant 1)$ 次信任博弈，产生的贝叶斯均衡策略所对应的行动记作 $(\alpha_i, \beta_i)\in act_1\times act_2$，此刻，$user_1$ 和 $user_2$ 对应的收益函数分别为 $u(\alpha_i, \beta_i; t)$ 和 $v(\alpha_i, \beta_i; t)$，记 $UtilitySet=\{u, v\}$。如果 $user_1$ 和 $user_2$ 进行有限次信任博弈，形成的交互行动序列为 $Actqueue=(\gamma_1, \gamma_2, \cdots, \gamma_j, \cdots, \gamma_{n-1}, \gamma_n)$，$n\geqslant 2$，$1\leqslant j\leqslant n$，$\gamma_j\in act_1\cup act_2$。则动态信任博弈概念模型可定义为：$DTG=(UserSet, TrustSpace, ActSet, UtilitySet, Actqueue)$。

定理 1.5 在某具体 DTG 中，用户 $user_1$，$user_2$ 在理性指导下，形成交互行动序列 $(\gamma_1, \gamma_2, \cdots, \gamma_j, \cdots, \gamma_{n-1}, \gamma_n)$ 总共需要进行 $n-1$ 次信任博弈。

证明：假设在整个信任博弈过程中，存在行动者 A 和 B，某时刻 A 启动了第 $m(m\geqslant 1)$ 次信任博弈，则 A 必将选择第 m 次信任博弈贝叶斯均衡时自己应采取的行动，记为 γ_i。下面分两种情况讨论。

第一种情况：如果另一行动者 B 认可第 m 次信任博弈贝叶斯均衡结果，必将选择第 m 次信任博弈贝叶斯均衡时自己应采取的行动，记为 γ_j。根据动态信任博弈行动交互出现的性质，可得：$\gamma_j=\gamma_{i+1}$。此刻，由于 (γ_i, γ_{i+1}) 是第 m 次信任博弈贝叶斯均衡策略所对应的一对行动，因此，整个信任博弈结束，$(\gamma_i, \gamma_{i+1})=(\gamma_{n-1}, \gamma_n)$。在此，可得以下两个结论。

结论①：(γ_{n-1}, γ_n) 是最后一次信任博弈贝叶斯均衡策略所对应的一对行动；

结论②：$(\gamma_1, \gamma_2, \cdots, \gamma_i, \cdots, \gamma_{n-2})$ 是信任博弈没有结束的行动序列。

第二种情况：如果另一行动者 B 不认可第 m 次信任博弈贝叶斯均衡结果，必将启动第 $m+1$ 次信任博弈，并选择第 $m+1$ 次信任博弈贝叶斯均衡时自己应采取的行动，记为 γ_k。根据动态信任博弈行动交互出现的性质，同样可得：$\gamma_k=\gamma_{i+1}$。在此，可得以下两个结论：

结论③：启动新一轮信任博弈，必将使得信任博弈行动系列添加一个新元素。

联合结论②和③，可得结论④：$(\gamma_1, \gamma_2, \cdots, \gamma_i, \cdots, \gamma_{n-2})$ 是 $n-2$ 次信任

博弈的行动系列。

联合结论③和④，可得结论⑤：$(\gamma_1, \gamma_2, \cdots, \gamma_i, \cdots, \gamma_{n-1}, \gamma_n)$是$n-1$次信任博弈的行动系列。证明结束。

定理 1.6　在某具体 *DTG* 中，当 *Actqueue* 中的参数n为非零偶数时，可知：$(\gamma_1, \gamma_2, \cdots, \gamma_n)=(\alpha_1, \beta_2, \cdots, \alpha_{i-1}, \beta_i, \alpha_{i+1}, \cdots, \beta_{n-2}, \alpha_{n-1}, \beta_{n-1})$，此时，第$n-1$次信任博弈由$user_1$启动，$(\alpha_{n-1}, \beta_{n-1})$分别是$user_1$和$user_2$第$n-1$次信任博弈时贝叶斯均衡策略所对应的一对行动；当 *Actqueue* 中的参数n为非1奇数时，可知：$(\gamma_1, \gamma_2, \cdots, \gamma_n)=(\alpha_1, \beta_2, \cdots, \alpha_{i-1}, \beta_i, \alpha_{i+1}, \cdots, \alpha_{n-2}, \beta_{n-1}, \alpha_{n-1})$，此时，第$n-1$次信任博弈由$user_2$启动，$(\alpha_{n-1}, \beta_{n-1})$分别是$user_1$和$user_2$第$n-1$次信任博弈时贝叶斯均衡策略所对应的一对行动。

例如：当$n=2$时，$(\gamma_1, \gamma_2)=(\alpha_1, \beta_1)$；当$n=3$，$(\gamma_1, \gamma_2, \gamma_3)=(\alpha_1, \beta_2, \alpha_2)$；当$n=4$，$(\gamma_1, \gamma_2, \gamma_3, \gamma_4)=(\alpha_1, \beta_2, \alpha_3, \beta_3)$；当$n=5$，$(\gamma_1, \gamma_2, \gamma_3, \gamma_4, \gamma_5)=(\alpha_1, \beta_2, \alpha_3, \beta_4, \alpha_4)$。由上述例子可以容易归纳出定理 1.6，在此不做证明。

定义 1.13　在某具体 *DTG* 中，*Actqueue* 中的γ_n是结束信任博弈的关键行为，在此，称γ_n为终态均衡行动(或称终态均衡策略)。

假设存在行动者A和B，某时刻A在信任类型为t时启动了第$n-1$次信任博弈，假设第$n-1$次信任博弈贝叶斯均衡时A和B对应的行动分别为γ_{n-1}和γ_n，A必将选择行动γ_{n-1}。如果B认可第$n-1$次信任博弈贝叶斯均衡结果，必将选择行动γ_n，此刻，B的收益记作$utility_b(\gamma_{n-1}, \gamma_n; t)$。那么，$B$认可第$n-1$次信任博弈贝叶斯均衡结果的依据是什么，即选择$\gamma_n$的依据是什么？

在作出决策之前，假设B在信任类型为t^*时启动第n次信任博弈，假设第n次信任博弈贝叶斯均衡时A和B对应的行动分别为γ_{n-1}^*和γ_n^*。此刻假设B的收益为$utility_b(\gamma_{n-1}^*, \gamma_n^*; t^*)$。如果$utility_b(\gamma_{n-1}, \gamma_n; t)\geqslant utility_b(\gamma_{n-1}^*, \gamma_n^*; t^*)$，则$B$将认可第$n-1$次信任博弈贝叶斯均衡结果，并选择$\gamma_n$，而不是$\gamma_n^*$。因此，$\gamma_n$是结束信任博弈的关键行为。

因此，A和B完成整个信任博弈实际上需要进行n次信任博弈。由于在 *DTG* 中，$Actqueue=(\gamma_1, \gamma_2, \cdots, \gamma_i, \cdots, \gamma_{n-1}, \gamma_n)$中没有涉及第$n$次信任博弈贝叶斯均衡时的行动信息，所以在计算信任博弈总次数时，不考虑第n次信任博弈。

3. 动态信任博弈行动时序分析

为了更清晰地介绍动态信任博弈的行动时序关系，在此设置如下场景：假设在建筑市场中，存在互为陌生的承包商（*contractor*，C）和业主方（*owner*，O），如果业主方O向承包商C请求某服务（*service*，S），则承包商C和业主方O将在执行交易（索赔）的过程中进行一场信任博弈。由于承包商C和业主方O互为陌生且交互行为存在时序，因此，进行的信任博弈是非完全信息动态信任博弈。

假定承包商C的信任类型空间为 $Trust_p=\{t_1^p, t_2^p, \cdots, t_m^p\}$，业主方O的信任类型空间为 $Trust_c=\{t_1^c, t_2^c, \cdots, t_n^c\}$。声誉系统为承包商C和业主方O评测出的信任类型的概率分布空间为 $TrustProb_p=\{p(t_1^p), p(t_2^p), \cdots, p(t_m^p)\}$ 和 $TrustProb_c=\{p(t_1^c), p(t_2^c), \cdots, p(t_n^c)\}$。假定承包商C的行动空间为 $Act_p=\{a_1^p, a_2^p, \cdots, a_k^p\}$，业主方O的行动空间为 $Act_c=\{a_1^c, a_2^c, \cdots, a_h^c\}$。

在现实场景下，交易（索赔）双方的行动时序存在两种情况：① 承包商C作为先行动方，业主方O作为后行动方；② 业主方O作为先行动方，承包商C作为后行动方。两种情况下的信任博弈模型相似，在不失一般性原则下，本文仅考虑承包商C作为先行动方，业主方O作为后行动方的情况，在这种情况下，双方第一次动态信任博弈的时间序列可以表示如下。

(1.1) 声誉系统（即博弈方零或称自然人）首先根据历史交易（索赔）记录，评测出承包商C信任类型为 t_i^p 的概率为 $p(t_i^p)$，$1\leqslant i\leqslant m$，并告知承包商C。这里，对所有的 i，$p(t_i^p)>0$，且 $p(t_1^p)+p(t_2^p)+\cdots+p(t_m^p)=1$。在具体环境中，承包商C知道自己的信任类型 t_i^p。业主方O却不知道 t_i^p 的值，但知道 t_i^p 的概率分布 $p(t_i^p)$，因为声誉系统评出的声誉是公共知识。

(1.2) 在具体环境中，承包商C知道自己的信任类型 t_i^p 后，将根据 t_i^p 值向业主方O发出"反映行动的信息"，记作 $s_p(t_i^p)\in Act_p$。为了简单起见，本文将"反映行动的信息"看作"行动本身"。

(1.3) 业主方O在观察到承包商C发出的信息 $s_p(t_i^p)$（但不能观察到 t_i^p 的具体值）后，形成对承包商C的信任类型 t_i^p 的推断——后验概率 $p=p(t_i^p \mid s_p(t_i^p))$，然后选择行动 $s_c(s_p(t_i^p))\in Act_c$。

(1.4) 对于给定的 $t_i^p\in Trust_p$，$s_p(t_i^p)\in Act_p$，$s_c(s_p(t_i^p))\in Act_c$，承包商C和业主方O获得的支付函数分别为 $u_p(s_p(t_i^p), s_c(s_p(t_i^p)); t_i^p)$ 和 $u_c(s_p(t_i^p), s_c(s_p(t_i^p)); t_i^p)$。

由上可知：在非完全信息动态信任博弈中，承包商C的策略 s_p 是 $Trust_p$ 到 Act_p 上的映射：$s_p: Trust_p\rightarrow Act_p$，$s_p(t_i^p)=a_j^p$，$t_i^p\in Trust_p$，$a_j^p\in Act_p$，$1\leqslant$

$i \leqslant m$，$1 \leqslant j \leqslant k$。业主方 O 的策略 s_c 是 Act_p 到 Act_c 上的映射：$s_c: Act_p \rightarrow Act_c$，$s_c(a_i^p)=a_j^c$，$a_i^p \in Act_p$，$a_j^c \in Act_c$，$1 \leqslant i \leqslant k$，$1 \leqslant j \leqslant h$。

为使得第一次动态信任博弈有均衡，必须满足以下几个要求。

要求 1：业主方 O 观察到承包商 C 发送过来的行动 $s_p(t_i^p) \in Act_p$ 后，业主方 O 必须根据所接收到的信息 $s_p(t_i^p)$，对承包商 C 的信任类型进行推断。即：承包商 C 选择行动 $s_p(t_i^p)$ 后，业主方 O 推断承包商 C 的每种信任类型 $t_j^p(1 \leqslant j \leqslant m)$ 的后验概率为 $p(t_j^p \mid s_p(t_i^p))$，$p(t_j^p \mid s_p(t_i^p))>0$，$p(t_1^p \mid s_p(t_i^p))+p(t_2^p \mid s_p(t_i^p))+\cdots+p(t_m^p \mid s_p(t_i^p))=1$。

要求 2：给定业主方 O 观察到承包商 C 发送过来的行动 $s_p(t_i^p) \in Act_p$ 及之后形成的推断 $p(t_j^p \mid s_p(t_i^p))$，$1 \leqslant j \leqslant m$，业主方 O 的行动 $s_c^*(s_p(t_i^p))$ 必须使得业主方 O 的期望收益最大，即 $s_c^*(s_p(t_i^p))$ 是以下最大化问题的解：

$$\max_{s_c(s_p(t_i^p)) \in Act_c} \left\{ \sum_{t_j^p \in \mathrm{Trust}_p} u_c(s_p(t_i^p),\ s_c(s_p(t_i^p));\ t_j^p) \cdot p(t_j^p \mid s_p(t_i^p)) \right\} \tag{1-19}$$

要求 3：对于承包商 C 明确自己具体的信任类型 $t_i^p \in Trust_p$，给定消费者的策略 $s_c^*(s_p(t_i^p))$，承包商 C 的行动 $s_p^*(t_i^p)$ 必须使得承包商 C 的期望收益最大，即 $s_p^*(t_i^p)$ 是以下最大化问题的解：

$$\max_{s_p(t_i^p) \in Act_p} \{u_p(s_p(t_i^p),\ s_c^*(s_p(t_i^p));\ t_i^p)\} \tag{1-20}$$

最后，给定承包商 C 的策略 $s_p^*(t_i^p)$，令 T_j 表示承包商 C 选择行动 a_j^p 的信任类型集合，即 $T_j=\{t_i^p \mid s_p^*(t_i^p)=a_j^p\}$。若 $T_j \neq \varnothing$，则对应于行动 a_j^p 的信息集就处于均衡路径上，否则，任何信任类型都不选择行动 a_j^p，其对应的信息集则处于均衡路径之外。对处于均衡路径上的行动，运用业主方 O 的推断，可以得到：

要求 4：对于任意行动 $a_j^p \in Act_p$，如果存在 $t_i^p \in Trust_p$，使得 $s_p^*(t_i^p)=a_j^p$，则业主方 O 在对应于 a_j^p 的信息集中持有的推断必须决定于贝叶斯法则：

$$p(t_i^p \mid a_j^p)=p(t_i^p) / \sum_{t_i^p \in T_j} p(t_i^p) \tag{1-21}$$

在此，令第一次动态信任博弈结束后，承包商 C 和业主方 O 的贝叶斯均衡策略为 α_1 和 β_1。承包商 C 将选择策略 α_1。业主方 O 对应的均衡策略为 β_1，如果 β_1 是终态均衡策略，业主方 O 将选择策略 β_1，整个信任博弈结束，双方的交易(索赔)便可按照策略反应的内容进行执行。如果 β_1 不是终态均衡策略，业主

方 O 将启动第二次动态信任博弈，博弈的时间序列可以表示如下：

(2.1) 声誉系统（即博弈方零或称自然人）首先根据历史交易（索赔）记录，评测出业主方 O 信任类型为 t_i^c 的概率为 $p(t_i^c)$，$1 \leqslant i \leqslant n$，并告知业主方 O。这里，对所有的 i，$p(t_i^c)>0$，且 $p(t_1^c)+p(t_2^c)+\cdots+p(t_n^c)=1$。在具体上下文环境下，业主方 O 知道自己的信任类型 t_i^c。承包商 C 却不知道 t_i^c 的值，但知道 t_i^c 的概率分布 $p(t_i^c)$，因为声誉系统评出的声誉是公共知识。

(2.2) 在具体环境中，业主方 O 知道自己的信任类型 t_i^c 后，将根据 t_i^c 值向承包商 C 发出"反映行动的信息"，记作 $s_c(t_i^c) \in Act_c$。

(2.3) 承包商 C 在观察到业主方 O 发出的信息 $s_c(t_i^c)$（但不能观察到 t_i^c 的具体值）后，形成对业主方 O 的信任类型 t_i^c 的推断——后验概率 $p=p(t_i^c \mid s_c(t_i^c))$，然后选择行动 $s_p(s_c(t_i^c)) \in Act_p$。

(2.4) 对于给定的 $t_i^c \in Trust_c$，$s_c(t_i^c) \in Act_c$，$s_p(s_c(t_i^c)) \in Act_p$，业主方 O 和承包商 C 获得的支付函数分别为 $u_c(s_p(s_c(t_i^c)), s_c(t_i^c);\ t_i^p)$ 和 $u_p(s_p(s_c(t_i^c)), s_c(t_i^c);\ t_i^p)$。

为了使得第二次动态信任博弈有均衡，满足的要求类似要求 1～要求 4，只需将业主方 O 和承包商 C 换位思考，在此不作阐述。

在此，令第二次动态信任博弈结束后，承包商 C 和业主方 O 的贝叶斯均衡策略为 α_2 和 β_2。业主方 O 将选择策略 β_2。承包商 C 对应的均衡策略为 α_2，如果 α_2 是终态均衡策略，承包商 C 将选择策略 α_2，整个信任博弈结束，双方的交易（索赔）便可按照策略反应的内容进行执行。如果 α_2 不是终态均衡策略，承包商 C 将启动第三次动态信任博弈。

由于第三次动态信任博弈在动作时序上类似于第一次动态信任博弈，仅仅一处需要做调整，即在第一次信任博弈子步骤(1.2)基础上，将承包商 C 自己的信任类型 t_i^p 降低一个层次。例如，如果子步骤(1.2)中执行赋值：$t_i^p \leftarrow trustworthy$，则子步骤(3.2)执行赋值：$t_i^p \leftarrow neutral$。当第三次动态信任博弈也不能得到终态均衡策略时，业主方 O 将启动第四次动态信任博弈。第四次动态信任博弈在动作时序上类似于第二次动态信任博弈，仅仅一处需要做调整，即在第二次信任博弈子步骤(2.2)基础上，将业主方 O 自己的信任类型 t_i^c 降低一个层次。类似，如果子步骤(2.2)中执行赋值：$t_i^c \leftarrow verytrustworthy$，则子步骤(5.2)执行赋值：$t_i^c \leftarrow trustworthy$。之后的信任博弈在此不作阐述，图 1－14 给出了交易（索赔）双方需连续执行四次动态信任博弈，仍没有出现终态均衡策略的行动交互示意图。

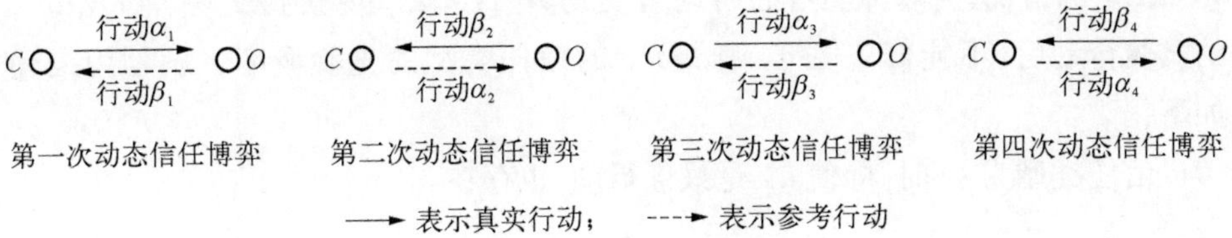

图 1-14　信任的博弈顺序

（二）动态信任博弈模型均衡及其算法

1. 动态信任博弈理论

通过分析信任类型与均衡策略的关系，我们可以将动态信任博弈均衡情况分以下三种情况。

1）交易双方的分离均衡

不同信任类型的优先行动交易者 $Trader_1$（承包商或业主方），将做出不同的行动。分离均衡意味着：行动 a_1 是信任类型为 t_1 的交易者 $Trader_1$ 的最优选择，就不可能是信任类型为 t_2 的交易者 $Trader_1$ 的最优选择。行动 a_2 是信任类型为 t_2 的交易者 $Trader_1$ 的最优选择，就不可能是信任类型为 t_1 的交易者 $Trader_1$ 的最优选择。同时，后行动者交易者 $Trader_2$ 观察到交易者 $Trader_1$ 的具体行动后，将修正关于 $Trader_1$ 的信任类型的先验概率。可用描述如下：

信任类型为 t_1 时，行动选择 a_1 优先 a_2，即

$$u_1(a_1, s_2^*(a_1);\ t_1) > u_1(a_2, s_2^*(a_2);\ t_1)$$

信任类型为 t_2 时，行动选择 a_2 优先 a_1，即

$$u_1(a_2,\ s_2^*(a_2);\ t_2) > u_1(a_1,\ s_2^*(a_1);\ t_2)$$

后行动者交易者 $Trader_2$ 的推断满足：

$$p(t_1 \mid a_1) = 1, p(t_2 \mid a_1) = 0;\ p(t_1 \mid a_2) = 0, p(t_2 \mid a_2) = 1$$

2）交易双方的混合均衡

不同信任类型的优先行动交易者 $Trader_1$（承包商或业主方），将做出相同的行动。混合均衡意味着：行动 a_1 是信任类型为 t_1 的交易者 $Trader_1$ 的最优选择，也可能是信任类型为 t_2 的交易者 $Trader_1$ 的最优选择。行动 a_2 是信任类型为 t_2 的交易者 $Trader_1$ 的最优选择，也可能是信任类型为 t_1 的交易者

$Trader_1$ 的最优选择。同时，后行动者交易者 $Trader_2$ 观察到交易者 $Trader_1$ 的具体行动后，不能修正关于 $Trader_1$ 的信任类型的先验概率。设可用描述如下：

信任类型为 t_1 时，即使 a_1 是最优行动，也存在

$$u_1(a_1, s_2^*(a_1);\ t_1) \geqslant u_1(a_2,\ s_2^*(a_2);\ t_1)$$

信任类型为 t_2 时，即使 a_2 是最优行动，也存在

$$u_1(a_2, s_2^*(a_2);\ t_2) \geqslant u_1(a_1,\ s_2^*(a_1);\ t_2)$$

后行动者交易者 $Trader_2$ 的推断满足：

$$p(t_i \mid a_j) = p(t_i),\ i,\ j = 1,\ 2$$

3）交易双方的精炼贝叶斯均衡

非完全信息下基于声誉评估的动态信任博弈的精炼贝叶斯均衡有策略组合 $(s_1^*(t), s_2^*(s_1^*(t)))$ 和后行动交易者 $Trader_2$ 关于先行动交易者 $Trader_1$ 的信任类型推断 $p^* = p(t \mid s_1(t))$ 构成，满足：

$$s_1^*(t) \in \underset{t \in Act_1}{\operatorname{argmax}}(u_1(s_1(t),\ s_2^*(s_1(t));\ t)\}$$

$$s_2^*(s_1(t)) \in \underset{s_2(s_1(t)) \in Act_2}{\operatorname{argmax}} \left\{ \sum_{t \in T} u_2(s_1(t),\ s_2(s_1(t));\ t) \cdot p^* \right\}$$

$p^* = p(t \mid s_1(t))$ 可从 t 的先验概率 $p(t)$ 和观察到的 $s_1(t)$ 得到，本质是后行动交易者 $Trader_2$ 使用贝叶斯法则 $p(t_i \mid a_j) = \dfrac{p(t_i)}{\sum_{t_i \in T_j} p(t_i)}$，其中，$T_j$ 表示先行动交易者 $Trader_1$ 选择行动 a_j 的信任类型集合，即 $T_j = \{t_i \mid s_1^*(t_i) = a_j\}$。

交易双方的精炼贝叶斯均衡的均衡结果形式一般有三种：混合均衡，分离均衡，或者同时存在混合均衡和分离均衡。

从以上可知：在信任博弈中的精练贝叶斯均衡中，先行动交易者 $Trader_1$ 的策略 $s_1^*(t)$ 依赖于后行动交易者 $Trader_2$ 的策略 $s_2^*(s_1(t))$；而后行动交易者 $Trader_2$ 的策略 $s_2^*(s_1(t))$ 又依赖于后行动交易者 $Trader_2$ 对于先行动交易者 $Trader_1$ 的信任类型的推断 p^*；而 $p^* = p(t \mid s_1(t))$ 还依赖于先行动交易者 $Trader_1$ 的策略 $s_1^*(t)$。

2. 动态信任博弈均衡算法

借鉴重复博弈，在此给出基于信任衰减的动态信任博弈算法如下：

算法：动态信任博弈算法(Dynamic Trust Game Algorithm)
输入：市场参与者集合 UserSet，信任类型空间 TrustSpace，行为集合 ActSet
输出：动态信任博弈交互行动序列 Actqueue
步骤 1：//基本参数设定
  1.1 //设置动态信任博弈行动先后者
    1.1.1 $user_1$←getFisrtActor (UserSet)； //先行动者
    1.1.2 $user_2$←getSecondActor (UserSet)； //后行动者
  1.2 //设置动态信任博弈相关参数
    1.2.1 noFind←true； //没有找到终态均衡策略时的标志
    1.2.2 n←0； //动态信任博弈次数计算器
步骤 2：//从声誉系统中获取市场参与者在信任类型空间上的概率分布
  2.1 updateReputaionSystem( )； // 更新声誉系统
  2.2 TrustSpace←{VU，U，Ne，T，VT}； //设置市场参与者信任类型空间，信任类型级别由低到高
  2.3 //从声誉系统中得到市场参与者在信任类型空间 TrustSpace 上的概率分布
    2.3.1 $Trust_1$←getTrustProbability($user_1$，TrustSpace)； //得到 $user_1$ 在信任类型空间 TrustSpace 上的概率分布
    2.3.2 $Trust_2$←getTrustnProbability($user_2$，TrustSpace)； //得到 $user_2$ 在信任类型空间 TrustSpace 上的概率分布
  2.4 //市场参与者开展信任博弈前认识到自己的信任类型
    2.4.1 t_1←getTrustClasss ($user_1$，TrustSpace)； // $user_1$ 认识到自己的信任类型为 t_1，$t_1 \in$ TrustSpace
    2.4.2 t_2←getTrustClasss ($user_2$，TrustSpace)； // $user_2$ 认识到自己的信任类型为 t_2，$t_2 \in$ TrustSpace
步骤 3：when noFind do //$user_1$ 和 $user_2$ 进行动态信任博弈
  3.1 If (n mod 2)==0 //当 n 为偶数时，轮到 $user_1$ 作出决策
    3.1.1 If ($n \neq 0$) // 观察第 n−1 次信任博弈时对方的反映，以及认识自己的处境
      3.1.1.1 β_{n-1}←receive( )； //观察到第 n−1 次信任博弈时对方作出的行动 β_{n-1}
      3.1.1.2 α_{n-1}←getRespEqAct(β_{n-1})； //根据信任博弈均衡原理，$user_1$ 必将计算出自己对应均衡行动 α_{n-1}
      3.1.1.3 u_{n-1}←$utility_1$(α_{n-1}，β_{n-1})； //根据信任博弈均衡原理，$user_1$ 可计算出(α_{n-1}，β_{n-1})组合下最大效益 u_{n-1}
    3.1.2 //当 $user_1$ 信任类型为 t_1 时作出的前瞻性分析
      3.1.2.1 α_n←startTrustGame(t_1，n)； //启动第 n 次信任博弈，求第 n 次信任博弈时 $user_1$ 对应的均衡策略
      3.1.2.2 β_n←getRespEqAct(α_n)； //根据信任博弈均衡原理，若 $user_1$ 选择 α_n，可预测 $user_2$ 将选择 β_n
      3.1.2.3 u_n←$utility_1$(α_n，β_n)； //求第 n 次信任博弈时 $user_1$ 最大效益 u_i
    3.1.3 // 判断是否存在终态均衡策略
      3.1.3.1 If ($u_{n-1} \geqslant u_n$)
        3.1.3.1.1 send (α_{n-1})； // $user_1$ 认可 $user_2$ 的行动 β_{n-1}，向 $user_2$ 作出对应行动 α_{n-1}

3.1.3.1.2 addNewElement (α_{n-1})；//在动态信任博弈交互行为序列 Actqueue 中添加新元素 α_{n-1}
3.1.3.1.3 noFind←false；//找到了终态均衡策略，修改标记
3.1.3.1.4 break； //找到了终态均衡策略，整个博弈结束
3.1.3.2 else
3.1.3.2.1 send (α_n)；//$user_1$ 向 $user_2$ 作出行动 α_n
3.1.3.2.2 addNewElement (α_n)；//在动态信任博弈交互行为序列 Actqueue 中添加新元素 α_n
3.1.3.2.3 n←n+1；//信任博弈次数增加一次
3.1.3.2.4 $t_1 \leftarrow t_1 \Theta 1$；// $user_1$ 不认可 $user_2$ 的行动 β_{n-1}，故作出妥协，将自己信任类型降一级
3.2 else // 当 n 为奇数时，//轮到 $user_2$ 作出决策
3.2.1 // 观察第 n−1 次信任博弈时对方的反映，以及认识自己的处境
3.2.1.1 α_{n-1}←receive( )；//观察到第 n−1 次信任博弈时对方作出的行动 α_{n-1}
3.2.1.2 β_{n-1}←getRespEqAct(α_{n-1})；//根据信任博弈均衡原理，$user_2$ 必将计算出自己对应均衡行动 β_{n-1}
3.2.1.3 v_{n-1}←$utility_2$(α_{n-1}, β_{n-1})；//根据信任博弈均衡原理，$user_2$ 可计算出(α_{n-1}, β_{n-1})组合下最大效益 v_{n-1}
3.2.2 //当 $user_2$ 信任类型为 t_2 时作出的前瞻性分析
3.2.2.1 β_n←startTrustGame(t_2, n)；//启动第 n 次信任博弈，求第 n 次信任博弈时 $user_2$ 对应的均衡策略
3.2.2.2 α_n←getRespEqAct(β_n)；//根据信任博弈均衡原理，若 $user_2$ 选择 β_n，可预测 $user_1$ 将选择 α_n
3.2.2.3 v_n←$utility_2$(α_n, β_n)；//求第 n 次信任博弈时 $user_2$ 最大效益 v_n
3.2.3 // 判断是否存在终态均衡策略
3.2.3.1 If ($v_{n-1} \geqslant v_n$)
3.2.3.1.1 send(β_{n-1})；// $user_2$ 认可 $user_1$ 的行动 α_{n-1}，向 $user_1$ 作出对应行动 β_{n-1}
3.2.3.1.2 addNewElement (β_{n-1})；//在动态信任博弈交互行为序列 Actqueue 中添加新元素 β_{n-1}
3.2.3.1.3 noFind←false；//找到了终态均衡策略，修改标记
3.2.3.1.4 break； //找到了终态均衡策略，整个博弈结束
3.2.3.2 else
3.2.3.2.1 send (β_n)；//$user_2$ 向 $user_1$ 作出行动 β_n
3.2.3.2.2 addNewElement (β_n)；//在动态信任博弈交互行为序列 Actqueue 中添加新元素 β_n
3.2.3.2.3 n←n+1；//信任博弈次数增加一次
3.2.3.2.4 $t_2 \leftarrow t_2 \Theta 1$；// $user_2$ 不认可 $user_1$ 的行动 α_{n-1}，故作出妥协，将自己信任类型降一级

步骤 4：print(Actqueue)；//打印出整个动态信任博弈交互行为序列(γ_1, γ_2, …, γ_j, …, γ_{n-1}, γ_n)

六、动态信任博弈模型仿真

（一）动态信任博弈仿真准备

1. 模型假设

下面给出中国建筑环境下建筑承包工程交易的场景设定。

(1) $N=\{1,2\}$为信任博弈者集合（即交易市场参与者集合），其中，“1”表示中国建筑市场下的承包商，“2”表示中国建筑市场下的业主方。

(2) $\Theta=\{\theta_0, \theta_1\}$为承包商的信任类型空间。承包商的私人类型$\theta=\theta_0$表示承包商的信任类型级别是低的（充分反映所出售的建筑承包工程是低质量的，存在偷工减料的风险），$\theta=\theta_1$表示承包商的信任类型级别是高的（充分反映所出售的建筑承包工程是高质量的）。承包商知道θ的取值，但业主方却不知道θ的取值，但知道θ的概率分布为$p=\{\theta=\theta_1\}=\delta$，$p=\{\theta=\theta_0\}=1-\delta$，其中，$\delta$可以通过贝叶斯信任模型求出。

(3) $A=\{\alpha_0, \alpha_1\}$为承包商的行动集合。α_0，α_1分别表示承包商对于建筑承包工程的两种不同的要价，在此假定$\alpha_0<\alpha_1$。

(4) $B=\{\beta_0, \beta_1\}$为业主方的行动集合。β_0，β_1分别表示业主方不购买和购买建筑承包工程的行动。

(5) 信任博弈的时序：第一阶段，承包商了解到θ的取值后，选择$\alpha(\theta)=\alpha\in A$；第二阶段，业主方观察到$\alpha_k$，$k=0,1$，随后形成关于类型$\theta$的推断：$p\{\theta=\theta_1|\alpha=\alpha_k\}=\pi_k$，$p\{\theta=\theta_0|\alpha=\alpha_k\}=1-\pi_k$，$k=0,1$。用$v$表示高质量建筑承包工程对于业主方的价值，$w$表示低质量建筑承包工程对于业主方的价值，且$v>w$。在此，$c$表示低质量的建筑承包工程包装成高质量的建筑承包工程所需付出的成本。假定u表示承包商的支付函数，v表示业主方的支付函数，则对于给定的θ_k，α_k，β_k，$k=0,1$，两个信任博弈者的支付函数如表1-11所列。

表1-11　中国建筑市场下建筑承包工程交易(索赔)双方的支付函数

承包商的支付函数值		业主方的支付函数值	
$u(\theta_0, \alpha_0, \beta_0)=0$	$u(\theta_1, \alpha_0, \beta_0)=0$	$v(\theta_0, \alpha_0, \beta_0)=0$	$v(\theta_1, \alpha_0, \beta_0)=0$
$u(\theta_0, \alpha_0, \beta_1)=\alpha_0$	$u(\theta_1, \alpha_0, \beta_1)=\alpha_0$	$v(\theta_0, \alpha_0, \beta_1)=w-\alpha_0$	$v(\theta_1, \alpha_0, \beta_1)=v-\alpha_0$
$u(\theta_0, \alpha_1, \beta_0)=-c$	$u(\theta_1, \alpha_1, \beta_0)=0$	$v(\theta_0, \alpha_1, \beta_0)=0$	$v(\theta_1, \alpha_1, \beta_0)=0$
$u(\theta_0, \alpha_1, \beta_1)=\alpha_1-c$	$u(\theta_1, \alpha_1, \beta_1)=\alpha_1$	$v(\theta_0, \alpha_1, \beta_1)=w-\alpha_1$	$v(\theta_1, \alpha_1, \beta_1)=v-\alpha_1$

2. 仿真参数设置

仿真过程设计仿真实验根据如表 1-12 所示的顺序进行。

确定变量的基本分布：根据信任的表示的定义，信任可以分为 VU，U，Ne，T，VT 五个等级，在 10 次循环中，依次的顺序分别为 VT，VT，U，T，VT，VT，无，无，无，无。

表 1-12 仿真参数设置

参 数	默 认 值	描 述
α_0	100～600	低报价的范围
α_1	600～1 000	高报价的范围
w	500	表示低质量建筑承包工程对于业主方的价值
C	100～500	表示低质量的建筑承包工程包装成高质量的建筑承包工程所需付出的成本
β	0	初始的业主策略为不购买
V	1 000	表示高质量建筑承包工程对于业主方的价值

（二）子博弈精炼贝叶斯策略求解

首先，对于整个博弈过程用博弈树的方法（图 1-15）进行分析如下。

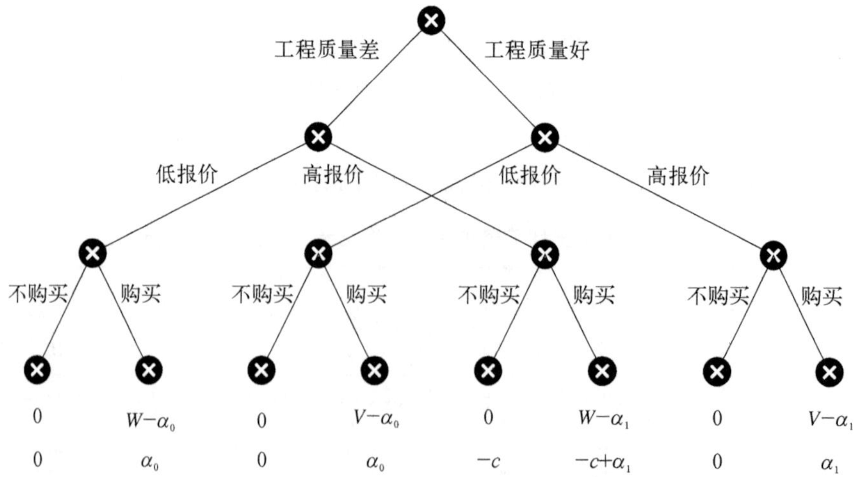

图 1-15 博弈树

1. 求业主方推断依赖的子博弈精炼贝叶斯策略

在博弈的第二阶段，业主方看到承包商提出的价格 $\alpha(\theta)=\alpha=\alpha_0$，将形成推断 $p\{\theta=\theta_1 \mid \alpha=\alpha_0\}=\pi_0$，$p\{\theta=\theta_0 \mid \alpha=\alpha_0\}=1-\pi_0$；业主方看到承包商提出的价格 $\alpha(\theta)=\alpha=\alpha_1$，将形成推断 $p\{\theta=\theta_1 \mid \alpha=\alpha_1\}=\pi_1$，$p\{\theta=\theta_0 \mid \alpha=\alpha_1\}=1-\pi_1$。选择行动 $\beta(\alpha_k)=\beta\in B$，最大化自己的期望支付，即求解最大化问题：

$$\max_{\beta\in B}\left\{\sum_{\theta\in\Theta} v(\theta,\ \alpha,\ \beta)p(\theta \mid \alpha)\right\} \tag{1-22}$$

若 $\alpha=\alpha_0$，则

$$\max_{\beta\in B}\left\{\sum_{\theta\in\Theta} v(\theta,\ \alpha_0,\ \beta)p(\theta \mid \alpha_0)\right\}=\max\{0,\ (w-a_0)(1-\pi_0)+(v-a_0)\pi_0\},$$

可知：

$$\beta_\pi(a_0)=\begin{cases}\beta_0, & \pi_0 \leqslant \dfrac{a_0-w}{v-w}\\[2ex] \beta_1, & \pi_0 > \dfrac{a_0-w}{v-w}\end{cases} \tag{1-23}$$

若 $\alpha=\alpha_1$，则

$$\max_{\beta\in B}\left\{\sum_{\theta\in\Theta} v(\theta,\ \alpha_1,\ \beta)p(\theta \mid \alpha_1)\right\}=\max\{0,\ (w-a_1)(1-\pi_1)+(v-a_1)\pi_1\},$$

可知：

$$\beta_\pi(a_1)=\begin{cases}\beta_0, & \pi_1 \leqslant \dfrac{a_1-w}{v-w}\\[2ex] \beta_1, & \pi_1 > \dfrac{a_1-w}{v-w}\end{cases} \tag{1-24}$$

于是便可求得业主方推断依赖的子博弈精炼贝叶斯策略，如下：

当 $\pi=(\pi_0,\ \pi_1)\in D_1=\left\{\dfrac{a_0-w}{v-w}<\pi_0\leqslant 1,\ \dfrac{a_1-w}{v-w}<\pi_1\leqslant 1\right\}$ 时，$\beta_\pi(a)\equiv B_1$

当 $\pi=(\pi_0,\ \pi_1)\in D_2=\left\{0\leqslant\pi_0\leqslant\dfrac{a_0-w}{v-w},\ 0\leqslant\pi_1\leqslant\dfrac{a_1-w}{v-w}\right\}$ 时，$\beta_\pi(a)\equiv B_0$

当 $\pi = (\pi_0, \pi_1) \in D_3 = \left\{\frac{a_0 - w}{v - w} < \pi_0 \leqslant 1, 0 \leqslant \pi_1 \leqslant \frac{a_1 - w}{v - w}\right\}$时，

$$\beta_\pi(a) = \begin{cases} \beta_1, & a = a_0 \\ \beta_0, & a = a_1 \end{cases}$$

当 $\pi = (\pi_0, \pi_1) \in D_4 = \left\{0 \leqslant \pi_0 \leqslant \frac{a_0 - w}{v - w}, \frac{a_1 - w}{v - w} < \pi_1 \leqslant 1\right\}$时，

$$\beta_\pi(a) = \begin{cases} \beta_1, & a = a_1 \\ \beta_0, & a = a_0 \end{cases}$$

2. 求承包商推断依赖的子博弈精炼贝叶斯策略

在第一阶段，对于 $\pi = (\pi_0, \pi_1) \in D_i$，$i = 1, 2, 3, 4$，固定业主方策略 $\beta_\pi(\alpha)$，对于 $\theta \in \Theta$，求 $\alpha(\theta) = \alpha \in A$，满足以下最大化问题：

$$\max_{a \in A}\{u(\theta, \alpha, \beta_\pi(a))\} \tag{1-25}$$

当 $\pi = (\pi_0, \pi_1) \in D_1$ 时，$\beta_\pi(\alpha) \equiv \beta_1$。

如果 $\theta = \theta_1$，

$$\max_{a \in A}\{u(\theta_1, \alpha, \beta_\pi(a))\} = \max_{a \in A}\{u(\theta_1, \alpha, \beta_1)\} = \max\{a_1, a_0) = a_1$$

故 $\alpha(\theta_1) = \alpha_1$。

如果 $\theta = \theta_0$，

$$\max_{a \in A}\{u(\theta_0, \alpha, \beta_\pi(a))\} = \max_{a \in A}\{u(\theta_0, \alpha, \beta_1)\} = \max\{a_1 - c, a_0)$$

故

$$a(\theta_0) = \begin{cases} a_1, & c \leqslant a_1 - a_0 \\ a_0, & c > a_1 - a_0 \end{cases}$$

因此，当 $\pi = (\pi_0, \pi_1) \in D_1$ 时，若 $c \leqslant \alpha_1 - \alpha_0$，则 $a_\pi(\theta) \equiv \alpha_1$；若 $c > \alpha_1 - \alpha_0$，则

$$a_\pi(\theta) = \begin{cases} a_1, & \theta = \theta_1 \\ a_0, & \theta = \theta_0 \end{cases}$$

当 $\pi = (\pi_0, \pi_1) \in D_2$ 时，$\beta_\pi(\alpha) \equiv \beta_0$。

如果 $\theta=\theta_1$，

$$\max_{a\in A}\{u(\theta_1, \alpha, \beta_\pi(a))\}=\max_{a\in A}\{u(\theta_1, \alpha, \beta_1)\}=\max\{0, 0)$$

故 $\alpha(\theta_1)=\alpha_1$ 或 $\alpha(\theta_1)=\alpha_0$。

如果 $\theta=\theta_0$，

$$\max_{a\in A}\{u(\theta_0, \alpha, \beta_\pi(a))\}=\max_{a\in A}\{u(\theta_0, \alpha, \beta_0)\}=\max\{-c, 0)$$

故 $\alpha(\theta_0)=\alpha_0$。

因此，当 $\pi=(\pi_0, \pi_1)\in D_2$ 时，则

$$a_\pi(\theta)\equiv\alpha_1 \text{ 或 } a_\pi(\theta)=\begin{cases}a_1, & \theta=\theta_1\\ a_0, & \theta=\theta_0\end{cases}$$

当 $\pi=(\pi_0, \pi_1)\in D_3$时，$\beta_\pi(a)=\begin{cases}\beta_1 & a=a_0\\ \beta_0, & a=a_1\end{cases}$

如果 $\theta=\theta_1$，

$$\max_{a\in A}\{u(\theta_1, \alpha, \beta_\pi(a))\}=\max\{0, a_0\}=a_0$$

故 $\alpha(\theta_1)=\alpha_0$。

如果 $\theta=\theta_0$，

$$\max_{a\in A}\{u(\theta_0, \alpha, \beta_\pi(a))\}=\max\{-c, a_0\}=a_0$$

故 $\alpha(\theta_0)=\alpha_0$。

因此，当 $\pi=(\pi_0, \pi_1)\in D_3$时，则 $a_\pi(\theta)\equiv\alpha_0$。

当 $\pi=(\pi_0, \pi_1)\in D_3$时，$\beta_\pi(a)=\begin{cases}\beta_1, & a=a_1\\ \beta_0, & a=a_0\end{cases}$

如果 $\theta=\theta_1$，

$$\max_{a\in A}\{u(\theta_1, \alpha, \beta_\pi(a))\}=\max\{a_1, 0\}=a_1$$

故 $\alpha(\theta_1)=\alpha_1$。

如果 $\theta=\theta_0$，

$$\max_{a\in A}\{u(\theta_0, \alpha, \beta_\pi(a))\}=\max\{a_1-c, 0\}$$

故
$$a(\theta_0)=\begin{cases}a_1, & c\leqslant a_1\\ a_0, & c>a_1\end{cases}$$

因此，当 $\pi=(\pi_0, \pi_1)\in D_4$ 时，若 $c\leqslant\alpha_1$，$a_\pi(\theta)\equiv\alpha_1$；若 $c>\alpha_1$，则

$$a_\pi(\theta)=\begin{cases}a_1, & \theta=\theta_1\\ a_0, & \theta=\theta_0\end{cases}$$

（三）子博弈精炼贝叶斯均衡求解

求出交易双方的推断依赖的子博弈精炼贝叶斯策略 $a_\pi(\theta)$ 和 $\beta_\pi(\alpha)$ 后，便可以分别在 $D_i(i=1, 2, 3, 4)$ 上求出分离均衡和混同均衡，如表 1-13 所示。

表 1-13 中国建筑市场下贝叶斯均衡求解

信息集 D_i	业主方均衡策略	承包商均衡策略	贝叶斯均衡
$\pi_0\in\left(\dfrac{a_0-w}{v-w}, 1\right]$ $\pi_1\in\left(\dfrac{a_1-w}{v-w}, 1\right]$	$\beta_\pi(a)\equiv\beta_1$	若 $c\leqslant\alpha_1-\alpha_0$，则 $a_\pi(\theta)\equiv\alpha_1$	当 $c\leqslant\alpha_1-\alpha_0$，$\delta>\dfrac{a_1-w}{v-w}$，$a_0<v$，$a_1\geqslant w$ 时，$\left(a_\pi(\theta)\equiv\alpha_1, \beta_\pi(a)\equiv\beta_1, \pi_1=\delta, \pi_0>\dfrac{a_0-w}{v-w}\right)$
		若 $c>\alpha_1-\alpha_0$，则 $a_\pi(\theta)=\begin{cases}a_1, \theta=\theta_1\\ a_0, \theta=\theta_0\end{cases}$	当 $c>\alpha_1-\alpha_0$，$a_1<v$，$a_0<w$ 时，$(a_\pi(\theta)\equiv\alpha_1, \beta_\pi(a)\equiv\beta_1, \pi_1=1, \pi_0=0)$
$\pi_0\in\left[0, \dfrac{a_0-w}{v-w}\right]$ $\pi_1\in\left[0, \dfrac{a_1-w}{v-w}\right]$	$\beta_\pi(a)\equiv\beta_0$	$a_\pi(\theta)\equiv\alpha_1$	当 $\delta\leqslant\dfrac{a_0-w}{v-w}$，$a_1\geqslant w$，$a_0\geqslant w$ 时，$\left(a_\pi(\theta)\equiv\alpha_1, \beta_\pi(a)\equiv\beta_0, \pi_1\in\left[0, \dfrac{a_1-w}{v-w}\right], \pi_0=\delta\right)$
		或 $a_\pi(\theta)=\begin{cases}a_1, \theta=\theta_1\\ a_0, \theta=\theta_0\end{cases}$	当 $a_1\geqslant v$，$a_0\geqslant w$ 时，$\left(a_\pi(\theta)=\begin{cases}a_1, \theta=\theta_1\\ a_0, \theta=\theta_0\end{cases}, \beta_\pi(a)\equiv\beta_0, \pi_1=1, \pi_0=0\right)$

续　表

信息集 D_i	业主方均衡策略	承包商均衡策略	贝叶斯均衡
$\pi_0 \in \left(\frac{a_0-w}{v-w}, 1\right]$ $\pi_1 \in \left[0, \frac{a_1-w}{v-w}\right]$	$\beta_\pi(a)=\begin{cases}\beta_1, & a=a_0\\ \beta_0, & a=a_1\end{cases}$	$a_\pi(\theta)\equiv\alpha_0$	当 $\delta>\frac{a_0-w}{v-w}$，$a_1\geqslant w$，$a_0<v$ 时，$\left(a_\pi(\theta)\equiv\alpha_0, \beta_\pi(a)=\begin{cases}\beta_1, & a=a_0\\ \beta_0, & a=a_1\end{cases}, \pi_1\in\left[0, \frac{a_1-w}{v-w}\right], \pi_0=\delta\right)$
$\pi_0 \in \left[0, \frac{a_0-w}{v-w}\right]$ $\pi_1 \in \left(\frac{a_1-w}{v-w}, 1\right]$	$\beta_\pi(a)=\begin{cases}\beta_1, a=a_1\\ \beta_0, a=a_0\end{cases}$	若 $c\leqslant\alpha_1$，则 $a_\pi(\theta)\equiv\alpha_1$	当 $c\leqslant a_1<v$，$a_1\geqslant w$，$\delta\geqslant\frac{a_1-w}{v-w}$ 时，$\left(a_\pi(\theta)\equiv\alpha_1, \beta_\pi(a)=\begin{cases}\beta_1, a=a_1\\ \beta_0, a=a_0\end{cases}, \pi_1=\delta, \pi_0\in\left[0, \frac{a_0-w}{v-w}\right]\right)$
		若 $c>\alpha_1$，则 $a_\pi(\theta)=\begin{cases}a_1, \theta=\theta_1\\ a_0, \theta=\theta_0\end{cases}$	当 $a_1<\min(c, v)$，$a_0\geqslant w$ 时，$\left(a_\pi(\theta)=\begin{cases}a_1, \theta=\theta_1\\ a_0, \theta=\theta_0\end{cases}, \beta_\pi(a)=\begin{cases}\beta_1, a=a_1\\ \beta_0, a=a_0\end{cases}, \pi_1=1, \pi_0=0\right)$

（四）博弈的演化分析

1. 动态博弈模型建立

由上节的支付函数，当信任度较高时，可以得到如表 1－14 所示的收益矩阵。

表 1－14　信任度较高情况下的收益矩阵

承　包　商		x 高报价 α_1	$1-x$ 低报价 α_0
业主方	y 购买 β_1	α_1　$V-\alpha_1$	α_0　$V-\alpha_0$
	$1-y$ 不购买 β_0	0　0	0　0

当信任度较低时，可以得到如表 1－15 所示的收益矩阵。

表 1-15 信任度较低情况下的收益矩阵

承包商		高报价 α_1	低报价 α_0
业主方	购买 β_1	$\alpha_1-c \quad W-\alpha_1$	$\alpha_0 \quad W-\alpha_0$
	不购买 β_0	$-c \quad 0$	$0 \quad 0$

设承包商选择高报价策略的概率是 $x(0\leqslant x\leqslant 1)$，则选择低报价策略的概率是 $1-x$；业主方选择购买策略的概率是 $y(0\leqslant y\leqslant 1)$，则采取不购买策略的概率是 $1-y$。

根据演化博弈论的适应度函数公式（Mcallister, 1995），承包商选择高报价策略和低报价策略的期望收益 U_{d1}，U_{d2} 以及承包商的平均期望收益$\bar{U}_d$ 的方程分别为

$$U_{d1}=\theta_1 y\alpha_1+\theta_0(y(\alpha_1-c)-(1-y)c)= y\alpha_1(\theta_1+\theta_0)-c\theta_0 \quad (1-26)$$

$$U_{d2}=\theta_1 y\alpha_0+\theta_0\alpha_0 \quad (1-27)$$

$$\bar{U}_d=xU_{d1}+(1-x)U_{d2} \quad (1-28)$$

业主方采取购买策略和不购买策略的期望收益 U_{t1}，U_{t2} 以及业主方的平均期望收益$\bar{U}_t$ 的方程分别为

$$\begin{aligned}U_{t1}=&\theta_1 x(V-\alpha_1)+\theta_0 x(W-\alpha_1)+\theta_1(1-x)(V-\alpha_0)+\\&\theta_0(1-x)(W-\alpha_0)\end{aligned} \quad (1-29)$$

$$U_{t2}=0 \quad (1-30)$$

$$\bar{U}_t=yU_{t1}+(1-y)U_{t2} \quad (1-31)$$

建立承包商策略比例 x 和业主方策略比例 y 的复制动态方程：

$$F(x)=\frac{\mathrm{d}x}{\mathrm{d}t}=x(U_{d1}-\bar{U}_d) \quad (1-32)$$

$$F(y)=\frac{\mathrm{d}y}{\mathrm{d}t}=y(U_{t1}-\bar{U}_t) \quad (1-33)$$

代入可知：

$$F(x)=x(1-x)(y\alpha_1(\theta_1+\theta_0)-c\theta_0-\alpha_0 y\theta_1-\alpha_0\theta_0) \quad (1-34)$$

$$\begin{aligned}F(y)=&y(1-y)(\theta_1 x(V-\alpha_1)+\theta_0 x(W-\alpha_1)+\\&\theta_1(1-x)(V-\alpha_0)+\theta_0(1-x)(W-\alpha_0))\end{aligned} \quad (1-35)$$

2. 均衡稳定分析

Hirshleifer 认为，若从动态系统的某平衡点的任意小邻域出发的轨线最终都演化趋向于该平衡点，则该平衡点具有渐进稳定性，这样的平衡点被称为演化均衡点(Evolutionary Equilibrium; Hartman, 2002)。博弈双方采用特定策略的比例达到均衡点的水平时就不再发生变化，达到的稳定状态能够对微小的扰动保持稳定性。根据复制动态方程：

当 $y=\frac{(c+\alpha_0)\theta_0}{\alpha_1-\alpha_0\theta_1}$ 时，意味着所有的 x 都是稳定状态。

当 $y\neq\frac{(c+\alpha_0)\theta_0}{\alpha_1-\alpha_0\theta_1}$ 时，$x^*=0$，$x^*=1$ 分别是两个稳定状态。当 $0<y<\frac{(c+\alpha_0)\theta_0}{\alpha_1-\alpha_0\theta_1}$ 时，$x^*=0$ 是演化稳定策略(ESS)，即当业主方当购买策略概率低于某一个概率时，承包商将选择低报价策略。$1>y>\frac{(c+\alpha_0)\theta_0}{\alpha_1-\alpha_0\theta_1}$，$x^*=1$ 是演化稳定策略，即当业主方当购买策略概率高于某一个概率时，承包商将选择高报价策略。

当 $x=\frac{\alpha_0-v\theta_1-w\theta_0}{\alpha_0-\alpha_1}$ 时，意味着所有的 y 都是稳定状态。

当 $x\neq-\frac{\alpha_0-v\theta_1-w\theta_0}{\alpha_0-\alpha_1}$ 时，$y^*=0$，$y^*=1$ 分别是两个稳定状态。当 $0<x<-\frac{\alpha_0-v\theta_1-w\theta_0}{\alpha_0-\alpha_1}$ 时，$y^*=1$ 是演化稳定策略，即当承包商采取高报价的策略的概率低于某一个值的时候，业主方将选择购买；当 $1>x>-\frac{\alpha_0-v\theta_1-w\theta_0}{\alpha_0-\alpha_1}$ 时，$y^*=0$ 是演化稳定策略，即当承包商采取高报价的策略的概率高于某一个值的时候，业主方将选择不购买策略。

Feridma 提出，可以根据雅克比矩阵的局部稳定性分析得到演化稳定系统均衡点的稳定性(Kramer, 1999)。对于离散型动态系统，当且仅当雅克比矩阵行列式 (Det$\boldsymbol{J}$) 大于零，迹 (Tr$\boldsymbol{J}$) 小于零，均衡点才是 ESS 稳定的，也即当雅可比矩阵的 $\begin{cases}a_{11}\cdot a_{22}-a_{12}\cdot a_{21}>0,\\ a_{11}+a_{22}<0\end{cases}$ 时，满足均衡条件。

对 $F(x)$，$F(y)$ 分别关于 x 及 y 求偏导数，可得到雅可比矩阵为

$$\begin{bmatrix} (1-2x)[y\alpha_1(\theta_1+\theta_0) \\ -c\theta_0-\alpha_0 y\theta_1-\alpha_0\theta_0] & x(1-x)(\alpha_1-\alpha_0\theta_1) \\ -y(1-y)(\alpha_0-\alpha_1) & (1-2y)[-(\alpha_0-\alpha_1)x \\ & -(\alpha_0-v\theta_1-w\theta_0)] \end{bmatrix}$$

表 1-16 雅可比矩阵均衡点判定

均衡点	a_{11}	a_{22}	Det$J$ 符号	TrJ 符号
$E_1(0, 0)$	$-c\theta_0-\alpha_0\theta_0$	$-(a_0-v\theta_1-w\theta_0)$	不确定	不确定
$E_2(0, 1)$	$\alpha_1-\alpha_0-c\theta_0$	$(a_0-v\theta_1-w\theta_0)$	不确定	不确定
$E_3(1, 0)$	$c\theta_0+\alpha_0\theta_0$	$\alpha_1-(2\alpha_0-v\theta_1-w\theta_0)$	不确定	不确定
$E_4(1, 1)$	$-c\theta_0-\alpha_0\theta_0$	$2\alpha_0-v\theta_1-w\theta_0-\alpha_1$	不确定	不确定
$E_5\left(\frac{\alpha_0-v\theta_1-w\theta_0}{\alpha_0-\alpha_1}, \frac{(c+\alpha_0)\theta_0}{\alpha_1-\alpha_0\theta_1}\right)$	0	0	不确定	0

因为平衡点是否为 ESS 的稳定条件与 $[c\theta_0-(\alpha_1-\alpha_0)]$ 和 $[\alpha_0-(v\theta_1+w\theta_0)]$ 的正负符号以及大小相关。$\Delta A=\alpha_1-\alpha_0$ 表示高报价与低报价中间的差值,也反映了承包商报价策略的变化幅度,稳健的开发商一般报价幅度相差不大,而激进型的开发商往往可能会采取高报价策略。$c\theta_0$ 反映了承包商在低质量高报价情况下的包装成本,$v\theta_1+w\theta_0$ 则表示业主能在市场中得到的建筑物的平均价值,下面就这一条件,分析能够达到均衡的情况下各参数的状态(表 1-16)。

当 $\frac{\alpha_0-v\theta_1-w\theta_0}{\alpha_1-\alpha_0}>0$ 时,即 $\alpha_0>v\theta_1+w\theta_0$ 时,此时,系统内有四个均衡点:$E_1(0, 0)$, $E_2(0, 1)$, $E_3(1, 0)$, $E_4(1, 1)$。雅克比矩阵平衡点局部稳定性分析如表 1-17 所示。此时无论 $c\theta_0<\alpha_1-\alpha_0$ 或 $c\theta_0>\alpha_1-\alpha_0$,系统的均衡点均为 $E_1(0, 0)$。因为对于业主方而言,业主能买到的建筑物的平均价值是低于承包商的最低报价的,最优策略是不购买,而对于承包商而言,此时价格已经成为影响能否中标(索赔能否成功)的最关键因素,这时承包商会采取低报价策略。

表 1-17　第一种情况下的均衡点判定

均　衡　点	Det$\boldsymbol{J}$ 符号	Tr$\boldsymbol{J}$ 符号	结　果
$E_1(0, 0)$	+	−	稳定点
$E_2(0, 1)$	不确定	不确定	鞍点
$E_3(1, 0)$	不确定	不确定	鞍点
$E_4(1, 1)$	不确定	不确定	鞍点
$E_5\left(\frac{\alpha_0 - v\theta_1 - w\theta_0}{\alpha_1 - \alpha_0}, \frac{(c+\alpha_0)\theta_0}{\alpha_1 - \alpha_0\theta_1}\right)$	+	0	不稳定点

取 $\Delta A = 300$，$v = 1\,000$，$w = 500$，$c = 100$，$\theta_1 = 0.2$，$\theta_0 = 0.8$，初始值 (x, y) 分别是 $(0.2, 0.8)$，$(0.8, 0.8)$ 的演化曲线如图 1-16 所示。可知情况一条件下，承包商选择高报价的概率最终趋于零，业主方选择购买的概率最终趋于零。

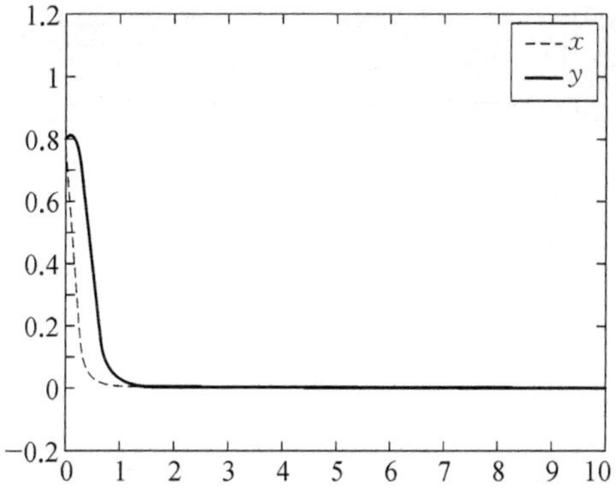

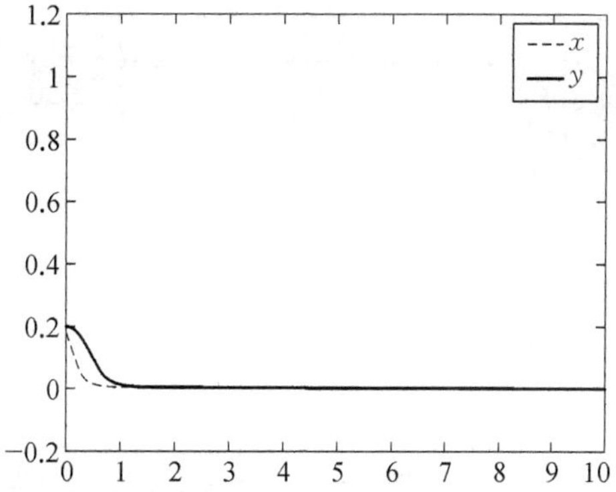

图 1-16　第一种情况下的仿真结果

当 $\frac{(c+\alpha_0)\theta_0}{\alpha_1 - \alpha_0\theta_1} < 1$，$\frac{\alpha_0 - v\theta_1 - w\theta_0}{\alpha_1 - \alpha_0} < 0$，均衡点 $(1, 1)$，即 $c\theta_0 < \alpha_1 - \alpha_0$，$\alpha_0 < v\theta_1 + w\theta_0$。此时，系统内有四个均衡点：$E_1(0, 0)$，$E_2(0, 1)$，$E_3(1, 0)$，$E_4(1, 1)$。雅克比矩阵平衡点局部稳定性分析如表 1-18 所示。可知系统的均衡点均为 $E_4(1, 1)$。即对于承包商而言，由于可能付出的包装成本小于低报价和高报价的差，则承包商倾向于采用高报价，即使在本身产品质量较差的情况下，仍然希望通过包装来获取更大的收益。而对于业主而言，由于业主能买到的建筑物的平均价值是高于承包商的最低报价，故业主倾向于购买此产品。

表 1-18 第二种情况下的均衡点判定

均衡点	Det$J$ 符号	TrJ 符号	结果
$E_1(0,\ 0)$	−	不确定	鞍点
$E_2(0,\ 1)$	−	不确定	鞍点
$E_3(1,\ 0)$	−	不确定	鞍点
$E_4(1,\ 1)$	+	−	稳定点
$E_5\left(\dfrac{\alpha_0 - v\theta_1 - w\theta_0}{\alpha_1 - \alpha_0},\ \dfrac{(c+\alpha_0)\theta_0}{\alpha_1 - \alpha_0\theta_1}\right)$	+	0	不稳定点

取 $\Delta A = 300$，$v = 1\,000$，$\theta_1 = 0.5$，$w = 500$，$\theta_0 = 0.5$，初始值$(x,\ y)$分别是$(0.2,\ 0.8)$，$(0.8,\ 0.8)$的演化曲线如图 1-17 所示。可知情况一条件下，承包商选择高报价的概率最终趋向于 1，业主方选择购买的概率最终趋向于 1。

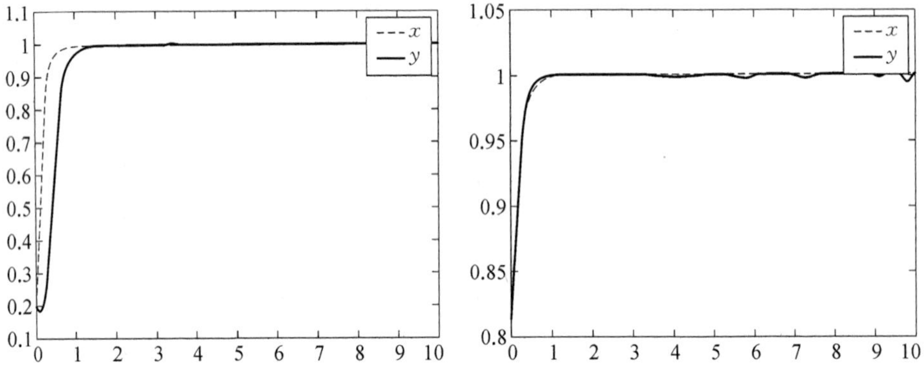

图 1-17 第二种情况下的仿真结果

当 $\dfrac{(c+\alpha_0)\theta_0}{\alpha_1 - \alpha_0\theta_1} > 1$ 时，$\dfrac{\alpha_0 - v\theta_1 - w\theta_0}{\alpha_0 - \alpha_1} < 0$ 均衡点为$(0,\ 1)$，即 $c\theta_0 > \alpha_1 - \alpha_0$，$\alpha_0 < v\theta_1 + w\theta_0$。此时，系统内有四个均衡点：$E_1(0,\ 0)$，$E_2(0,\ 1)$，$E_3(1,\ 0)$，$E_4(1,\ 1)$。雅克比矩阵平衡点局部稳定性分析如表 1-19 所示。可知系统的均衡点均为 $E_2(0,\ 1)$。即对于承包商而言，由于可能付出的包装成本大于低报价和高报价的差，则承包商倾向于采用低报价，即使在本身产品质量较差的情况下，仍然希望通过包装来获取更大的收益。而对于业主而言，由于业主能买到的建筑物的平均价值是高于承包商的最低报价，故业主倾向于购买此产品。

表 1-19　第三种情况下的均衡点判定

均　衡　点	Det*J* 符号	Tr*J* 符号	结　果
$E_1(0,\ 0)$	−	不确定	鞍点
$E_2(0,\ 1)$	+	−	稳定点
$E_3(1,\ 0)$	−	不确定	鞍点
$E_4(1,\ 1)$	−	不确定	鞍点
$E_5\left(\frac{\alpha_0 - v\theta_1 - w\theta_0}{\alpha_1 - \alpha_0},\ \frac{(c+\alpha_0)\theta_0}{\alpha_1 - \alpha_0\theta_1}\right)$	+	0	不稳定点

取 $\Delta A = 300$，$v = 1\,000$，$w = 500$，$c = 300$，$\theta_1 = 0.8$，$\theta_0 = 0.2$，初始值 $(x,\ y)$ 分别是 $(0.2,\ 0.8)$，$(0.8,\ 0.8)$ 的演化曲线如图 1-18 所示。可知情况一条件下，承包商选择高报价的概率最终趋于零，业主方选择购买的概率最终趋向于 1。

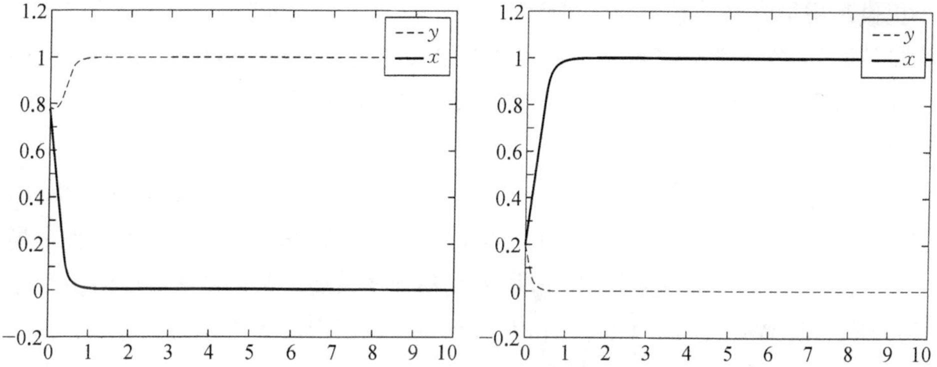

图 1-18　第三种情况下的仿真结果

3. 模型进一步分析

分析以上三种情况下均衡点的稳定状态，可知情况一、情况二和情况三的稳定点分别为 $E_1(0,\ 0)$，$E_4(1,\ 1)$，$E_2(0,\ 1)$。

对于业主而言，业主最关注的是能买到的建筑物的平均价值，这是由于建筑行业内普遍存在着资质伪造、挂靠、同体监理等现象，工程质量很难得到保证，系统内的监理更多的情况下并没有发挥真正的作用，在这种情况下，承包商的施工技术水平和信誉是难以被判断的，业主在竣工后往往也无法判断建筑物的质量和施工过程是否发生偷漏材料等现象，故业主只能根据行业内建筑质量的平均水平来判断是否选择该承包商，而它取决于 θ_1 的大小，θ_1 越大，承包商普遍的可信程度越高，那么市场的平均价值越高，此时，业主对于高价格的接受程度越大，业主购买的建筑的质量也会越高，交易中遇到诈骗、伪造等的可能性越小，监督成本越低。而且业主也较为关注包装成本问题，由于包装成本 c 属于市场透明的博弈规则，所以业主对于包装成本是知悉的，在包装成本的情况下，业主更倾向于相信开发商不会存在欺诈行为，所以其最优策略是相信承包商并接受承包商的报价。

对于承包商而言，承包商最关注的是包装成本问题。高可信度意味着良好的历史信誉纪录，这从某种程度上代表了承包商将持续努力地提供高质量产品，历史可信度越高，承包商的包装成本越低，在报价策略的浮动情况不变的情况下（即 $\alpha_1-\alpha_0$），采取高价策略成功的可能性越大。高可信度也会约束承包商的行为，由于惩罚因子的存在，承包商更可能采用真实透明的报价策略，由于高质量产品获得高报价高利润的可能性越大，也会促使承包商努力提高建筑质量。若可信度低，那么在不完全信息条件下，业主可以接受的价格期望就会降低，会使得提供高质量产品的承包商变得无利可图，整个市场变为“劣币驱逐良币”的柠檬市场，逆向选择驱使高质量的承包商退出市场或者降低质量标准以次充好、偷工减料完成，从而产生了道德风险，在这样的过程中，整个市场的信任度进一步下降。

从整个市场角度来看，在较高的信任度下：① 市场的整体产品质量会提高，由于高质量的承包商能取得更高的价格，获得更大的利润，良性的竞争使得市场竞争者致力于提高产品质量；② 市场的交易成本降低，业主和承包商将更快地达成交易，交易的成功率也会上升，并且在项目过程中由于承包商自身的信任约束作用将大大减少业主的监督成本，承包商会自发地用高质量的产品和服务来取得或维持高信任度。

七、总结和展望

（一）应用与建议

首先，信任度的高低对于建筑工程市场的效率、透明度、建筑工程产品的质量都有非常重要的影响，业主可以通过承包商信任度的高低较快地找到质量高的建筑产品，而承包商同样可以通过提升信任度，实现更强的竞争力、更多的利润空间。对此，笔者建议针对所有的注册承包商分类建立一个统一的信任度评价平台，按照不同的资质等级梳理每家承包商的历史交易记录，并根据施工的竣工验收文档和项目业主和监理的评价来判断其成功度，并将项目基本信息、业主和监理评价以及成功度录入系统，计算出该承包商的信任度大小，使得整个市场更加高效。

其次，业主对于承包商的信任管理应该基于项目的全生命周期中，由于承包商低价中标高价索赔等现象在建筑工程领域广泛存在，因此应将承包商每月的月底结算以及每次的索赔情况都纳入信用体系评价中，并且在谈判过程中，应用本文提出的动态信任博弈模型，它能最大化各自效益并有效防止欺骗，从而保障施工安全，招标公平、可信，并且减少项目结算时的交易和谈判成本，提高建筑市场效率。

再者，在建筑行业各利益相关方之间长期存在负面和对立的关系的情况下，应该倡导合作意识，而信任的建立无疑是双方进行合作的第一步。由于建筑行业是中国经济的支柱产业，对于建筑行业企业的研究具有很强的实践意义。中国建筑行业近年来得到长足发展，现以 47.6 万亿美元的建筑资产总值超越了美国的 36.8 万亿美元，名列全球第一，但中国仍称不上建筑行业强国。在中国，由“粗放落后的建筑业”向“集约化、标准化、工业化”的转变过程中，无论是其“核心技术”的发展，还是竞争优势的建立，都需要各相关方的紧密合作。因此，对于业主和承包商信任与合作的研究，不仅对于我国建筑行业有一定的指导意义，为企业打造以信任合作为基础，创建竞争优势的指导框架，甚至对我国经济的发展具有一定的推动作用。

最后，应该完善建筑业的法律法规，加大欺诈行为出现后的惩罚力度。并且进一步完善建筑市场的监督机制，通过合同法规的完善对市场中的博弈参与者进行道德和法律的约束，并且提高建筑市场质量检查标准，使得建筑产品的价格更加透明，甚至可以通过新技术如 BIM 等的引入，提高建筑产品的标准化和规范化，使得整个市场得到更加健康的发展。

（二）研究的局限与展望

首先是在信任度的计算中用历史项目成功次数来衡量信任度的大小，可能存在以下弊端：① 在建筑工程领域，承包商的历史交易可能较少，尤其对于成立时间较短的承包商来说，这种方法并不适用；② 仅仅用次数来计算信任度存在一定的不准确性，不同类型不同金额的项目应该分类型并结合项目难度设置一定的权重来考虑；③ 对于项目成功的定义不够清晰，虽然在第三部分详细阐述了一般项目的成功定义，但是对于建筑工程项目而言，项目具有一次性和独特性，项目的评价也具有独特性，而且项目的成功不能一概而论，具体什么样的叫做项目成功，什么样的叫做项目失败，需要经过行业专家的论证，后期应该通过德尔菲法和问卷调研的方法制定具体的项目成功标准，引入项目成功度的概念。

其次是模型没有考虑更加复杂的博弈行为，仅仅将业主方的行为分为购买和不购买，没有考虑在索赔过程中可能存在的一系列附加条款，另外也忽视了中国建筑市场的一些独特属性，将价格视为招标过程中最重要的因素，如"关系"的存在，中国社会从古至今一直是一个"人情"社会，在信任的产生机制中，应该将人情、关系的影响考虑进去；另外，中国建筑市场的邀请招标和陪标等现象长期普遍存在着，在这种情况下，承包商与业主之间的博弈并不符合上述的博弈过程，涉及更加复杂的社会学因素。

最后，在仿真过程中，尤其是多步博弈的仿真中，对建筑市场承包商投标（索赔）策略影响因素考虑尚不完全面，现实生活中的机制更加复杂，有内在和外在的影响因素。未来可以改进博弈双方交互演化过程，引入智能体模拟和复杂网络方法。智能体模型能够准确建立博弈双方的心智模型，复杂网络方法可以细化博弈双方交互的环境和路径，完善博弈双方策略交互的演化机制，并能进行预测。

参考文献

[1] ALIPRANTIS C D, CHAKRABARTI S K, TOPOLYAN I. A proof of the existence of the minimax point of a strategic game [J]. Economics Letters, 2009, 105(3): 261-263.

[2] ANNAMDAS K K, RAO S S. Multi-objective optimization of engineering systems using game theory and particle swarm optimization [J]. Engineering Optimization, 2009, 41(8): 737-752.

[3] ATHOS A G, GABARRO J J. Interpersonal Behavior [J]. Handbook of Psychodiagnostic Testing, 1978(6): 133-145.

[4] BARNEY J B, HANSEN M H. Trustworthiness as a source of competitive advantage [J]. Strategic management journal, 1994, 15(S1): 175-190.

[5] BAYLISS R, CHEUNG S O, SUEN C H, et al. Effective partnering tools in construction: a case study on MTRC TKE contract 604 in Hong Kong[J]. Int J Project Manage, 2004, 22(3): 253-63.

[6] BOON S D. Dynamics of interpersonal trust: Resolving uncertainty in the face of risk

[M]. Cooperation and Prosocial Behaviour, 1991: 190 - 211.

[7] BUTLER J K. Toward Understanding and Measuring Conditions of Trust: Evolution of a Conditions of Trust Inventory [J]. Journal of Management, 1991, 17(3): 643 - 663.

[8] CALDWELL C, CLAPHAM S E. Organizational trustworthiness: an inter- national perspective[J]. J Bus Ethics, 2003, 47(4): 349 - 64.

[9] CHAN A P C, CHAN D W M, CHIANG Y H, et al. Exploring critical success factors for partnering in construction projects [J]. Journal of Construction Engineering and Management, 2004, 130(2): 188 - 198.

[10] COOKE-DAVIS T. The real success factors on projects[J]. Int J Project Manage, 2002, 20: 185 - 90.

[11] COOK J, CROSSMAN A. Satisfaction with performance appraisal systems: A study of role perceptions[J]. Journal of Managerial Psychology, 2004, 19(5): 526 - 541.

[12] COOK J, WALL T. New work attitude measures of trust, organizational commitment and personal need non-fulfilment[J]. Journal of occupational psychology, 1980, 53(1): 39 - 52.

[13] COUCH L L, ADAMS J M, JONES W H. The assessment of trust orientation[J]. Journal of Personality Assessment, 1996, 67(2): 305 - 23.

[14] CULLEN J B, JOHNSON J L, SAKANO T. Success through commitment and trust: the soft side of strategic alliance management[J]. Journal of World Business, 2000, 35(3): 223 - 240.

[15] CUMMINGS L L. Performance-evaluation systems in context of individual trust and commitment[J]. Performance measurement and theory, 1983, 89: 93.

[16] CURRALL S C, JUDGE T A. Measuring Trust between Organizational Boundary Role Persons[J]. Organizational Behavior & Human Decision Processes, 1995, 64(2): 151 - 170.

[17] DASGUPTA B P. Trust as a commodity [C]// Gambetta D. Trust: making and breaking cooperative relations. Oxford: Blackwell, 1990.

[18] DIETZ G, HARTOG D N D. Measuring trust inside organisation[J]. Personnel Review, 2006, 35(5): 557 - 588.

[19] DIRKS K T. The effects of interpersonal trust on work group performance [J]. Journal of Applied Psychology, 1999, 84(3): 445 - 55.

[20] DONEY P M, CANNON J P. An Examination of the Nature of Trust in Buyer-Seller Relationships[J]. Journal of Marketing, 1997, 61(2): 35 - 51.

[21] DYER J H, CHU W. The role of trustworthiness in reducing transaction costs and improving performance: Empirical evidence from the United States, Japan, and Korea [J]. Organization Science, 2003, 14(1): 57 - 68.

[22] ELANGOVAN A R, SHAPIRO D L. Betrayal of Trust in Organizations[J]. Academy of Management Review, 1998, 23(3): págs. 547 - 566.

[23] ENGLE-WARNICK J, SLONIM R L. Inferring Repeated Game Strategies From

Actions: Evidence From Trust Game Experiments[C]// Economics Group, Nuffield College, University of Oxford, 2001: 603 - 632.
[24] ERIKSSON P E, LAAN A. Procurement effects on trust and control in client-contractor relationships[J]. Engineering Construction & Architectural Management, 2007, 14(4): 387 - 399.
[25] EVANS A M, REVELLE W. Survey and behavioral measurements of interpersonal trust[J]. Journal of Research in Personality, 2008, 42(6): 1585 - 1593.
[26] FARRIS G F, SENNER E E, ANTHONY B D. Trust, culture, and organizational behavior[J]. Industrial Relations A Journal of Economy & Society, 1973, 2(2): 144 - 157.
[27] FRANCIS FUKUYAMA. Trust and Governance[J]. Journal of Democracy, 1992, 3.
[28] FROST T, STIMPSON D V, MAUGHAN M R. Some correlates of trust[J]. Journal of Psychology Interdisciplinary & Applied, 1978, 99(99): 103 - 8.
[29] GAMBETTA D. Trust: making and breaking cooperative relations[J]. Public Choice, 1992, 21(3).
[30] GAYESKI D. Communication: Re-framing the practice of training, PT, and corporate communication. Starting (or reinventing) a communication (training) department [J]. Performance+Instruction, 1993, 32(9): 35 - 38.
[31] GOOD D. Trust as a commodity[J]. Ethics & Information Technology, 1988.
[32] GRILLI M, SEBASTIANI F. Trust relations in the construction industry [J]. International Journal of Managing Projects in Business, 2008, 3(3): 693 - 704.
[33] HART K M, CAPPS H R, CANGEMI J P, et al. Exploring organizational trust and its multiple dimensions: A case study of General Motors[J]. Organization Development Journal, 1986, 135(s 1 - 2): 31 - 39.
[34] HARTMAN F, ASHRAFI R A. Project Management in the information systems and information technologies[J]. Project Management Journal, 2002(September).
[35] HOMBURG C, SCHERPEREEL P. How should the cost of joint risk capital be allocated for performance measurement? [J]. European Journal of Operational Research, 2008, 187(1): 208 - 227.
[36] HSU C W, LEE Y, LIAO C H. Competition between high-speed and conventional rail systems: A game theoretical approach[J]. Expert Systems with Applications, 2010, 37(4): 3162 - 3170.
[37] HU Y, RAO S S. Game-theory approach for multi-objective optimal design of stationary flat-plate solar collectors[J]. Engineering Optimization, 2009, 41(11): 1017 - 1035.
[38] JIN X H, LING F Y Y. Model for Fostering Trust and Building Relationships in China's Construction Industry[J]. Journal of Construction Engineering & Management, 2005, 131(11): 1224 - 1232.
[39] JOHNSON-GEORGE C, SWAP W C. Measure of specific interpersonal trust: Construction and validation of a scale to assess trust in a specific other[J]. Journal of

Personality & Social Psychology, 1982, 43(6): 1306 - 1317.

[40] JOHNSON-GEORGE C, SWAP W C. Measure of specific interpersonal trust: Construction and validation of a scale to assess trust in a specific other[J]. Journal of Personality & Social Psychology, 1982, 43(6): 1306 - 1317.

[41] JONES A P, JAMES L R, BRUNI J R. Perceived leadership behavior and employee confidence in the leader as moderated by job involvement [J]. Journal of Applied Psychology, 1975, 60(1): 146 - 9.

[42] KACPRZAK P. Application of game theory tools for energy market mechanisms analysis [J]. Rynek Energii, 2010, 86(1): 148 - 153.

[43] KADEFORS A. Trust in project relationships — inside the black box[J]. International Journal of Project Management, 2004, 22(3): 175 - 182.

[44] KEE H W, KNOX R E. Conceptual and methodological considerations in the study of trust and suspicion[J]. Journal of Biological Chemistry, 1970, 14(3): 357 - 366.

[45] KRAMER R M. Trust and distrust in organizations: emerging perspectives, enduring questions[J]. Annual Review of Psychology, 1999, 50(3): 569 - 598.

[46] LARZELERE R E, HUSTON T L. The Dyadic Trust Scale: Toward Understanding Interpersonal Trust in Close Relationships [J]. Journal of Marriage & Family, 1980, 42(3): 595 - 604.

[47] LAU E, ROWLINSON S. Interpersonal trust and inter-firm trust in construction projects[J]. Construction Management & Economics, 2009, 27(27): 539 - 554.

[48] LEWICKI R J, BUNKER B B. Trust in relationships: A model of development and decline [C]// Bunker B B, Rubin J Z. Conflict, Cooperation & Justice, 1994: 133 - 173.

[49] LEWIS J D, WEIGERT A. Trust as a Social Reality[J]. Social Forces, 1985, 63(4): 967 - 985.

[50] LE Y, JIANG W P. 建设工程项目中信任产生机制研究[J]. 工程经济, 2014(5): 313 - 317.

[51] LUCE R D, RAIFFA H. Games and decisions: Introduction and critical surveys [D]. New York, NY. : Wiley, 1957.

[52] LUHMANN N, BURNS T, POGGI G. Trust and Power[J]. New York: Wiley, 1979.

[53] MARCHAL A, ARROW K, MARCHAL A. Social Choice and Individual Values [J]. Revue Économique, 1953, 4(6).

[54] MAYER R C, DAVIS J H, SCHOORMAN F D. An Integrative Model of Organizational Trust[J]. Academy of Management Review, 1995, 20(3): 709 - 734.

[55] MAYER R C, DAVIS J H, SCHOORMAN F D. An Integrative Model of Organization Trust[J]. The Academy of Management Review, 1995, 20(3): 709 - 734.

[56] MCALLISTER D J. Affect- and Cognitation-based Trust as Foundations for Interpersonal Cooperation in Organizations[J]. Academy of Management Journal, 1995, 38(1): 24 - 59.

[57] MCALLISTER D J. Affect-and Cognitation-based Trust as Foundations for Interpersonal Cooperation in Organizations[J]. Academy of Management Journal, 1995, 38(1): 24 - 59.

[58] MCKNIGHT D H, CHERVANY N L. Initial Trust Formation in New Organizational Relationships[J]. Academy of Management Review, 2010, 23(3): 473 - 490.

[59] MESZEK W. Uncertainty phenomenon in property valuation[J]. International Journal of Management & Decision Making, 2007.

[60] MISHRA A K. Organizational responses to crisis: The centrality of trust[C]// Kramer R M, Tyler T R. Trust in organizations: Frontiers of theory and research. Thousand Oaks: Sage, 1996.

[61] MORTON D. Trust and suspicion[J]. Journal of conflict resolution, 1958: 265 - 279.

[62] MOTCHENKOVA E. Determination of optimal penalties for antitrust violations in a dynamic setting[J]. Discussion Paper, 2004, 189(1): 269 - 291.

[63] MUNNS A K. Potential influence of trust on the successful completion of a project [J]. International Journal of Project Management, 1995, 13(1): 19 - 24.

[64] PELDSCHUS F, ZAVADSKAS E K. Fuzzy Matrix Games Multi-Criteria Model for Decision-Making in Engineering[J]. Informatica, 2005, 16(1): 107 - 120.

[65] PELEG B, PROCACCIA A D. Implementation by mediated equilibrium [J]. International Journal of Game Theory, 2007, 39(1 - 2): 191 - 207.

[66] PINTO J K, SLEVIN D P, ENGLISH B. Trust in projects: An empirical assessment of owner/contractor relationships[J]. International Journal of Project Management, 2009, 27(6): 638 - 648.

[67] RICHARD BOYLE, PHILLIP BONACICH. The Development of Trust and Mistrust in Mixed-Motive Games[J]. Sociometry, 2010, 33(2): 123 - 139.

[68] RILEY M W, HOVLAND C I, JANIS I L, et al. Communication and Persuasion: Psychological Studies of Opinion Change[J]. American Sociological Review, 1954, 19(3): 355 - 357.

[69] ROSEN B, JERDEE T H. Influence of subordinate characteristics on trust and use of participative decision strategy in management stimulation[J]. Journal of Applied Psychology, 1977, 62(5): 628 - 631.

[70] ROTTER J B. A new scale for the measurement of interpersonal trust 1[J]. Journal of Personality, 1967, 35(4): 651 - 665.

[71] ROUSSEAU D M, SITKIN S B, BURT R S, et al. Not so different after all: A cross-discipline view of trust[J]. Academy of Management Review, 1998, 23(3).

[72] SELIGMAN A B. The Problem of Trust[M]. Princeton: Princeton University Press, 1997: 47.

[73] SEMSAR-KAZEROONI E, KHORASANI K. Multi-agent team cooperation: A game theory approach [J]. Automatica, 2009, 45(10): 2205 - 2213.

[74] SITKIN B S B, ROTH N L. Explaining the limited effectiveness of legalistic "remedies"

for trust/distrust[J]. Organization Science, 2013, 4(3): 367 - 392.
[75] SLEVIN D P, PINTO J K. The project implementation profile: new tool for project managers[J]. Project Manage J, 1986, 17(4): 57 - 70.
[76] SOLOMON R C. Creating Trust[J]. Business Ethics Quarterly, 1998.
[77] STRICKLAND L H. Surveillance and trust 1[J]. Journal of Personality, 1958, 26(2): 200 - 215.
[78] STUKENBRUCK L. Who determines project success? PMI Annual Symposium, Montréal 1986: 85 - 93.
[79] SU B B, CHANG H, CHEN Y Z, et al. A game theory model of urban public traffic networks[J]. Physica A Statistical Mechanics & Its Applications, 2007, 379(1): 291 - 297.
[80] SUN L J, GAO Z Y. An equilibrium model for urban transit assignment based on game theory[J]. European Journal of Operational Research, 2007, 181(1): 305 - 314.
[81] TAN C H, YANG X, XU H. An investigation of the word-processing software market war in South Korea: A game-theoretic approach[J]. Information & Management, 2010, 47(2): 96 - 101.
[82] VEN A H V D. Structuring cooperative relationships between organizations[J]. Strategic Management Journal, 1992, 13(7): 483 - 498.
[83] WANG B, JIANG H. The review of tendering practice [J]. J. Constr. Market Tendering, 1994, 31: 31 - 34.
[84] WEI K W, CHEUNG S O, YIU T W, et al. A framework for trust in construction contracting[J]. International Journal of Project Management, 2008, 26(8): 821 - 829.
[85] WONG P S P, CHEUNG S O. Structural Equation Model of Trust and Partnering Success[J]. Journal of Management in Engineering, 2005, 21(2): 70 - 80.
[86] WONG S P, CHEUNG S O, HO K M. Contractor as trust initiator in construction partnering: a prisoner's dilemma perspective[J]. J Con- struct Eng Manage ASCE, 2005, 131(10): 1045 - 53.
[87] WONG S P, CHEUNG S O. Trust in construction partnering: views from parties of the partnering dance[J]. Int J Project Manage, 2004, 22(6): 437 - 46.
[88] ZAGHLOUL R, HARTMAN F. Construction contracts: the cost of mistrust[J]. International Journal of Project Management, 2003, 21(6): 419 - 424.
[89] ZAVADSKAS E K. Game theory in building technology and management[D]. Vilnius: Technika (in Lithuanian), 2004.
[90] ZAVADSKAS E K, TURSKIS Z. A New Logarithmic Normalization Method in Games Theory[J]. Informatica, 2008, 19(2): 303 - 314.
[91] ZHANG X, HUANG G Q. Game-theoretic approach to simultaneous configuration of platform products and supply chains with one manufacturing firm and multiple cooperative suppliers[J]. International Journal of Production Economics, 2010, 124(1): 121 - 136.
[92] 丁士昭.美国和德国的建筑产品质量保证体制[J].建筑,2001(7): 47 - 50.

[93] 方俊.建设项目主体工程变更行为博弈分析[J].武汉理工大学学报：信息与管理工程版，2006，28(4)：109－112.

[94] 季珍林.房产商与承包商的合作风险分析：基于两阶段不完全信息动态博弈模型[J].江苏商论，2010(17)：40－41.

[95] 蒋卫平，张谦，乐云，等.工程项目中信任的产生与影响——基于承包商方视角[J].西安建筑科技大学学报：自然科学版，2012(1)：97－102.

[96] 蒋卫平，张谦，乐云.基于业主方视角的工程项目中信任的产生与影响[J].工程管理学报，2011，25(2)：177－181.

[97] 梁克.社会关系多样化实现的创造性空间：对信任问题的社会学思考[J].社会学研究，2002(3)：1－10.

[98] 王绍光，刘欣.信任的基础：一种理性的解释[J].社会学研究，2002.

[99] 王卓甫.工程项目风险管理：理论、方法与应用[M].北京：中国水利电力出版社，2003.

[100] 王卓甫，章志强.建设项目管理[M]，南京：河海大学出版社，1996.

[101] 项目管理协会.项目管理知识体系指南(第四版)[M].王勇，张斌，译.电子工业出版社，2009：212－214.

[102] 宣慧玉.管理与社会经济系统仿真[M].武汉：武汉大学出版社，2002.

[103] 杨静.供应链内企业间信任的产生机制及其对合作的影响[D].杭州：浙江大学，2006.

[104] 杨瑞丽.基于动态发展的建设项目风险管理研究[D].西安：西安建筑科技大学硕士论文，2010.

[105] 张维迎.企业家与职业经理人：如何建立信任[J].北京大学学报：哲学社会科学版，2003(5)：29－39.

[106] 赵振宇，刘伊生，乌云娜.建设工程项目 Partnering 管理方式探究[J].土木工程学报，2005，38(8)：123－127.

第二篇

基于长期合作预期的工程项目总分包组织优化模型

王仲钰

一、引　言

（一）研究背景及意义

1. 研究背景

建筑业是人类物质文明发展的重要标志，也是推动社会经济发展的强大动力之一。改革开放三十多年来，我国建筑业得到了持续快速的发展，建筑业在国民经济中的支柱产业地位不断加强，对国民经济的拉动作用也更加显著。同时，随着建筑业市场化不断提高和经济全球化的发展，建筑企业面临的市场环境已经发生了深刻的变化，建筑市场竞争愈演愈烈，业主和承建单位只有不断提高管理能力，降低成本才能保持竞争优势。

对总分包模式进行深入研究，既为此模式的推广提供了理论基础，也有利于提高总分包模式下的工程经济效益，具有很强的现实意义。当前，这方面研究主要集中于发包模式选择、分包商选择和对承包人的激励三个方面，均取得了较好的研究成果。但是几乎没有人从组织结构的具体安排上去研究此模式，即业主选择多少数量的总承包单位和直接分包单位、总承包单位安排多少数量的分包单位能使业主总成本最小化。

工程项目里的组织不同于一般的企业组织，它是各参与方在利益驱使下形成的组织，所以在研究其组织安排时，还必须考虑一定的社会因素，如利他偏好、长期合作预期等，其中，长期合作预期是广泛存在于业主、总承包商和分包商之间的社会因素。各参与方之间建立长期合作关系的益处主要在于：① 能够减少各参与方之间反复考核评价、工程纠纷等形成的交易成本；② 长期合作预期能够促使各承包商更认真地履行合同义务，确保工程质量、进度和投资目标；③ 各参与方相互合作能够有效提高工程项目的整体绩效，所以有必要对此社会因素进行重点研究。

考虑到所建模型比较复杂，难以按照传统数学分析的方法求得最优解，而进化算法则被广泛应用于求解复杂问题，考虑到不同进化算法的简易性、有效性、可实现性等特性，可以引入遗传算法求解模型的近似最优解，并对算法参数进行改进，使其更适合求解所建模型，提高算法效率。

2. 研究意义

(1) 为总分包模式下业主发包时选择合适数量的总包单位个数以及分包单位个数提供计算方法和工具。

在项目前期，如何将工程项目合理划分、打包，将划分的工程发包给总承包单位还是由业主直接发包以及发包给多少数量的总承包单位等是业主在分包策划时需要重点考虑的一些问题，不同的发包策略不仅会影响到工程施工进度、质量，也会对项目投资产生影响。本文研究了总分包模式下业主成本的构成，建立了在管理能力约束等约束条件下的总分包组织优化模型，将模型应用于具体项目，按照求解步骤或者用求解算法进行求解即可求得使业主成本最小时的总分包单位的数量，是业主进行分包策划时的可靠工具。

(2) 为降低业主最小成本提供实用的建议。

通过对模型参数进行分析可以发现对于某个特定的工程项目，能够较为显著地影响业主最小成本的参数有业主方的管理能力、总包方的管理费系数和各参与方的预期利润率等，业主的管理能力可以通过聘用更多或更少的管理人员或者培训管理人员以提高其个人的管理能力(幅度)来提高；而总包方的管理费系数和各参与方的预期利润率这些参数可以通过与各参与方建立长期合作关系，业主提供以后合作机会而承包方降低合同价的方式来改变，从而为业主降低成本指明可行的方向。

(3) 引入遗传算法求解模型，为类似模型的求解提供一种参考方法。

较为复杂的模型一般都含有数量众多的变量，而且变量之间存在整数约束、相关约束等众多约束条件，很难用纯数学分析的方法去求得最优解。遗传算法作为智能进化算法的一种，虽然很多情况下不能求得数学上严格的最优解，但是具有快速收敛于全局最优解的特点，引入遗传算法并对算法进行适当改进，能够大大提高模型求解速度，同时求解结果也比较令人满意。

(二) 国内外研究现状

1. 总分包模式下业主的成本与收益相关研究

虽然我国总承包模式已经经过了几十年的发展，但仍与发达国家有很大差距，不仅理论上存在不足，而且在实践上的应用也不够广泛。目前，对于如何提高总承包模式下项目效益的研究主要集中在三个方面：发包人的发包模式和管理水平方面、承包人的选择方面以及对承包人的激励方面。

李兴苏、孙洪波等(2008)考虑工期、质量、费用三大目标的重要性，运用层次分析法来实现工程建设项目承发包模式的优选决策。管理方面，提高业主和总包商的工程项目管理水平是提高项目绩效的重要手段，这就要求总包商做好施工组织工作，严把质量关和进度关，同时，总包商和业主要不断积累经验，提高自身协调管理的能力(2012)。

组织是项目成败的决定性因素，而组织中最重要的因素是人，在总分包组织体系中，各参与方的质量在很大程度上决定着项目的效益甚至成败。因此，国内很多对总分包模式的研究都关注于如何选择最合适的分包商。谢秋、何琼和杨育(2012)为规避工程项目分包时质量不合格、工期延迟和管理成本增加等风险，建立了以系统总质量可靠度为最大目标的分包商选择模型。康承业、杨铮和张雪花(2009)采用 AHP 方法来确定建筑企业在选择分包商时的决策方法。杨耀红和张俊华(2010)则把建筑分包商的选择分为两个阶段——预选择阶段和决策选择阶段，然后基于群决策模糊聚类和群决策模糊神经网络两种方法给出了建筑分包商预选择和决策选择的具体实施步骤。何寿奎和傅鸿源(2009)研究了在满足 BT 项目效益和子项目逻辑关系约束的条件下使项目完工概率最大的分包商选择问题，为随机情况下的施工项目分包商选择问题提供了一种有效的管理工具。

另外一种思路是研究承发包双方关系，分析各参与方之间的利益分配和相互激励等因素，进而实现对整个总分包项目体系的优化。目前，多参与方之间的利益分配研究已经比较成熟，王卫华和季建华(2005)针对分包供应的合作关系模式和一般交易关系模式的不同特点，就不同制度安排对供应商的激励效果进行了研究。发现合作关系模式中多采用双供应商的面对面竞争模式，一般交易模式中多采用单供应源，而采用双供应商的激励效果优于单供应商的激励效果。管百海(2010)分别研究了设计单位作为总承包商和施工单位作为总承包商两种情况下的各方利益分配机制，得出项目总承包收益分配给分包商的最优分配比例与分包商知识投入的效率系数成正相关等结论。陈永强(2016)以拓展型 Cobb-Douglas 生产函数反映工期、成本和质量多任务努力投入情况下工程项目的产出，构建了业主与承包商之间的激励模型，然后通过数学分析的方法研究了最优报酬激励系数和工期、成本、质量三方面努力成本的关系。吴光东(2016)在跨组织合作激励模型中引入了基于监控信号的奖惩措施来优化激励效果，既可以让总包商收集更多有关分包商行为选择的信息，又可以促使专业分包商采取合作行为，降低机会主义行为。

可以看到，从发包模式角度、管理角度、分包选择角度以及利益分配等角度来研究总分包模式的相关理论已经比较成熟，但是很少有从组织结构安排的角度去研究总分包模式及其优化的。目前从定量角度对企业组织结构及其优化进行的研究不多，而且大部分集中于研究组织结构的复杂度，例如张敏和刘沃野(2009)运用熵理论研究了如何衡量组织结构的复杂性，从而为组织有序度的优化提供理论工具，但是从组织收益最大化角度去考虑如何安排组织结构使组织运行成本降低、效率提高的研究却很少见。曾晓宏(2016)将改进的遗传算法用于解决企业组织结构的优化问题，结合旅游企业特点建立了面向客户关系管理的扁平式组织结构，但是总分包模式中的组织结构又不同于企业组织结构，它是依靠合同约束关系和利益追逐目的形成的"联合团体"，组织成员间关系复杂，除了实现共同目标、顺利完成项目外，各参与方更关注如何实现自身利益的最大化。

2. 合作预期等社会因素的相关研究

正因为总分包组织是由多参与方形成的"联合团体"，所以从组织结构安排角度去研究总分包模式及其优化时，必须考虑一定的社会因素，如利他偏好、相互信任、良好声誉顾虑以及长期合作预期等对此组织系统的整体效益和结构的影响，而如何用合适的指标或因式将这些社会因素反映到模型中就是一个难点。

目前已经有不少关于利他偏好的研究，韩姣杰、周国华和李延来(2013)将利他偏好纳入项目团队成员合作行为的决策模型中，讨论并分析了利他偏好对团队成员合作努力、生产努力以及最优利润分享和团队绩效的影响。同时也有文献针对项目复杂团队中合作难而复杂的问题，构建了利他偏好条件下基于有限群体的间接演化博弈模型，分析了项目负责团队中利他偏好和自私偏好的相互演化规律(韩姣杰，2015)。黄俊(2013)研究了联盟共同信任对于联盟绩效风险的作用机理，揭示了联盟组织间的信任差异对于联盟信任与联盟绩效风险关系的调节效益。王垚(2014)研究了工程项目信任、风险分担及项目管理绩效之间的关系，得出信任对初始风险分担及绩效都具有改善作用的结论。郑秀杰(2009)在回顾研究西方大量文献的基础上，分析了企业声誉对企业后续财务绩效和市场价值的影响，由于企业声誉是十分主观的因素，对其进行量化十分困难，所以定量分析的研究几乎为空白。相比之下，长期合作预期虽然也是主观因素，但是在总分包组织里可以通过业主提供奖金、承包商降低利润率和加强合作努力等形式体现，能够在一定程度上进行量化研究。而且也有部分研究涉及组织间合作的问题，对建立长期合作预期下总分包组织优化模型均有一定借鉴意义。例如，Lee(2009)分析了为避免潜在危险总承包商和分承包商之间应建立长期关系，如战略伙伴关系，然后从交易成本的角度分析了这种长期关系的成本以及何时选择合作关系，何时选择竞争关系。韩姣杰(2013)在分析多主体团队产出时，将代理人的成本分为生产努力和合作努力两方面成本，以合作努力来反映代理人的合作行为。尹红莲(2009)建立的总分包一次性合作和长期合作两种情况下的利益分配模型，反映了总分包为赢得奖金所做的努力，她通过分析整体效益最优和总分包自身效益最优情况下的努力水平，得出总分包一次合作不能使双方付出帕累托均衡努力水平，需要建立长期合作关系，而长期合作行为就体现在双方约定采取整体最优条件下的努力水平。另外，她还分析了在长期合作中，总包商应给予分包商比短期合作较高的利益分配系数，合作次数越多，分配系数越高。胡文发(2014)在构建工程项目多层次激励协调模型时引入了努力协调程度、努力协调效率和努力协调成本系数三个参数，反映了工程参与方之间协调行为及其效果，决定了业主方的激励奖金额度和自身奖金分配系数，这种建模方法为如何定量表示团队之间的合作行为提供了借鉴。但是这些文献均没有分析长期合作预期对各参与方报价策略的影响，没有涉及总分包模式的组织优化问题，更没有分析长期合作预期对总分包模式下业主成本的影响。

3. 遗传算法的改进相关研究

一般如果模型的变量关系复杂或者涉及变量众多、约束条件复杂，则很难通过严谨的数学分析求得模型的严格最优解。此时可以借助遗传算法、模拟退火算法或者蚁群算法等方法不断对模型进行优化，求得较为可靠的近似最优解。实际生活中的决策问题也常常是复杂的，决策时只要符合满意原则即可，而不是耗时耗力去寻找精确的最优解。

但是传统遗传算法也有两个明显的不足：收敛速度慢和易出现早熟收敛，即收敛于局部最优解，为此，国内外很多学者都对遗传算法的改进做了很多研究，主要包括两方面：一是改进算法机制，如对遗传算法的种群规模、截止代数等参数或者对选择算子、交叉算子、变异算子等遗传算子进行改进；二是将遗传算法与其他算法(例如禁忌搜索算法、模拟退火算法等)进行融合。

Jafari(2011)提出了一种模糊遗传算法，利用模糊准则和性别选择操作来控制种群的多样性，从而有效避免了“早熟”问题。Abdelaziz(2017)在解决分布式网络重构问题时提出了一种可变群体大小的遗传算法(GAVAPS)，该算法允许种群规模根据算法搜索的状态自适应地增长和收缩，以提供更有效的解决方案。Tong(2016)在解决优化问题时，则使用了一种多种群的遗传算法。戴朝华

(2007)利用正态云模型云滴的随机性和稳定倾向性特点，提出了一种云遗传算法。该算法由正态云模型的Y条件发生器实现交叉操作，基本云发生器实现变异操作。刘荷花(2013)在运用遗传算法求解旅行商问题时提出了一种改进的遗传算法，主要改进在于判定截止代数时考虑了群体的多样性和分布情况，并且引入初始化信息来改进交叉算子，以提高算法的精确性和收敛性。刘全、王晓燕等人(2012)借鉴经营策略和协同进化的思想提出了一种双精英协同进化遗传算法，该算法选择两个相异的、高适应度的个体作为进化操作的核心，两个精英个体分别按照不同的评价函数来选择个体，组成各自的进化子种群，而且两个子种群分别采取不同的进化策略，以达到平衡算法的勘探能力和搜索能力的目的。曹凯(2014)提出了一种自适应引导进化遗传算法。该算法采取佳点集方法产生初始种群，结合保留精英个体策略对种群进行分割，各子种群并行交叉变异，且其中一个子种群为随机产生的。为提高算法收敛速度，分别对各子种群中较优个体进行优秀基因位统计，据此对其他个体采取一种自适应引导的变异操作。姚锋(2014)在求解双层CARP优化问题时提出了一种知识型遗传算法，该算法的优化主要表现在采用两种扩展启发式方法来辅助生成初始种群，基于算子绩效知识为每次选择、交叉、变异操作选择合适的操作算子，基于弧段顺序知识为每次交叉和变异选择合适的断点位置，采用局部替换程序不断向当前种群中注入新个体。

算法融合方面的研究也有不少。金敏和鲁华祥(2013)针对遗传算法全局搜索能力强和粒子群优化收敛速度快的特点，提出了一种基于遗传算法和粒子群优化的多子群分层混合算法(HGA-PSO)。牟峰(2009)针对蚁群算法初期因信息素的缺乏而收敛过慢和易陷入局部最优的问题以及遗传算法不能充分利用反馈信息等缺陷，提出了一种基于正态云关联规则的自适应参数调节蚁群遗传算法(CAC-GA)，以平衡算法收敛速度和搜索范围之间的矛盾。Junghans(2015)将遗传算法与修改的模拟退火算法结合起来以优化传统GA的计算效果。彭勇刚(2009)结合模拟退火算法和自适应机制来克服遗传算法收敛慢、易早熟的缺点，提出了一种模糊自适应模拟退火遗传算法(FASAGA)。任子武(2007)在优化遗传算法时同时引入了精英个体保留策略和粒子群优化算法。张晓楠、范厚明(2015)等在求解双目标模糊选址问题时，首先采取随机算法将模糊问题转化为确定性问题，然后借助于禁忌搜索算法求解第二层目标函数，在此基础上运用遗传算法求解第一层目标函数，这种融合算法不仅贴合所求解问题的实际情况，而且优化效果和求解速度都比较好。

以上对遗传算法的创新均取得了一定的效果，其中从算法机制的角度去改进更易于实现，而且在一定程度上可以结合实际问题的特点对遗传算子、算法参数等进行修改以提高算法效率，所以本文将采取这种方法来设计优化算法。

（三）研究内容与创新

1. 研究内容

本文研究内容主要有三部分：建模、算法设计和模型分析。

（1）构建总分包组织优化模型

首先确定目标函数，即业主成本最小化；然后分析长期合作预期下总分包组织系统的成本来源、相互关系以及确定方法，结合组织结构形式确定各项成本的数学表达形式，分析相关约束条件；最后综合形成完整的数学模型。

（2）遗传算法的设计

理解遗传算法的计算机制，分析选择算子、交叉算子以及变异算子的特点以及各算子对算法的贡献，然后结合本文模型和实际情况，对选择策略进行改进。最后对比算法不同参数设置对计算效果和效率的影响，改善算法性能。

（3）模型分析

借助于改进的算法计算仿真算例，然后结合计算结果分析模型中各参数对目标函数最优解和组织结构参数的影响。

2. 研究方法与技术路线

本文采用文献研究、模型方法和数学分析相结合的方法，通过阅读大量文献资料，了解总分包组织的特点、各参与方之间的关系以及总分包模式下业主成本的构成，在此基础上构建业主成本最小化的数学函数。并通过数学分析和结合实际的方法确定相关参数之间的关系以及模型约束，形成完整的优化模型。最后通过改进的算法求解仿真算例，分析不同参数的变化对模型最优解和组织结构参数的影响，得出具有实用性的结论。

本文的技术路线如图 2-1 所示。

3. 本文创新点

1）从总分包单位数量的选择上对总分包模式进行优化

目前国内外关于总分包模式的研究集中于三个方面：发包人的发包模式选择和管理水平的改善、承包人的选择以及对承包人的激励，从总分包单位数量的选择上对总分包模式进行优化的研究几乎没有。总包单位数量和分包单位数量是总分包组织形式里的重压参数，研究不同总分包数量情况下业主成本的不同，能够为业主进行发包选择合适的总分包数量提供参考价值。

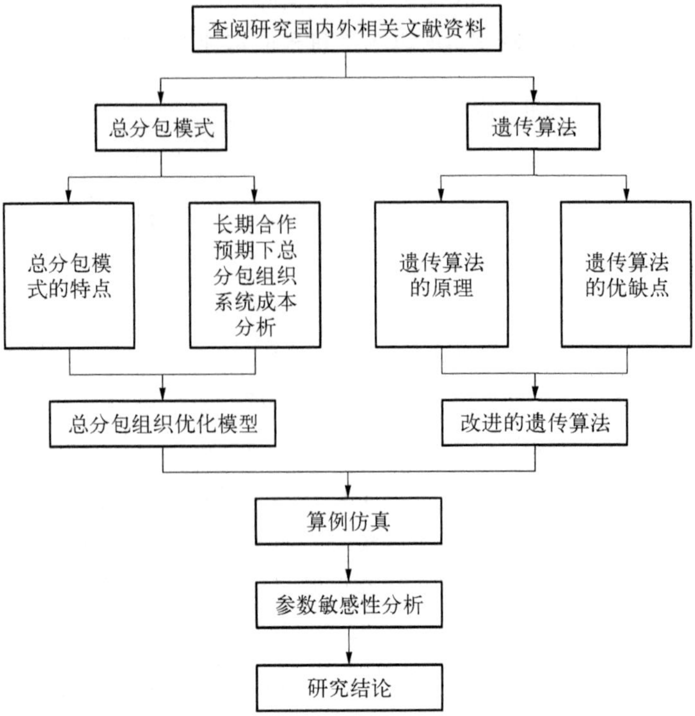

图 2-1 技术路线图

2）结合长期合作预期因素对总分包组织进行优化

总分包组织是包括业主、总承包单位、分包单位、监理咨询单位等众多参与方联合形成的临时组织，组织成员之间不存在制度上规定的权利和义务，他们是依靠合同约束和利益关系结合在一起的，所以是一个具有明显社会性质的组织，很多社会因素都会对总分包组织产生影响。各参与方追求的是自身利益的最大化，所以必然存在竞争关系，但是他们只有在完成所承包工程项目的基础上才能实现自身利益，所以合作也是不可避免的，而且合作还能提高工作效率，降低成本。业主与各参与方之间建立长期合作关系则能够有效保证分包商的施工质量，分包商也能够获得承揽以后项目的机会，有利于实现双赢。目前相关研究考虑到的社会因素主要是利他主义，关于长期合作预期的研究比较少，所以对长期合作预期因素进行研究很有意义。

3）对遗传算法进行改进时采取精英保留策略提高收敛速度，同时在适应度函数中引入多样性指标，以避免发生“早熟”现象

对遗传算法改进主要是为了避免算法早熟以及提高计算速度，改进的方法

有很多，例如改进选择机制、采取精英保留策略等，或者将遗传算法与其他算法进行融合以算法效率，例如模拟退火遗传算法、蚁群遗传算法等。引入精英保留策略能够显著提高算法收敛速度，但是目前对于避免算法“早熟”的研究主要是通过编写自适应算子或者通过算法融合以提高计算前期种群多样性等，在适应度函数中引入多样性指标，将选择概率与多样性联系起来的做法很少有人尝试。

二、总分包组织模式下的业主成本及优化模型

（一）总分包模式

1. 总分包组织模式的定义与特点

总分包组织模式也称为传统模式，指业主将一个工程项目的所有施工任务全部或者部分委托给一个或者几个总承包商，施工总承包商将除主体任务或者规定任务以外的其余部分分别委托给大量专业分包商的施工组织方式。在这种方式中，业主首先委托一家具有相应资质的咨询单位或者委托建筑师等进行项目前期工作，如可行性研究等，等到项目成功立项后，再委托设计单位进行设计。设计完成或者设计工作进行到合适阶段后进行施工招标，选择施工总承包商承担项目的施工任务。

总分包组织模式属于工程项目组织模式的一种，具有所以工程项目组织模式共有的特点，即：① 参与者几乎都必须具备法人资格，而不是自然人；② 各参与者之间关系相对独立，不存在制度上的隶属关系或者股权关系；③ 参与者的行为都是利己的，他们追求的是自身利益的最大化。

2. 总分包组织模式下各参与方的关系分析

工程项目参与方主要包括业主、设计方、施工方、材料设备供应方、监理方、项目管理咨询单位等，其中设计方和施工方可能存在总承包方，这些参与方在形式上有一定的组织结构，但实质上他们之间是相互独立的关系，他们之间依靠合同关系来约束规定各自的权利和义务，各参与方追求自身利益的最大化而不是项目整体收益最大化，因此各参与方之间存在合作和竞争关系。

从合同的角度看，项目团队中最需要处理好的是业主、承包商和监理单位三者之间的关系。业主和承包商之间是承发包关系，业主为发包人，承包商为承包人，承包商依据合同约定就所承包工程对业主负责。业主和监理单位是委托授权和被委托授权的关系，监理单位是独立法人，不是业主的代理人，它只能依据监理合同对工程项目执行监督建议权。监理单位和承包商之间是监

理与被监理的关系，他们是相互平等的法人，业主聘请监理单位是为了监督承包商的行为，保证其按时按质履行合同义务。不论是监理方还是承包方，他们都是为业主服务的，二者对业主成本的影响均为其工作量对应的费用和利润等，性质类似。

可以将业主除外的各参与方分为两个层级，考虑组织中不同层级、不同角色对成本的影响，具体将各参与方分为业主、业主直接分包方、总承包方、总包分包方四种角色来分析其相互之间的关系（表 2-1）。

表 2-1 参与方关系分析表

关　系	总承包方	业主直接分包方	总包分包方
业主	△○□	△○□	
总承包方	○	○	△○□
业主直接分包方		○	
总包分包方			○

注：△—合同关系；○—合作关系；□—竞争关系。

业主直接分包方和总承包方都直接与业主签订合同，他们与业主之间既有合作关系又有竞争关系。合作关系表现在二者均根据合同规定与业主协作沟通，有效完成工程项目，为此业主方需要做好协调管理工作，付出相应的管理成本。竞争关系则表现在二者追求的目标是自身利益最大化，所以会压低成本或者提高利润率，而业主则希望项目成本最小化，所以会在一定程度上压低合同价。业主各直接分包以及总承包方之间根据合同就相应承包工程对业主负责，可以视为他们之间不存在竞争关系，但是为了有效完成项目或者业主有所要求，他们之间需要有一定的合作沟通。

总承包方和总包分包之间的关系类似于业主与其直接分包之间的关系，既有合作又有竞争。总承包方将部分工程分包给各分包方，各分包方就其承包的那部分工程对总承包方负责，总承包方要协调管理各分包方。总承包方希望降低支出，所以会压低合同价或者要求各分包之间加强合作，降低成本；而各分包方则希望提高合同价以尽可能增加自身利益。

3. 总分包组织模式下的组织结构分析

不同工程项目的规模、复杂程度等不同，那么，即使这些项目都采取总分包组织模式，其具体的组织安排也有所不同。对于简单的工程项目，业主可以将设计工作全部委托给一家设计单位，施工工作也全部委托给一家施工总承包单位，此时的组织形式很简单(图 2－2)。

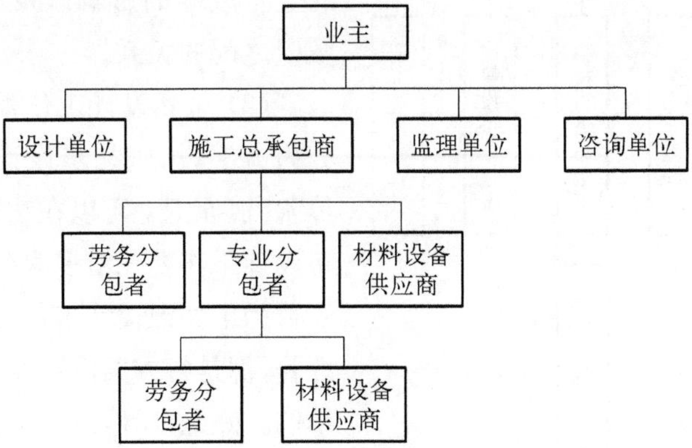

图 2－2 简单项目的组织图

对于大型的复杂项目，业主可以将整个项目分为一系列独立的子项目或者划分为独立的标段，然后分别进行发包。此时，组织中可以包括多个设计单位、施工总承包单位与材料设备供应单位。一种可行的组织方式如图 2－3 所示。

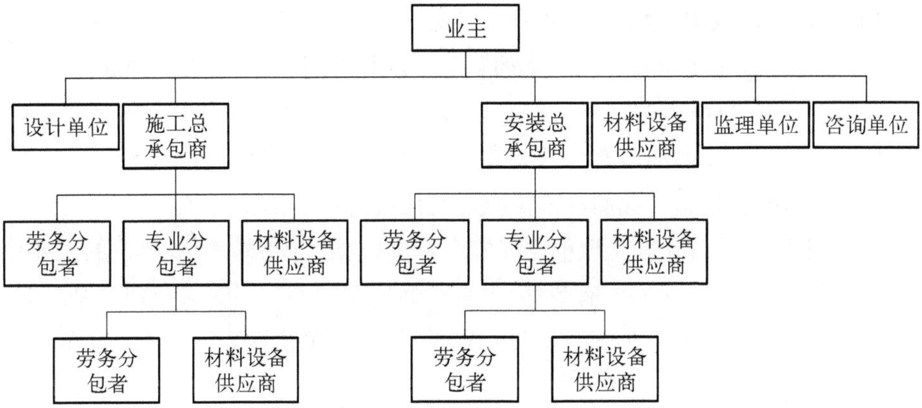

图 2－3 复杂项目的组织图

可以看出，总分包组织模式最显著的特点是存在总承包单位，可以是一个，也可以是多个；可以是施工总承包单位，也可以是安装总承包单位或者材料设备总承包单位，所以可以将总分包组织形式总结为如图 2－4 所示的一般形式。

将总分包组织模式总结为如图 2－4 所示的一般形式，主要有以下几点原因：

(1) 最能影响工程项目最终成果的工作是设计、施工和建筑材料设备的选

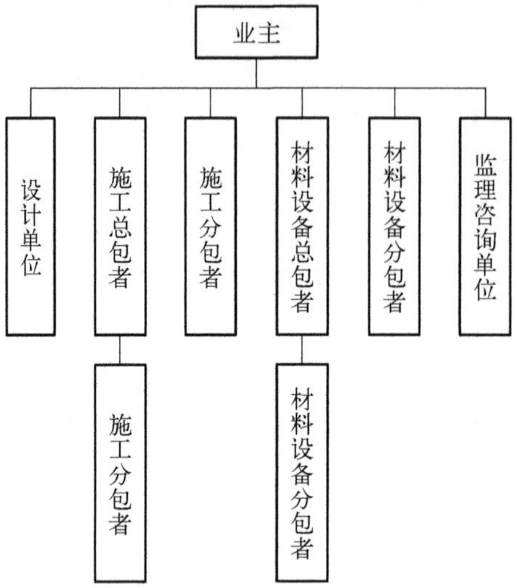

图 2-4　总分包组织一般形式

择安装这三部分，所以将它们分成相互独立的三个部分来研究，详细分析它们对业主成本的影响以及与最优总分包数量之间的关系。

(2) 虽然设计工作量比较大，可以分为方案设计、初步设计、施工图设计等阶段，原则上可以在法律规定范围内将设计工作委托给多家单位，但是一般项目为了保证设计工作的连续性、兼容性等，都是将方案设计委托给一家设计单位。除此以外，设计工作统一委托给一家设计单位，为了使一般形式更加简洁，这里仅考虑由一家单位承担所有设计工作的情况。

(3) 施工工作量十分巨大，业主可以委托一家或多家施工总承包单位承担施工任务，同时也可以选择一部分施工任务由自己直接发包，不同的选择会产生不同的管理协调效率，也会影响到业主的总成本，所以有必要将其独立出来研究不同数量的总分包单位对业主成本的影响。同样的，材料设备承包商亦是如此。

(4) 工程项目所需的材料设备有很多，总体可以分为两类：① 施工所需的材料设备，如塔吊、钢筋混凝土等；② 建筑设备，如空调机组、桌椅、开关等。图 2-3 中的材料设备供应商仅指供应建筑设备的供应商。

(5) 工程项目可以有监理单位和咨询单位，也可以没有，这些单位的主要作用是保证工程质量和决策的有效性、提高沟通协调效率等，其个数对业主成本的影响不大，为了简化组织形式且不失一般性，将这些单位视为一个统一的单位。

(二) 业主成本分析

1. 业主成本的构成

从合同角度看，业主收益是无法核算价值的工程实体，能够衡量的只有其支出的成本。对于一般的工程项目，业主的支出成本 (π) 主要有与各方签订的合同价 (R_i)、管理费用 (G) 以及其他费用 ($else$)，即

$$\pi = \sum R_i + G + else \tag{2-1}$$

各参与方与业主签订的合同金额一般包括相应工程费用、管理成本、利润等，其中不同类型合同的工程费用不同，类似合同的工程费用可以方便地用相同的指标量化。项目中业主会与数目众多的参与方签订各种各样的合同，根据合同内容的特点，可以将业主签订的合同分为以下四类：设计合同、施工（总包）合同、材料设备（总包）合同、监理咨询合同，如果将这些合同分解为最小单位的专业合同，则他们的单位合同金额各不相同，同类型合同的单位合同金额相同。另外，总承包方的合同金额不仅包括自己承包工程的过程费、利润、自身管理费用，还包括分包与其签订的合同金额以及为管理各分包单位产生的管理费用。

业主的管理费用主要为了提高团队整体绩效，管理协调各工程参与方而产生费用，其他费用如业主提供的工程奖励、后期索赔费用等。

其他费用主要有工程质量成本（c_1）、工程冲突造成的成本（c_2）、风险成本（c_3）和由于承包商服务不积极等因素造成的成本增加（c_4），即

$$else = c_1 + c_2 + c_3 + c_4 \tag{2-2}$$

2. 合作因素对业主成本的影响

工程项目各参与方都是利己的，他们的目标是追求自身利益最大化，所以，当业主与各参与方之间进行的是一次交易时，各级承包方都会有尽可能压低成本的倾向，使用质量较差的工程材料，严重影响工程质量，如果造成返修，还会影响到进度和投资目标，严重损害业主的利益。相比之下，如果业主与各承包方建立长期合作关系，则不论是对业主还是承包方都是有利的。

1）业主的收益

对于业主而言，业主为承包方提供了多次合作的机会，那么，承包方为了不丧失合作机会，将倾向于努力按照合同要求按时按质完成自己承包部分的工程，从而降低了工程建设的风险、有利于提高承包商服务水平、减少工程冲突、保障工程质量，从成本的角度看，就是减少了其他费用。

另外，承包商为了获得继续合作的机会，需要在本次合同的签订过程中为业主提供适当优惠，即适当降低报价，从而减少了业主的合同价，即

$$R_i' = \delta_i R_i \tag{2-3}$$

其中，δ_i 为降价系数。

2）承包商的收益

其他费用的降低在一定程度上反映了承包方的工程建设能力，业主可以据

此在未来项目的评标过程中为合作承包方提供加分，即增加合作承包方的中标概率（P），P 与 $else$ 成负相关关系，为便于分析，假设

$$P = \frac{A}{else} \tag{2-4}$$

其中，A 表示其他因素对承包方中标概率的影响。

在建设市场上，承包方为了避免发生在某一段时间内没有承接项目造成损失的情况，会倾向于与业主建立长期合作关系来获得预期收益（η_i），而且承包商越倾向于合作，其服务质量会更高，从而降低了业主的其他费用，由上式知承包商未来中标的概率越大，越有可能获得预期收益。

当然，承包商获得合作机会的代价是在本次合作中提供优惠，即降低合同价。承包商合同价的降低幅度取决于预期收益的大小和其他因素，一般承包商都是在保证预期收益大于本次损失的情况下提供降价优惠。

可见建立长期合作预期关系对承包方是有利的，而且对业主而言，能够降低其成本。

3. 长期合作预期下业主成本分析

长期合作预期下业主的成本主要包括两部分：合同价和业主自身管理成本，其他费用难以计量，而且已经分析过合作能够降低业主的其他费用，可以不详细考虑和计算。

1）合同价

承包单位与业主签订合同时，约定的合同价一般包括所承包工程的工程费用、自身管理成本以及利润三部分。如前一节所述，可以根据合同种类分为设计合同、施工（总包）合同、材料设备（总包）合同、监理咨询合同，这些合同如果分解为最小单位的专业合同，则同类型合同的单位工程费用相同。将工程费用和自身管理成本记为 C_i，利润率记为 φ_i，则各种类合同价 R_i 为

$$R_i = (1 + \varphi_i) C_i \tag{2-5}$$

总承包单位除了所承包工程的工程费用、自身管理成本以及利润三部分费用外，还需要收取对各分包进行管理的管理费用，根据分包合同金额以一定的管理费系数（k）收取，其合同价为

$$R_i = (1 + \varphi_i) C_i + k C_i' \tag{2-6}$$

其中，C_i' 为分包合同金额。

长期合作预期下，合同价 R_i' 满足

$$R_i' = \delta_i R_i \tag{2-7}$$

其中，R_i' 为长期合作预期下的合同价，R_i 为不考虑合作预期收益时的合同价。δ_i 为降价系数，是预期收益 η_i 的函数，即 $\delta_i = f(\eta_i)$。随着预期收益的增加，降价系数不断降低，假设二者之间满足

$$\delta_i = \frac{1}{\omega_i \ln \eta_i} \tag{2-8}$$

其中，ω_i 为降价倾向，在预期收益相同的情况下，降价倾向越高的参与方其降价系数越小。

2）业主自身管理成本

对于业主而言，其管理成本仅仅因为管理各直接分包和总承包单位而产生，而且业主的管理能力有限，可以视为其管理成本仅与管理人员个数有关，一般为所有管理人员的工作。业主管理成本（G）与其管理人员个数（x）和人均工资（s）的关系为

$$G = xs \tag{2-9}$$

（三）优化模型的建立

1. 模型假设

为了使模型更加简洁，便于研究分析，提出以下假设。

（1）合同类型分为设计、施工、材料设备和监理咨询四类，其中施工和材料设备合同均可以分解到最小单位，最小单位同种合同的工程费用相同。

（2）业主按照最小单位的工程进行发包，或者将部分最小单位的工程组合起来发包给总承包方，总承包方再按照最小单位的工程继续分包（建筑法规定总承包单位不得将主体工程分包，把这部分工程视为多个最小单位工程的组合，将其“分包”给自己的部分工程人员，即虚拟的总包分包方，而实际上则是总包方自身）。

（3）每一份最小单位合同金额包括工程费用和利润两部分；总包单位按照分包合同金额收取管理费。

（4）根据承包单位在组织中的地位特点，将其分为设计、工总包、施工分包、材料设备总包、材料设备分包、监理咨询 6 种，同种类型承包单位的预期利润

相同。

(5) 业主管理成本为其管理人员工资,存在管理能力约束;总承包方管理成本按比例根据合同金额确定,不考虑其管理能力约束。

(6) 假设不论是否建立长期合作关系,业主为确保和保证满意的质量而采取的措施是相同的,即 C_0 不变。

2. 目标函数、模型变量和参数的确定

1) 目标函数

从项目合同关系角度看,业主的收益最大化是整个复杂总分包项目组织的基础,而业主一般只有支出,其收益是无法核算价值的工程实体,所以本文的目标函数是业主成本 (π) 的最小化。

2) 组织结构变量

为了便于模型表述,先对各参与方进行编码(编码后为方便表述,后文的合同金额 R_i 均用合同对应的编码来表示,如 $R_{设计}$ 记为 D),具体为:

设计合同 D,视为 1 个合同。

施工总包 $BZ_i(i=1, 2, \cdots, a)$,BZ_i 下有施工分包方 $B_{ij}(j=1, 2, \cdots, a_i)$;业主直接施工分包 $B_i(i=1, 2, \cdots, b)$;最小单位施工合同共 n_1 份。

材料设备总包 $PZ_i(i=1, 2, \cdots, d)$,PZ_i 下有材料设备分包方 $P_{ij}(j=1, 2, \cdots, d_i)$;业主直接材料设备分包 $P_i(i=1, 2, \cdots, f)$;最小单位设备材料合同 n_2 份。

监理咨询合同 Q,视为 1 个合同。

则组织系统参与方共 n_1+n_2+2 个,其中组织结构变量为各种不同参与方的个数,可以归纳如表 2-2 所示。

表 2-2 不同参与方个数统计表

	设 计	施 工	材料设备	监理咨询
总 包	1	a	d	1
业主直接分包		b	f	
总包 i 的分包		a_i	d_i	
合 计	1	n_1	n_2	1

3) 模型参数

与目标函数相关的参数有:分解到最小单位的工程费用 (C_i)、各参与方的预期利润率(λ_i)、业主管理成本(G)等。分解到最小单位的工程费用与合同类型有关,一共有4类;参与方的预期利润率与参与方种类有关,可以分为设计单位、施工总包单位、施工分包单位、材料设备总包单位、材料设备分包单位、监理咨询单位6类。

部分参数的表示及统计如表2-3所示。

表2-3　模型部分参数统计表

	设　计	施　工		材料设备		监理咨询
		总　包	分　包	总　包	分　包	
最小单位工程费	C_1	C_2		C_3		C_4
利润率	φ_1	φ_2	φ_3	φ_4	φ_5	φ_6
降价系数	δ_1	δ_2	δ_3	δ_4	δ_5	δ_6
预期收益	η_1	η_2	η_3	η_4	η_5	η_6
降价倾向	ω_1	ω_2	ω_3	ω_4	ω_5	ω_6

另外,业主管理成本(G)与其管理人员个数(x)和人均工资(s)有关,按式(2-9)确定。每一个管理人员的管理幅度都是有限的,用ε表示;总承包单位不需要考虑其管理幅度,按比例k(管理费系数)收取管理费。

材料设备具有很强的专业性,技术复杂度高,相比于对相同数量的施工单位和总承包单位进行管理,对材料设备供应商进行管理需要投入更多的精力,所以引入技术难度系数λ,将一定数量的材料设备合同转化为需要投入相同管理精力的施工合同数量,即数量为m的材料设备合同所需要的管理幅度为λm。

3. 约束条件的确定

1) 合同数量约束

对总分包组织进行优化时,可以改变的变量有总包个数,总包i的分包个数和业主直接分包个数,但是要保证工程全部完成,则不同种类合同分解到最小单位时合同数量保持不变,例如优化前后的最小单位施工合同数量不变,即

$$\sum_{i=1}^{a} a_i + b = n_1 \tag{2-10}$$

$$\sum_{i=1}^{d} d_i + f = n_2 \tag{2-11}$$

2) 管理能力约束

由于业主的管理能力有限,所以其直接管理的承包单位个数应在其管理能力范围内,即

$$a + b + d + \lambda f + 2 \leqslant \varepsilon x \tag{2-12}$$

总承包单位管理能力很强,对于较小的工程项目,一个施工总承包单位或者材料设备总供应单位完全可以承担所有的施工任务或者材料设备供应任务。但是,总承包单位的管理能力毕竟是有限的,而且其工程经验也是有限的,实际情况中,如果一个工程项目的规模特别大,则业主一般不会将所有施工任务或者材料设备供应任务发包给一个总承包单位,而是发包给多个总承包单位,这样既可以充分利用竞争机制提高工程质量,同时也有利于加强业主对项目的控制力度,所以总承包单位也有管理约束限制,假设其管理能力(管理幅度)为 β。

3) 参数取值约束

根据实际情况,总承包方的管理费系数 k 的取值应为 2%～5%。

组织结构参数 (a, b, d, f, a_i, d_i) 以及业主管理人数 (x) 的取值均为非负整数。

4. 优化模型的数学表达形式

业主成本主要包括不同种类的合同金额和管理费用。

1) 设计与监理咨询合同总额

设计合同和监理咨询合同的金额较为简单,包括对应承包工程量的工程费用和利润两部分,其合同金额分别为

$$D = \delta_1 (1 + \varphi_1) C_1 \tag{2-13}$$

$$Q = \delta_6 (1 + \varphi_6) C_4 \tag{2-14}$$

2) 施工合同总额

对于业主直接发包的施工承包合同,其合同金额为

$$B_i = \delta_3 (1 + \varphi_3) C_2 \tag{2-15}$$

由假设(2)和假设(3)可以确定总包合同金额的一般计算式为

$$R_i = \delta_i (1 + \varphi_i)(1 + k) C_i \tag{2-16}$$

施工总包的合同金额为

$$BZ_i = \delta_2 (1 + \varphi_2)(1 + k) C_{BZi} \tag{2-17}$$

其中，$C_{BZi}=\sum_{i=1}^{a_i}\delta_3(1+\varphi_3)C_2$。

则

$$
\begin{aligned}
BZ_i &= \delta_2(1+\varphi_2)(1+k)\sum\delta_3(1+\varphi_3)C_2 \\
&= \delta_2\delta_3(1+k)(1+\varphi_2)(1+\varphi_3)C_2 a_i
\end{aligned}
\tag{2-18}
$$

故设计合同总金额为

$$
\sum BZ_i+\sum B_i=\delta_2\delta_3(1+k)(1+\varphi_2)(1+\varphi_3)C_2\sum a_i+\delta_3(1+\varphi_3)C_2 b \tag{2-19}
$$

3）材料设备合同总额

对于业主直接发包的材料设备承包合同，其合同金额为

$$
P_i=\delta_5(1+\varphi_5)C_3 \tag{2-20}
$$

材料设备总包的合同金额为

$$
PZ_i=\delta_4(1+\varphi_4)(1+k)C_{PZi} \tag{2-21}
$$

其中，$C_{PZi}=\sum_{i=1}^{d_i}\delta_5(1+\varphi_5)C_3$。

则

$$
\begin{aligned}
PZ_i &= \delta_4(1+\varphi_4)(1+k)\sum\delta_5(1+\varphi_5)C_3 \\
&= \delta_4\delta_5(1+k)(1+\varphi_4)(1+\varphi_5)C_3 d_i
\end{aligned}
\tag{2-22}
$$

故材料设备合同总金额为

$$
\sum PZ_i+\sum P_i=\delta_4\delta_5(1+k)(1+\varphi_4)(1+\varphi_5)C_3\sum d_i+\delta_5(1+\varphi_5)C_3 f \tag{2-23}
$$

4）业主管理成本

业主管理成本（G）与管理人员个数（x）和人均工资（s）有关，$G=xs$。

综合以上分析，长期合作预期下组织优化模型的完整数学表达形式为

$$
\begin{aligned}
\min\pi &= D+\sum_{i=1}^{a}BZ_i+\sum_{i=1}^{b}B_i+\sum_{i=1}^{d}PZ_i+\sum_{i=1}^{f}P_i+Q+G \\
&= \delta_1(1+\varphi_1)C_1+\delta_6(1+\varphi_6)C_4+
\end{aligned}
$$

$$
\begin{aligned}
&\delta_2\delta_3(1+k)(1+\varphi_2)(1+\varphi_3)C_2\sum a_i+\delta_3(1+\varphi_3)C_2 b+\\
&\delta_4\delta_5(1+k)(1+\varphi_4)(1+\varphi_5)C_3\sum d_i+\delta_5(1+\varphi_5)C_3 f+xs\\
=&\delta_1(1+\varphi_1)C_1+\delta_6(1+\varphi_6)C_4+\\
&\delta_2\delta_3(1+k)(1+\varphi_2)(1+\varphi_3)C_2(n_1-b)+\delta_3(1+\varphi_3)C_2 b+\\
&\delta_4\delta_5(1+k)(1+\varphi_4)(1+\varphi_5)C_3(n_2-d)+\delta_5(1+\varphi_5)C_3 f+xs
\end{aligned}
\tag{2-24}
$$

s.t.

$$a+b+d+\lambda f+2\leqslant \varepsilon x \tag{2-25}$$

$$a_i\leqslant \beta,\ \lambda d_i\leqslant \beta \tag{2-26}$$

a，d，n_1，n_2，x 均为正整数

b，f 均为非负整数

5. 优化模型的初步分析

业主通过合理安排总包单位数量和分包单位数量来降低成本的原理是：将部分由总包单位分包的工程改为由业主自己发包，一方面，充分发挥了自身的管理能力，另一方面，减少了总包单位在这部分分包工作中收取的管理费用。求解最优情况下的总分包数量可以按照下列步骤进行：

步骤 1：将所有施工任务和材料设备供应任务全部发包给总承包单位，根据约束条件(2-24)和对应最小单位合同的数量确定施工总包单位和材料设备总包单位的最小数量 a' 和 b'。

步骤 2：为了充分发挥业主自身的管理能力，在约束条件 $a+b+d+\lambda f+2\leqslant \varepsilon x$（式(2-25)）的限定下选择数量为 $(\varepsilon x-2-a'-b')$ 的施工分包合同或者材料设备分包合同由业主直接发包。

步骤 3：计算业主的总成本。

从上述求解过程中可以看出，影响最优总分包数量的参数有：施工合同和材料设备合同的数量、总承包单位的管理能力、分解到最小单位的施工合同与材料设备合同金额、施工总包方和材料设备总包方的预期利润率以及管理材料设备的技术难度系数。进一步分析，可以得到以下结论：

(1) 最优施工总包单位数量与工程项目规模和施工总包单位自身管理能力有关，当施工总包的管理能力满足 $\beta\geqslant \theta n_1$ 时（θ 为工程项目规模系数），业主只需要选择一个施工总承包单位，反之需要选择多个施工总承包单位。最

优材料设备总包单位数量与工程项目规模、材料设备总包单位自身管理能力以及管理材料设备的技术难度系数有关，当施工总包的管理能力满足 $\beta \geqslant \lambda\theta n_2$ 时，业主只需要选择一个材料设备总承包单位，反之需要选择多个材料设备总承包单位。

证明：业主管理能力有限，所有业主首先应尽量将数量众多的工程发包给总承包单位，施工总承包单位和材料设备总承包单位的数量分别为

$$a=\left[\frac{n_1}{\beta}\right]+1 \tag{2-27}$$

$$d=\left[\frac{\lambda n_2}{\beta}\right]+1 \tag{2-28}$$

其中，$[x]$ 为取整函数，这里表示取小于 x 的最大整数，例如$[1.2]=1$，$[1]=0$。

对于不同规模的工程项目，分解到最小单位的施工合同和材料设备合同数量是不同的，如果将 n_1 和 n_2 视为标准情况下的工程分解到最小单位的施工合同和材料设备合同数量，那么，对于一般的合同，可以引入工程规模系数 θ，用 θn_1 和 θn_1 表示分解到最小单位的施工合同和材料设备合同数量，则施工总承包单位和材料设备总承包单位的数量变为

$$a=\left[\frac{\theta n_1}{\beta}\right]+1 \tag{2-29}$$

$$d=\left[\frac{\lambda\theta n_2}{\beta}\right]+1 \tag{2-30}$$

所以令 $a=1$，则有 $\beta \geqslant \theta n_1$；同理，令 $d=1$，则有 $\beta \geqslant \lambda\theta n_2$，命题得证。

(2) 能够影响最优总分包数量的参数只有工程规模系数、总包方的管理能力、材料设备的管理难度系数以及标准情况下的施工合同与材料设备合同数量。

证明：从上式可以看出，最优施工总包数量和材料设备总包数量的表达式中有参数 θ，β，λ，n_1 和 n_2，则命题得证。

(3) 在业主管理能有有余的情况下，当 $\delta_3(1+\varphi_3)C_2[\delta_2(1+\varphi_2)(1+k)-1]>\delta_5(1+\varphi_5)C_3[\delta_4(1+\varphi_4)(1+k)-1]/\lambda$ 时，业主应首先考虑将部分施工合同改为由自己直接发包，反之选择将材料设备合同改为由自己直接发包。

证明：一份施工分包合同由业主直接发包时，比由总包单位分包节省了成本 $\delta_3(1+\varphi_3)C_2[\delta_2(1+\varphi_2)(1+k)-1]$；而一份材料设备分包合同由业主直接

发包时，比由总包单位分包节省了成本 $\delta_5(1+\varphi_5)C_3[\delta_4(1+\varphi_4)(1+k)-1]$，但是管理一个材料设备供应单位需要投入的管理精力是管理一个施工分包单位的 λ 倍，所以，单位材料设备合同节省的成本应该为 $\delta_5(1+\varphi_5)C_3[\delta_4(1+\varphi_4)(1+k)-1]/\lambda$，令前者大于后者，得

$$\delta_3(1+\varphi_3)C_2[\delta_2(1+\varphi_2)(1+k)-1]>\delta_5(1+\varphi_5)C_3[\delta_4(1+\varphi_4)(1+k)-1]/\lambda \tag{2-31}$$

则命题得证。

三、算法设计与算例仿真

（一）算法设计

1. 计算思路

为了验证前文结论，同时提高模型求解效率，我们引入遗传算法来对模型进行求解，算法的实现借助 MATLAB 遗传算法工具箱。同时对遗传算法进行改进，实现精英保留策略，同时在适应度函数中引入多样性指标保证种群的多样性，以避免算法早熟收敛于局部最优解和收敛速度过慢的问题。具体步骤为：

Step 1：根据约束条件产生种群规模为 N 的初始种群 S，种群中每一个个体都表示可行解，初始迭代次数 gen=1，最大迭代次数为 MAXGEN。

Step 2：令初始种群为当前种群，亦即 Chrome=S。

Step 3：计算当前种群 Chrome 中每个个体对应的目标函数值，计算步骤为：

Step 3.1：令 t=1；

Step 3.2：计算第 t 个个体对应的目标函数值 F(t)；

Step 3.3：令 t=t+1；

Step 3.4：当 t≤N 时，重复 Step 3.2～Step 3.3，否则结束循环，返回当前种群中所有个体的目标函数值。

Step 4：记录当前最好的 nob(Number of Best)个解和其最优目标函数值。

Step 5：计算当前种群 Chrome 中每个个体的适应度，计算步骤为：

Step 5.1：令 i=1；

Step 5.2：计算第 i 个个体的适应度〖Fitness〗_i；

Step 5.3：令 i=i+1；

Step 5.4：当 i⩽N 时，重复 Step 5.2～Step 5.3，否则结束循环，返回当前种群中所有个体的适应度。

Step 6：将当前最好的 nob 个解直接遗传到下一代，并对剩下的个体进行选择、交叉、变异操作，产生新的种群 Son。

Step 7：令新种群为当前种群，即 Chrome＝son，迭代次数 gen＝gen＋1。

Step 8：重复 Step 3～Step 7，直到达到结束条件（gen＞MAXGEN、达到停滞代数或者达到停滞时限等），计算结束，输出当前最优解 X 和 Best。

2. 基于精英保留策略和多样性原则的遗传算法设计

1）编码

模型中变量较多，且变量的变化范围较大，若采用二进制编码则染色体长度过长，故采用实数编码的方式进行编码，同时实数编码更有利于代码的可读性。

2）初始种群

MATLAB 遗传算法工具箱可以自动生成初始种群，同时可以通过设置种群的初始范围来控制种群的多样性。

3）适应度函数

若只考虑将目标函数作为适应度函数，需要注意模型的优化目标是使得函数值最小化，而算法会更多地选择适应度高的个体，所以需要对目标函数做相应变换，才适合作为适应度函数，处理方法为：

$$Fitness'_t = \sum_{l=1}^{N} F(l)/F(t)$$

为了保证新产生种群具有足够的多样性，本文引入差异度函数 $D(t)$，并将 $D(t) * Fitness'_t$ 作为适应度函数。对于个体 x_i 和 x_j，两者之间的差异度为：

$$D(i,\ j) = \frac{l}{K}\sum_{k=1}^{K}(x_{il} - x_{jl}),\ i, j = 1,\ 2,\ \cdots,\ N$$

$$x_{ik} - x_{jk} = \begin{cases} 0,\ x_{ik} = x_{jk} \\ 1,\ x_{ik} \neq x_{jk} \end{cases}$$

其中，x_{ik} 和 x_{jk} 分别表示个体 x_i 和 x_j 第 k 位的值。$D(t)$ 表示种群中除去个体 t 以外的其他所有个体与个体 t 的差异度之和的均值，即

$$D(t) = \frac{l}{N-1}\sum_{i \neq t}^{N} D(t,\ i),\ i = 1,\ 2,\ \cdots,\ N, \text{且}\ i \neq t$$

则适应度函数为

$$Fitness_t = D(t) * \sum_{l=1}^{N} F(l)/F(t)$$

4）选择

采用轮盘赌的方式选择，首先计算每个个体被遗传到下一代的概率 $P(t)$：

$$P(t) = \frac{Fitness_t}{\sum_{i=1}^{N} Fitness_i}$$

然后计算每个个体的累计概率：

$$q_t = \sum_{j=1}^{t} P(j)$$

在[0，1]之间产生 N 个随机数，若落在区间 $q(k-1)$ 到 $q(k)$ 之间的随机数个数为 a，则选择 a 个个体 k 遗传到下一代。

5）交叉

采用均匀交叉的方式进行交叉，操作过程为：

假设选取的两个父辈为：$\boldsymbol{p}1=[a\ b\ c\ d\ e\ f]$ 和 $\boldsymbol{p}2=[1\ 2\ 3\ 4\ 5\ 6]$，然后随机产生一组二进制向量 [1 1 0 0 1 0]，那么交叉产生的子辈个体为 $\boldsymbol{child}1=[a\ b\ 3\ 4\ e\ 6]$ 和 $\boldsymbol{child}2=[1\ 2\ c\ d\ 5\ f]$。

6）变异

采用算法工具箱的默认设置，即 Constraint dependent。

7）精英保留策略

选取当前种群中最好的 nob 个解，使其直接遗传到下一代，确保算法能较快收敛。

（二）算法有效性验证

为了验证改进算法（GGA）的有效性，用改进算法和标准遗传算法（GA）分别求解测试函数的最优解，对比分析所求结果的可靠性和算法求解速度。测试函数为 Tablet 函数、Griewank 函数和 Rastrigin 函数，其数学表达式如表 2-4 所示。

表 2-4　测试函数的表达式、搜索空间及维数

函　数	表　达　式	搜索空间	维　数
Tablet	$f_1 = 10^6 x_1^2 + \sum_{i=2}^{n} x_i^2$	$(-100,\ 100)^n$	100
Griewank	$f_2 = \sum_{i=1}^{n} \frac{x_i^2}{4\,000} - \prod_{i=1}^{n} \cos\left(\frac{x_i}{\sqrt{i}}\right) + 1$	$(-100,\ 100)^n$	100

1. 算法参数分析

本文对遗传算法的改进主要是在适应度函数中引入了多样性指标来提高种群多样性，同时采取精英保留策略提高算法计算速度，所以 GGA 与 GA 的参数种类相同，主要有种群规模、最大迭代次数、交叉概率和变异概率四个参数，另外 GGA 还有参数精英个体数 nob。为了便于 GGA 与 GA 的比较，将两种算法的最大迭代次数、交叉概率和变异概率均设置为遗传算法工具箱的默认值，即最大迭代次数为 100 * numberofvariables，交叉概率为 0.8，变异概率为 0.01，算法终止条件也设置为工具箱的默认设置。下面通过多次使用 GGA 求解 Tablet 函数来确定种群规模和精英个体数的取值。

1）种群规模的取值

分别设置种群规模为 100，150，200，250，300，统计不同设置情况下算法求出的最优解以及运算时间，具体数据如表 2-5 所示。

表 2-5　不同种群规模下 5 组测试结果统计表

种群规模	最优解			运算时间/秒		
	最　大	最　小	平　均	最　大	最　小	平　均
100	0.158 160	0.002 352	0.006 268	205.072 6	95.118 8	131.401 2
150	0.002 235	0.000 383	0.001 447	194.364 3	95.498 3	125.680 9
200	0.003 605	0.000 532	0.001 447	114.731 4	93.077 1	102.682 3
250	0.003 718	0.000 275	0.001 297	190.872 0	95.910 9	134.853 3
300	0.014 611	0.000 245	0.003 298	240.439 2	104.475 1	164.116 6
Min	0.002 235	0.000 245	0.001 297	114.731 4	93.077 1	102.682 3
Max	0.158 160	0.002 352	0.006 268	240.439 2	104.475 1	164.116 6

可以看出，当种群规模设置为 250 时 5 次所求得的最优解的平均值最小，而且此时 5 次解中的最小值是全局最小值，所以种群规模设置为 250 时算法可靠

性更高。从运算时间上看，虽然种群规模设置为 250 时的运算时间不是最少的，此时的平均运算时间与最小平均时间差 32 秒左右，在可接受范围内，所以为了保证算法所求结果的可靠性，将种群规模设置为 250。

2）精英个体数的取值

分别设置精英个体数为 1，2，3，4，5，统计不同设置情况下算法求出的最优解以及运算时间，具体数据如表 2－6 所示。

表 2－6　不同种群规模下 5 组测试结果统计表

精英个体数	最优解			运算时间/秒		
	最大	最小	平均	最大	最小	平均
1	0.004 390	0.001 816	0.002 734	220.054 6	99.939 2	144.379 3
2	0.002 237	0.000 569	0.001 377	213.771 7	103.400 7	167.533 7
3	0.010 306	0.000 693	0.003 700	204.192 0	105.728 0	157.214 7
4	0.002 748	0.000 642	0.001 413	153.488 7	100.969 4	125.046 8
5	0.003 801	0.001 094	0.001 847	183.478 9	97.410 3	151.441 3
Min	0.002 237	0.000 569	0.001 377	153.488 7	97.410 3	125.046 8
Max	0.010 306	0.001 816	0.003 700	220.054 6	105.728 0	167.533 7

当精英个体数设置为 4 个时，算法求得最优解的最小值和平均值均很小，最大值也远小于全局最大值，所以求解结果可靠。而且此时算法运行的平均时间相比于其他设置情况最小，运算效率最高，所以将精英个体数设置为 4 个。

2. 计算结果分析

用 GGA 和 GA 分别求解 Tablet 函数、Griewank 函数和 Rastrigin 函数，每种算法对每个函数进行 20 次求解，计算结果统计如表 2－7 所示。

表 2－7　GGA 和 GA 分别求解测试函数 20 次的结果统计表

函数	GGA			GA			平均值优化率
	最大	最小	平均	最大	最小	平均	
Tablet	0.004 979	0.000 302	0.001 642	0.004 99	0.000 454	0.001 677	2.09%
Griewank	0.013 083	0.000 219	0.002 560	0.013 08	0.000 273	0.002 572	0.47%
Rastrigin	7.964 456	0.995 172	2.795 837	7.966 359	0.996 083	2.798 666	0.10%

表中平均值优化率的计算方法为

$$(value_{GA} - value_{GGA}) / value_{GA} \tag{3-1}$$

可以看出，GAA 求得的三个函数的最小值整体上优于 GA 所求结果，虽然求解结果的优化程度不高，但也具有一定程度的改进，求解结果更加可靠。

3. 计算速度分析

在测试 GGA 和 GA 计算结果的同时统计每次运算的时间，如表 2－8 所示。

表 2－8　GGA 和 GA 分别求解测试函数 20 次的运算时间统计表　　单位：秒

函　数	GGA			GA			平均值优化率
	最　大	最　小	平　均	最　大	最　小	平　均	
Tablet	136.936 50	54.304 65	88.872 33	137.031 20	56.110 89	90.824 87	2.15%
Griewank	19.902 32	7.371 33	14.621 53	20.973 56	8.403 48	15.134 50	3.39%
Rastrigin	88.650 69	57.495 13	74.728 49	90.581 97	57.680 53	75.633 34	1.20%

表中平均值优化率的计算方法为

$$(T_{GA} - T_{GGA}) / T_{GA} \tag{3-2}$$

可以看出，求解三个函数时 GGA 的平均运行时间均小于 GA 的平均运行时间，GGA 有效提高了标准遗传算法的求解速度。

（三）算例分析

1. 最小单位工程费的确定

假设某项目施工工程费用共 1 000 万元，可以将其分为 2 000 份相互独立的最小单位合同分包，每份合同的工程费用价格为 5 000 元。设计费取施工工程费的 8%，即 80 万元。材料设备总价格为 500 万元，假设材料设备合同可以分为 500 份相互独立的最小单位合同，每份合同的工程费用为 10 000 元。监理咨询合同工程费用根据发改委价格〔2007〕670 号文件采取直线内插法取近似值，取值为 38 万元。总结如表 2－9 所示。

表 2－9　最小单位工程费及不同种类合同的数量

	设　计	施　工	材料设备	监理咨询
最小单位工程费	800 000	5 000	10 000	380 000
合同数量	1	2 000	500	1

将假设算例视为标准工程各项费用的取值情况，对于不同规模的工程，取规模系数 θ 乘以相应合同数量或者金额得具体数值。对应于规模系数为 θ 的工程项目，合同数量和总金额如表 2-10 所示。

表 2-10　规模系数为 θ 时最小单位工程费及不同种类合同的数量

	设　计	施　工	材料设备	监理咨询
最小单位工程费	800 000 θ	5 000	10 000	380 000 θ
合同数量	1	2 000 θ	500 θ	1
合　计	800 000 θ	10 000 000 θ	5 000 000 θ	380 000 θ

2. 参与方个数和预期收益等参数的确定

不同种类的参与方个数即为不同种类合同的数量，对应于上述标准工程，设计方的个数为 1，施工分包方（包括业主直接施工分包方和施工总包分包方）的个数为 1 000，材料设备分包方（包括业主直接材料设备分包方和材料设备总包分包方）的个数为 500，监理咨询参与方的个数为 1。在本文模型中，各总包方的作用相当于施工总包管理模式中的施工总包管理的作用，所以可以假设市场上各种类型的总包方数量无约束，即可根据业主需要确定任意数量的各种类型的总包方数量。参与方个数和预期利润率的取值如表 2-11 所示。

表 2-11　参与方个数和不考虑合作预期的利润率取值

	设　计	施　工		材料设备		监理咨询
		总　包	分　包	总　包	分　包	
参与方个数	1	不限	1 000	不限	500	1
利润率 φ_i	0.18	0.2	0.18	0.19	0.18	0.2

长期合作预期下，承包方会降低利润来获取未来合作机会，假设各参与方的预期收益 η_i、降价倾向 ω_i 和降价系数 δ_i 的取值如表 2-12 所示。

表 2-12　参与方预期收益、降价倾向的取值和所求降价系数的值

	设　计	施　工		材料设备		监理咨询
		总　包	分　包	总　包	分　包	
预期收益 η_i	400 000	2 500	2 500	5 000	5 000	200 000
降价倾向 ω_i	0.078 3	0.129 1	0.130 4	0.119 8	0.119 8	0.083 6
降价系数 δ_i	0.99	0.99	0.98	0.98	0.98	0.98

业主方管理人员个数为 2 个，每位管理人员的管理幅度为 5，人均工资为 20 万元；总包方管理费系数取值为 2%，总包管理幅度 β 取 2 000；管理材料设备的技术难度系数 λ 取 1.5。

3. 组织结构设计

假设此项目业主将施工工作发包给两个施工总承包方，将材料设备工作发包给相应的总承包方，各具体工作由总包单位继续分包给分包单位，其中总包方自己完成的部分工作视为分包给由总包方自有工程力量组成的“虚拟分包方”，设计任务和监理咨询任务分别发包给一家单位，组织结构如图 2-5 所示。

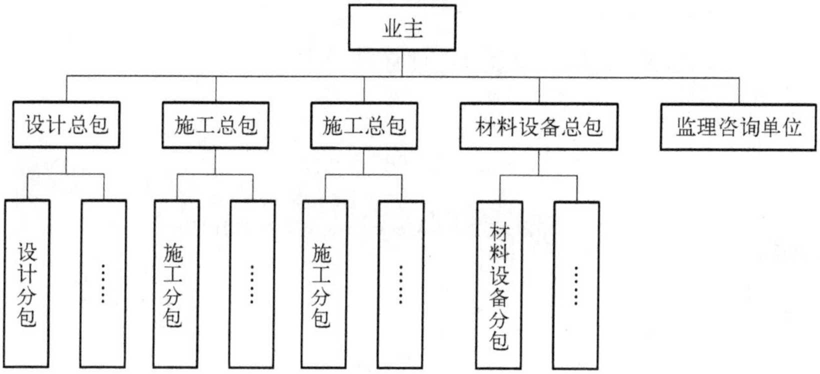

图 2-5　组织结构形式

4. 优化分析

将将上述各参数的取值代入式(2-24)，整理得下式：

$$\min \pi = 7\,006.4\sum_{i=1}^{a} a_i + 5\,782b + 13\,755.66\sum_{i=1}^{d} d_i + 11\,564f + 1\,781\,440 \tag{3-3}$$

其中变量为 a，b，d，f，a_i，d_i，由算例的组织结构形式可以得出，参数 $a=2$，$b=0$，$d=1$，$f=0$，$a_1=1\,000$，$a_2=1\,000$，$d_1=500$，代入式(3-3)可得：

$$\pi = 22\,672\,060.41$$

即若按照算例的组织结构形式进行发包，则业主的成本为 22 672 060.41 元。现用算法进行优化计算，计算之前需要对上式进行变换。由于总包数量与其对应的分包数量之间存在约束：总包 i 没被选中的情况下其分包数量为 0，总包 i 被选中的情况下其分包数量大于 0，考虑到实际情况同时为了便于计算，假设施工总包和材料设备总包数量均在10个以内，分别用 a_i 和 d_i($i=1, 2, \cdots, 10$) 表示，取值为0的时候表示该总包未被选中，取值不为0的时候表示该总包被选中，且其值即为该总包的分包个数，最后统计 $\sum a_i$ 和 $\sum d_i$，按下式确定最优施工总包和材料设备总包的数量：

$$a=\left[\frac{\sum a_i}{\beta}\right]+1 \tag{3-4}$$

$$d=\left[\frac{\lambda\sum d_i}{\beta}\right]+1 \tag{3-5}$$

其中"[ ]"为取整函数，如[1.2]=1。计算结果为

$$a=1,\ b=0,\ d=1,\ f=4$$
$$\min \pi=22\ 663\ 293.79$$

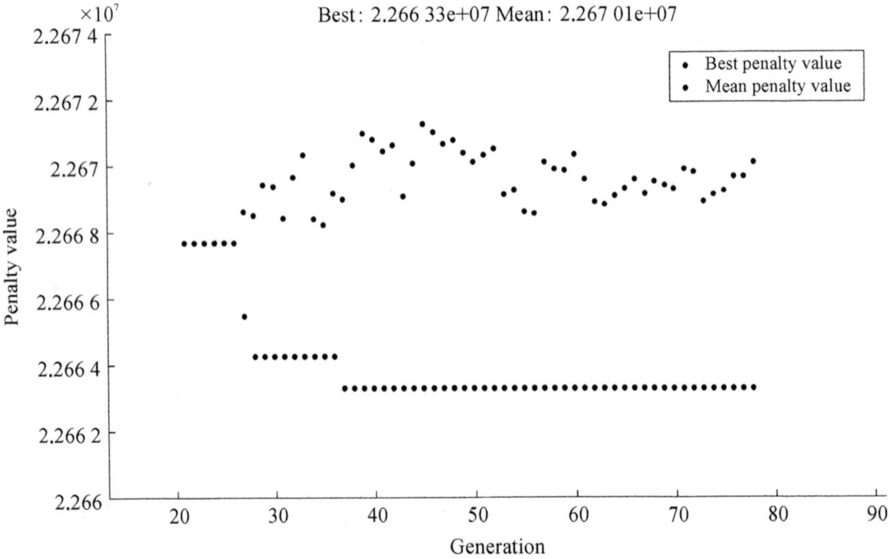

图2-6 遗传算法计算结果

则优化后的组织形式应为所有施工任务发包给两个施工总承包单位，由总包单位将其余工作发包给其分包商；材料设备中的5份合同由业主直接发包，其余工作全部发包给一个总承包单位，由总承包单位将各工作分包给相应的分包商。按此模式发包，业主的成本为22 663 293.79元，相较于算例的成本22 672 060.41元减少了8 766.72元，约降低了0.038 7%的成本。之所以有降低成本的可能性，是

因为算例的组织安排没有充分发挥业主方的管理能力，原本由总承包单位分包的施工分包方改成由业主直接发包后，就省去了施工总承包方收取的这部分工程的管理费用。

（四）模型参数敏感性分析

1. 工程规模系数对优化结果的影响

假设除了工程规模系数 θ 以外的所有参数均保持不变，θ 依次取 0.8，1，1.2，1.6，2，3，4，分别计算不同取值情况下的最优业主成本和各种类总分包数量，计算结果如表 2-13 所示。

表 2-13　工程规模系数对最优业主成本和组织参数的影响

工程规模系数 θ	施工总包数 a	业主直接施工分包数 b	材料设备总包数 d	业主直接材料设备分包数 f	最优业主成本 π
0.8	1	0	1	4	18 485 169.70
1	1	0	1	4	22 663 293.79
1.2	2	2	1	2	26 843 352.39
1.6	2	2	1	2	35 199 600.55
2	2	2	1	2	43 555 848.71
3	3	0	2	2	64 448 917.91
4	4	2	2	0	85 341 472.84

可以看出，工程规模系数能够影响最优施工总包、施工分包、材料设备总包以及材料设备分包的数量，规模系数越大，需要的总承包单位的数量就越多（图 2-7）。

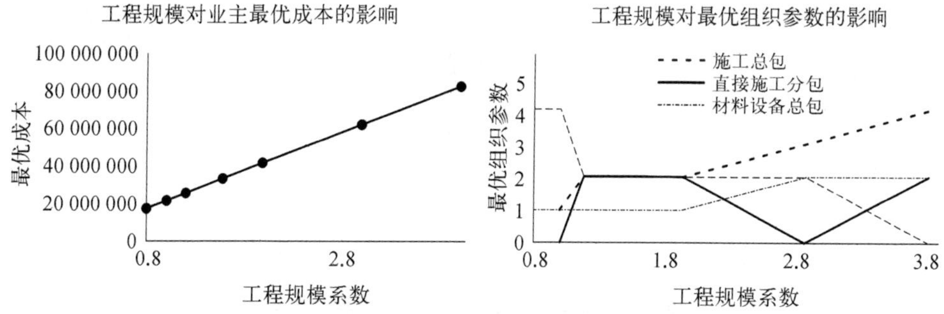

图 2-7　工程规模系数对最优业主成本和组织参数的影响

2. 长期合作预期对优化结果的影响

与长期合作预期相关的参数有降价系数、预期收益和降价倾向，不同参与方的各种参数具有不同的取值，现以施工分包单位为对象讨论这些参数的变化对最优业主成本和组织参数的影响。

1) 降价系数的影响

假设除了施工分包单位的降价系数 δ_3 以外的所有参数均保持不变，δ_3 依次取 0.99，0.98，0.97，0.96，0.95，分别计算不同取值情况下的最优业主成本和各种类总分包数量，计算结果如表 2-14 所示。

表 2-14 施工分包的降价系数对最优业主成本和组织参数的影响

施工分包长期合作预期降价系数 δ_3	施工总包数 a	业主直接施工分包数 b	材料设备总包数 d	业主直接材料设备分包数 f	最优业主成本 π	成本变化率 Δ
0.99	1	0	1	4	22 806 281.47	
0.98	1	0	1	4	22 663 293.79	−0.627%
0.97	1	0	1	4	22 520 306.11	−0.631%
0.96	1	0	1	4	22 377 318.43	−0.635%
0.95	1	0	1	4	22 234 330.75	−0.639%

可以看出施工分包单位的降价系数 δ_3 对最优情况下的组织参数不产生影响，只影响到业主最小成本，随着施工分包单位的长期合作预期降价系数 δ_3 的不断增加，业主最小成本不断降低(图 2-8)。

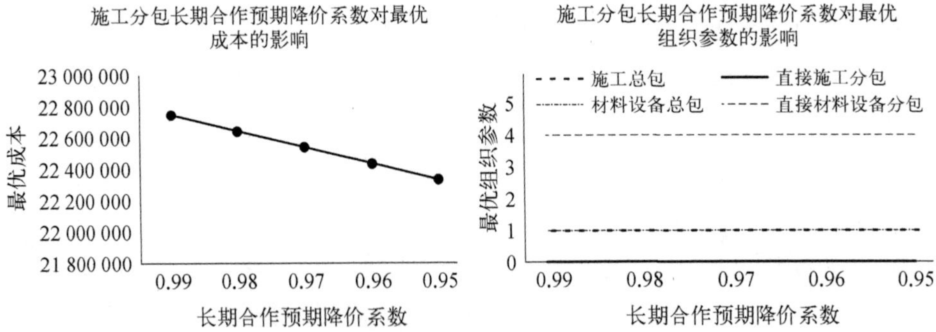

图 2-8 施工分包长期合作预期降价系数对最优业主成本和组织参数的影响

2）预期收益的影响

假设除了施工分包单位在长期合作下的预期收益 η_3 以外的所有参数均保持不变，η_3 依次取 2 300，2 400，2 500，2 600，2 700，分别计算不同取值情况下的最优业主成本和各种类总分包数量，计算结果如表 2－15 所示。

表 2－15　施工分包长期合作下预期收益对最优业主成本和组织参数的影响

施工分包长期合作下的预期收益 η_3	施工总包数 a	业主直接施工分包数 b	材料设备总包数 d	业主直接材料设备分包数 f	最优业主成本 π	成本变化率 Δ
2 300	1	0	1	4	22 820 580.23	
2 400	1	0	1	4	22 734 787.63	−0.376%
2 500	1	0	1	4	22 663 293.79	−0.314%
2 600	1	0	1	4	22 591 799.95	−0.315%
2 700	1	0	1	4	22 534 604.87	−0.253%

可见施工分包单位的预期收益 η_3 对最优情况下的组织参数不产生影响，只影响到业主最小成本，随着施工分包单位的预期收益 η_3 的不断增加，业主最小成本不断降低（图 2－9）。

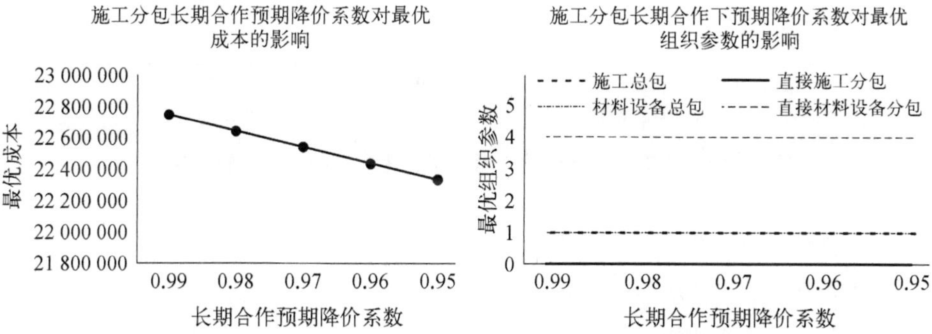

图 2－9　施工分包长期合作下预期收益对最优业主成本和组织参数的影响

3）降价倾向的影响

假设除了施工分包单位的降价倾向 ω_3 以外的所有参数均保持不变，ω_3 依次取 0.128，0.129，0.13，0.131，0.132，分别计算不同取值情况下的最优业主成本和各种类总分包数量，计算结果如表 2－16 所示。

表 2-16 施工分包的降价倾向对最优业主成本和组织参数的影响

施工分包的降价系数 ω_3	施工总包数 a	业主直接施工分包数 b	材料设备总包数 d	业主直接材料设备分包数 f	最优业主成本 π	成本变化率 Δ
0.128	1	0	1	4	22 934 970.38	
0.129	1	0	1	4	22 820 580.23	−0.499%
0.130	1	0	1	4	22 706 190.09	−0.501%
0.131	1	0	1	4	22 606 098.71	−0.441%
0.132	1	0	1	4	22 491 708.57	−0.506%

即施工分包单位的降价倾向 ω_3 对最优情况下的组织参数不产生影响，只影响到业主最小成本，随着施工分包单位降价倾向 ω_3 的不断增加，业主最小成本不断降低(图 2-10)。

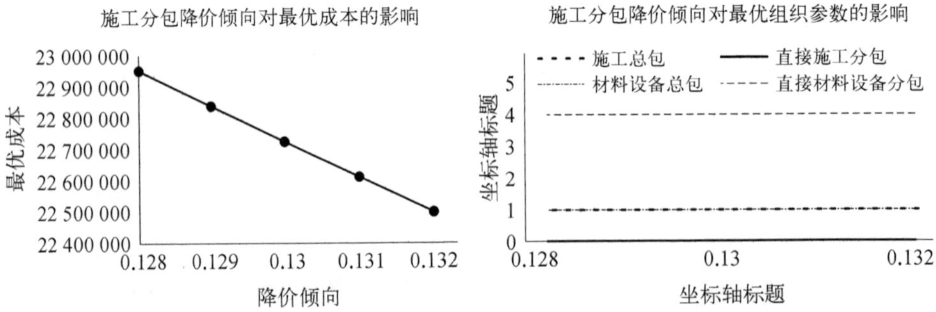

图 2-10 施工分包降价倾向对最优业主成本和组织参数的影响

3. 管理能力对优化结果的影响

模型中业主和总承包单位均有管理能力约束，其中业主的管理能力在模型中反映为业主的管理幅度，即 εx，其中参数 ε 反映管理人员的人均管理幅度，改变 ε 的值不会改变业主的管理成本；而 x 为业主方管理人员的个数，改变其具体取值会改变业主的管理成本，即支付给管理人员的工资。

1) 业主管理人员人均管理幅度的影响

假设 x 的取值不变，仍为 2，ε 依次取 3，4，5，6，7，分别计算不同取值情况下的组织结构参数和业主方成本，结果如表 2-17 所示。

表 2－17　业主管理人员的人均管理幅度对最优业主成本和组织参数的影响

人均管理幅度 ε	施工总包数 a	业主直接施工分包数 b	材料设备总包数 d	业主直接材料设备分包数 f	最优业主成本 π	成本变化率 Δ
3	1	2	1	0	22 669 611.62	
4	1	4	1	0	22 667 162.82	−0.011%
5	1	0	1	4	22 663 293.79	−0.017%
6	1	2	1	4	22 660 844.99	−0.011%
7	1	1	1	6	22 657 686.08	−0.014%

可以看出，业主方管理人员的人均管理幅度（ε）对施工总包和材料设备总包的数量均不产生影响，只影响为了使业主管理能力充分发挥而需要直接发包的施工分包单位的数量(图 2－11)。另外，随着人均管理幅度的增大，业主的最低成本不断降低，降低的幅度小而均匀。

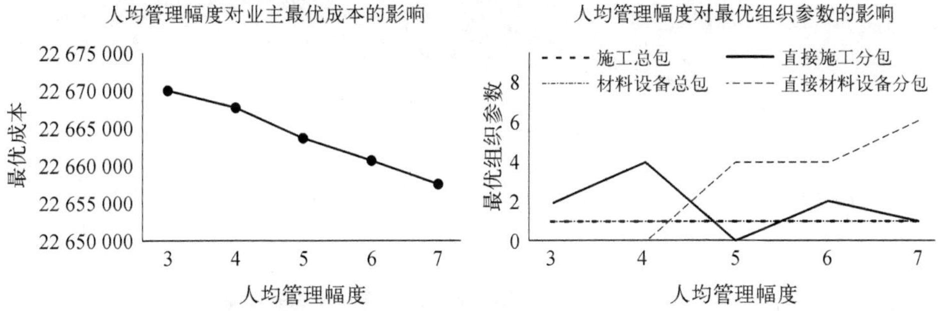

图 2－11　业主管理人员的人均管理幅度对最优业主成本和组织参数的影响

2）管理人员个数的影响

假设管理人员人均管理幅度保持不变，取值为 5，管理人员个数 x 依次取 1，2，3，4，5，6，分别计算不同取值情况下的组织结构参数和业主方成本，结果如表 2－18 所示。

表 2－18　业主管理人员个数对最优业主成本和组织参数的影响

业主管理人员个数 x	施工总包数 a	业主直接施工分包数 b	材料设备总包数 d	业主直接材料设备分包数 f	最优业主成本 π	成本变化率 Δ
1	1	1	1	0	22 470 836.01	
2	1	0	1	4	22 663 293.79	0.857%

续 表

业主管理人员个数 x	施工总包数 a	业主直接施工分包数 b	材料设备总包数 d	业主直接材料设备分包数 f	最优业主成本 π	成本变化率 Δ
3	1	2	1	6	22 856 461.68	0.852%
4	1	1	1	10	23 048 919.46	0.842%
5	1	0	1	14	23 241 377.23	0.835%
6	1	1	1	20	23 427 002.90	0.799%

可以看出，与管理幅度参数(ε)类似，管理人员个数(x)对对施工总包和材料设备总包的数量均不产生影响，只影响为了使业主管理能力充分发挥而需要直接发包的施工分包单位的数量(图 2-12)。另外，随着管理人员个数的增加，业主的最低成本不断上升，且成本上升的幅度逐渐减小。

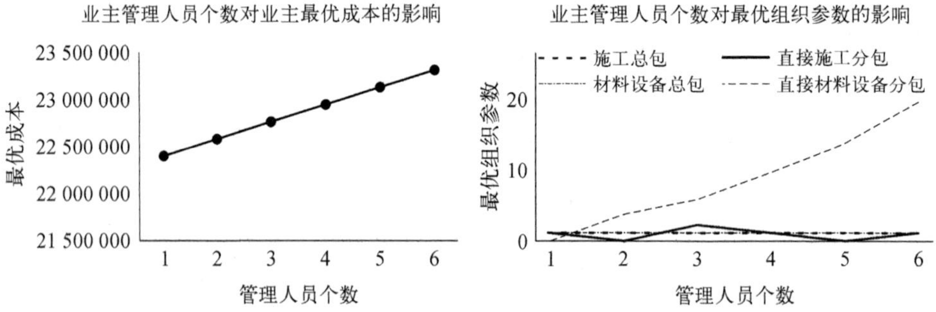

图 2-12 业主管理人员个数对最优业主成本和组织参数的影响

3) 总包单位管理能力的影响

假设除了总承包单位管理能力 β 以外的所有参数均保持不变，β 依次取 500, 1 000, 1 500, 2 000, 2 500，分别计算不同取值情况下的组织结构参数和业主方成本，结果如表 2-19 所示。

表 2-19 总包管理能力对最优业主成本和组织参数的影响

总包单位能力 β	施工总包数 a	业主直接施工分包数 b	材料设备总包数 d	业主直接材料设备分包数 f	最优业主成本 π
500	4	2	2	0	22 669 611.62
1 000	2	2	1	2	22 665 228.30

续　表

总包单位能力 β	施工总包数 a	业主直接施工分包数 b	材料设备总包数 d	业主直接材料设备分包数 f	最优业主成本 π
1 500	2	2	1	2	22 665 228.30
2 000	1	0	1	4	22 663 293.79
2 500	1	0	1	4	22 663 293.79

可以看出，总包单位的管理能力会影响到最优总包数量和分包数量，而且随着总包单位管理能力的增加，业主最小成本也呈降低的趋势(图 2 - 13)。

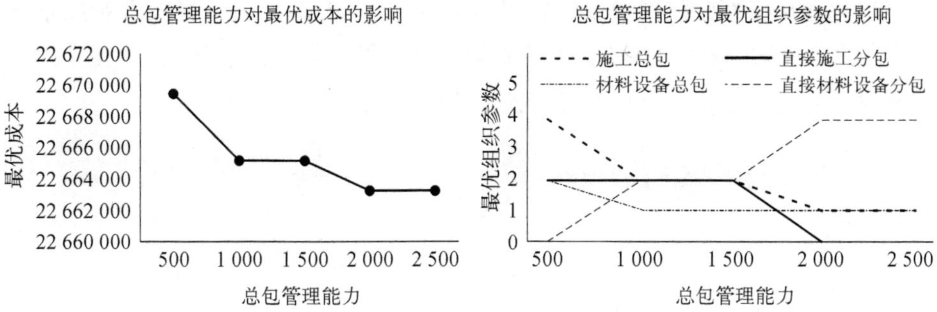

图 2 - 13　总包管理能力对最优业主成本和组织参数的影响

4. 技术难度系数对优化结果的影响

假设除了技术难度系数 λ 以外的所有参数均保持不变，λ 依次取 1.3，1.5，1.7，1.9，2.1，3，4，6，分别计算不同取值情况下的组织结构参数和业主方成本，结果如表 2 - 20 所示。

表 2 - 20　技术难度系数对最优业主成本和组织参数的影响

技术难度系数 λ	施工总包数 a	业主直接施工分包数 b	材料设备总包数 d	业主直接材料设备分包数 f	最优业主成本 π
1.3	1	2	1	3	22 663 036.65
1.5	1	0	1	4	22 663 293.79
1.7	1	6	1	0	22 664 714.03
1.9	1	6	1	0	22 664 714.03

续 表

技术难度系数 λ	施工总包数 a	业主直接施工分包数 b	材料设备总包数 d	业主直接材料设备分包数 f	最优业主成本 π
2.1	1	6	1	0	22 664 714.03
3	1	6	1	0	22 664 714.03
4	1	6	1	0	22 664 714.03
6	1	5	2	0	22 665 938.43

可以看出，技术难度系数 λ 的变化会影响到业主选择将部分施工任务改为直接发包还是将部分材料设备任务改为直接发包(图 2 - 14)。当技术难度系数 λ 的变化超过某一阈值时，还会影响到最优材料设备总包的数量，这主要是因为材料设备总包能管理的分包数量与技术难度系数有关。

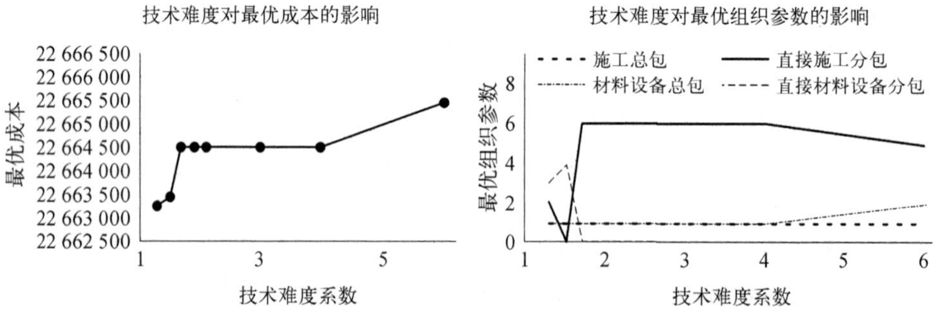

图 2 - 14　技术难度系数对最优业主成本和组织参数的影响

值得注意的是按照式(2 - 31)求得的 λ 的临界值为 1.79，即当 $\lambda<1.79$ 时，应该首先考虑将部分材料设备分包改为由业主直接发包，但是敏感性分析的计算结果显示从 $\lambda>1.7$ 时，最优情况下就开始将部分施工分包改为由业主直接发包了，出现这种情况主要是因为材料设备难度系数使得投入的管理能力不是整数，即还存在尚未充分利用的业主管理能力，所以选择将部分施工任务改为直接发包可能会节省更多成本。

5. 其他参数对优化结果的影响

1) 总包管理费系数对优化结果的影响

假设除了总包管理费系数 k 以外的所有参数均保持不变，k 依次取 0.02，

0.03，0.04，0.05，分别计算不同取值情况下的组织结构参数和业主成本，结果如表 2－21 所示。

表 2－21　总包管理费系数对最优业主成本和组织参数的影响

总包管理费系数 k	施工总包数 a	业主直接施工分包数 b	材料设备总包数 d	业主直接材料设备分包数 f	最优业主成本 π	成本变化率 Δ
0.02	1	0	1	4	22 663 293.79	
0.03	1	0	1	4	22 867 564.35	0.901%
0.04	1	0	1	4	23 071 834.92	0.893%
0.05	1	0	1	4	23 276 105.49	0.885%

可以看出，管理费系数 k 对最优总包数量和分包数量不产生影响，只影响业主最小成本，随着管理费系数 k 的增加，业主最小成本逐渐增加，增加的幅度逐渐减小（图 2－15）。

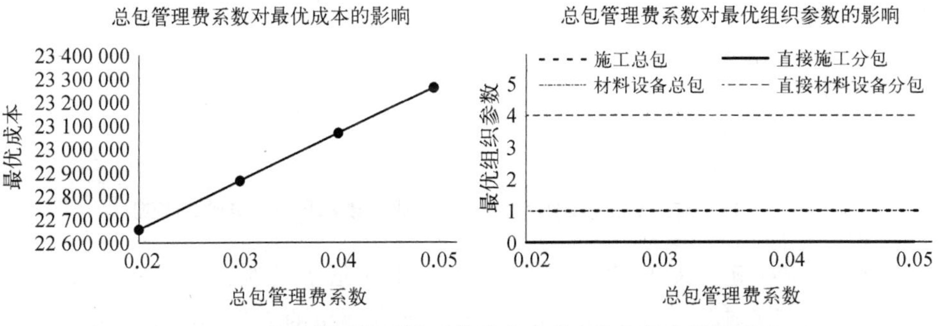

图 2－15　总包管理费系数对最优业主成本和组织参数的影响

业主与各总承包方建立长期合作关系后，可以让各承包商降低管理费系数进而压低合同价来获得以后的合作机会，减低成本。

2）总包预期利润率对优化结果的影响

模型中每一类参与方均有其对应的预期利润率，限于篇幅只讨论施工总包方的预期利润率的变化对优化结果的影响。假设除了施工总包的预期利润率 φ_2 以外的所有参数均保持不变，φ_2 依次取 0.15，0.2，0.25，0.3，0.35，分别计算不同取值情况下的组织结构参数和业主成本，结果如表 2－22 所示。

表 2-22　施工总包预期利润率对最优业主成本和组织参数的影响

施工总包预期利润率 φ_2	施工总包数 a	业主直接施工分包数 b	材料设备总包数 d	业主直接材料设备分包数 f	最优业主成本 π	成本变化率 Δ
0.15	1	0	1	4	22 079 427.43	
0.2	1	0	1	4	22 663 293.79	2.644%
0.25	1	0	1	4	23 247 160.15	2.576%
0.3	1	6	1	0	23 828 943.55	2.503%
0.35	1	6	1	0	24 411 058.31	2.443%

可以看出，施工总包的预期利润率 φ_2 的变化不会影响最优总分包数量，但是会影响到业主选择将部分施工任务改为直接发包还是将部分材料设备任务改为直接发包(图 2-16)。

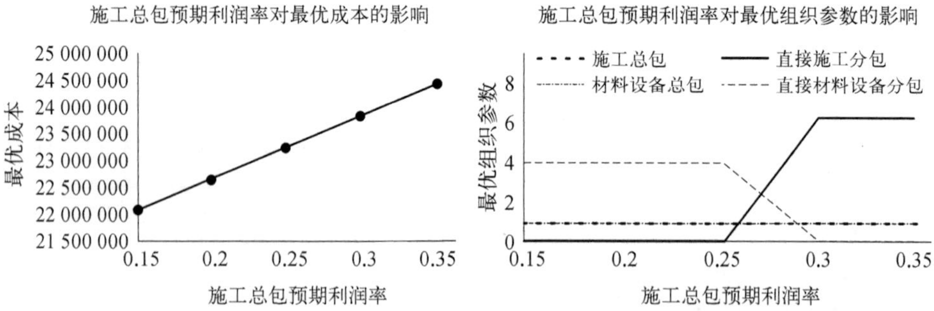

图 2-16　施工总包预期利润率对最优业主成本和组织参数的影响

另外，随着施工总包预期利润率的增加，业主最小成本逐渐增加，且增加的幅度逐渐降低。实际上，每一个参与方的预期利润率的变化都会影响到业主的最小成本，业主与各参与方建立长期合作关系后，可以让各参与方降低利润率，减少合同价来获得以后的合作机会，进而减少成本，实现双赢。

四、结论与展望

(一) 结论

(1) 总分包模式下，业主选择不同数量的总分单位个数，其总成本也会有所不同；在发包时业主可以通过合理选择总分包单位的个数达到节约成本的目的。

(2) 对最优总分包单位的个数产生影响的参数有：工程规模系数、总包单位的管理能力、材料设备的管理难度系数以及标准情况下的施工合同与材料设备合同数量。工程规模系数越大、总包单位的管理能力越小、材料设备的管理难度系数越高、标准情况下的施工合同与材料设备合同数量越多，则需要的总包单位数量越多。

(3) 业主方的管理能力、总包方的管理费系数和各参与方的利润率、降价系数虽然不会影响到最优总分包数量的选择，但是会影响业主的最小成本。业主方管理人员越少、人均管理幅度越大、总包方的管理费系数越低、参与方的预期利润率越低、降价系数越小，则业主的最小成本越小，所以业主可以通过培训提高管理人员的管理能力（幅度）、与各参与方建立长期合作关系以降低其利润率、压缩总包单位的管理费、降低合同价等方法来降低成本。

（二）展望

本文研究了长期合作预期条件下总分包模式的业主总成本，建立了总分包组织优化模型，并且研究了不同参数对优化结果的影响，取得了较好的成果，但是仍然存在以下几点不足。

(1) 本文将同种类型的参与方视为同质的以简化模型，但实际中即使是同种类型的参与方，他们的预期利润、合作努力收益系数与成本系数等均不相同，所以未来的研究应考虑这些不同，将该模型进一步复杂化，使其更加符合实际情况。

(2) 本文仅考虑了在长期合作预期这一个社会因素影响下的总分包组织成本优化问题，但实际中还有诸如信誉、信任、利他偏好等多种社会因素，这些都是未来需要研究的内容。

(3) 求解 Rastrigin 函数的最小值时，改进的算法和标准遗传算法每次求得的结果差异很大，说明改进的算法还会在一定程度上会算出非全局最优解，还存在改进的地方。

参考文献

[1] ABDELAZIZ M. Distribution network reconfiguration using a genetic algorithm with varying population size[J]. Electric Power Systems Research, 2017, 142: 9 - 11.
[2] JAFARI S A, MASHOHOR S, VARNAMKHASTI M J. Committee neural networks

with fuzzy genetic algorithm[J]. Journal of Petroleum Science and Engineering, 2011, 76(3): 217-223.

[3] JUNGHANS L, DARDE N. Hybrid single objective genetic algorithm coupled with the simulated annealing optimization method for building optimization [J]. Energy and Buildings, 2015, 86: 651-662.

[4] LEE H, SEO J, PARK M, et al. Transaction-cost-based selection of appropriate general contractor-subcontractor relationship type [J]. Journal of Construction Engineering and Management, 2009, 135(11): 1232-1240.

[5] TONG W M, TAO B Q, JIN X J, et al. Design Optimization of Multipole Galatea Trap Coils by Multiple Population Genetic Algorithm [J]. IEEE Transactions on Plasma Science, 2016, 44(6): 1018-1023.

[6] 曹凯,陈国虎,江桦,等.自适应引导进化遗传算法[J].电子与信息学报,2014,36(8):1884-1890.

[7] 陈勇强,傅永程,华冬冬.基于多任务委托代理的业主与承包商激励模型[J].管理科学学报,2016,19(4):45-53.

[8] 戴朝华,朱云芳,陈维荣,等.云遗传算法及其应用[J].电子学报,2007,35(7):1419-1424.

[9] 管百海.工程总承包商与分包商的利益分配研究[J].铁道工程学报,2010(3):123-127.

[10] 韩姣杰,魏杰.复杂团队合作中利他偏好的生存和演化[J].管理科学学报,2015,18(11):35-46.

[11] 韩姣杰,周国华,李延来.基于利他偏好的项目团队多主体合作行为[J].系统工程理论与实践,2013,33(11):2776-2786.

[12] 何寿奎,傅鸿源.基于遗传算法的BT项目分包商选择模型[J].数学的实践与认识,2010,39(11):8-13.

[13] 胡文发,朱言,何新华.工程项目承包商多层次利益分配与激励机制[J].同济大学学报(自然科学版),2014,42(9):1437-1443.

[14] 黄俊,翟浩淼.联盟共同信任、信任差异与研发联盟绩效风险[J].科技进步与对策,2013,30(5):16-21.

[15] 金敏,鲁华祥.一种遗传算法与粒子群优化的多子群分层混合算法[J].控制理论与应用,2013,30(10):1231-1238.

[16] 康承业,杨铮,张雪花.AHP决策方法在中国建筑企业对分包商选择中的应用[J].天津工业大学学报,2009,28(6):76-79.

[17] 李兴苏,孙洪波,霍晓春.工程建设项目承发包模式的优选决策[J].重庆交通大学学报(自然科学版),2008,27(5):799-802.

[18] 刘荷花,崔超,陈晶.一种改进的遗传算法求解旅行商问题[J].北京理工大学学报,2013,33(4):390-393.

[19] 刘全,王晓燕,傅启明,等.双精英协同进化遗传算法[J].软件学报,2012,23(4):765-775.

[20] 牟峰,王慈光,袁晓辉,等.基于云模型的参数自适应蚁群遗传算法[J].系统工程与电子

技术，2009，31(7)：1763-1766.
[21] 彭勇刚，罗小平，韦巍.一种新的模糊自适应模拟退火遗传算法[J].控制与决策，2009(06)：843-848，853.
[22] 任子武，伞冶.实数遗传算法的改进及性能研究[J].电子学报，2007，35(2)：269-274.
[23] 王卫华，季建华.两类分包供应模式的激励机制[J].上海交通大学学报，2005，39(10)：1627-1630.
[24] 王垚，尹贻林.工程项目信任、风险分担及项目管理绩效影响关系实证研究[J].软科学，2014，28(5)：101-110.
[25] 吴光东.项目导向型供应链跨组织合作行为激励机制[J].科技进步与对策，2016，33(16)：32-38.
[26] 鲜兵强.提高EPC项目管理水平的途径[J].学术交流，2012(S1)：79-81.
[27] 谢秋，何琼，杨育.面向系统总质量可靠度的建筑分包商选择模型[J].计算机集成制造系统，2012，18(9)：2059-2066.
[28] 杨耀红，张俊华.基于群决策模糊聚类和模糊神经网络的建筑分包商选择研究[J].数学的实践与认识，2009，40(11)：10-18.
[29] 姚锋，邢立宁，李菊芳，等.求解双层CARP优化问题的知识型遗传算法[J].系统工程理论与实践，2014，34(1)：239-247.
[30] 尹红莲，王卓甫，陈治义.工程总分包动态联盟收益分配研究[J].人民长江，2009，40(5)：87-89.
[31] 曾晓宏.基于改进遗传算法的企业组织结构优化设计[J].统计与决策，2016(8)：173-176.
[32] 张敏，刘沃野.熵理论在装备采购组织结构优化中的应用[J].火力指挥与控制，2009，34(5)：153-156.
[33] 张晓楠，范厚明，李剑锋，等.B2C物流配送网络双目标模糊选址模型与算法[J].系统工程理论与实践，2015，35(5)：1202-1213.
[34] 郑秀杰，赵曙林.企业声誉与绩效的关系——西方相关研究综述与启示[J].经济问题探索，2009(9)：66-71.

附录 A　不同种群规模下 GGA 求解 Tablet 函数的结果

组别＼种群规模		100	150	200	250	300
1	结果	0.003 071	0.000 383	0.001 171	0.000 749	0.000 245
	时间/s	126.058 7	194.364 3	101.663 7	96.683 9	224.796 7
2	结果	0.005 026	0.002 026	0.003 605	0.001 310	0.000 568
	时间/s	134.847 3	95.498 3	98.084 4	169.609 0	104.475 1
3	结果	0.015 816	0.002 235	0.000 532	0.000 435	0.014 611
	时间/s	95.908 5	134.737 2	114.731 4	190.872 0	126.981 3
4	结果	0.002 352	0.001 428	0.001 131	0.000 275	0.000 339
	时间/s	205.072 6	104.943 8	93.077 1	95.910 9	240.439 2
5	结果	0.005 076	0.001 163	0.000 574	0.003 718	0.000 725
	时间/s	95.118 8	98.861 0	105.854 7	121.190 9	123.890 8

附录 B　不同精英个体数情况下 GGA 求解 Tablet 函数的结果

组别＼精英个体数		1	2	3	4	5
1	结果	0.002 083	0.001 996	0.001 696	0.000 642	0.001 094
	时间/s	125.109 9	136.845 7	177.429 3	116.955 5	172.517 0
2	结果	0.004 390	0.000 569	0.000 876	0.001 519	0.001 615
	时间/s	99.933 9	213.771 7	180.425 7	153.488 7	177.240 3
3	结果	0.001 816	0.001 214	0.000 693	0.002 748	0.003 801
	时间/s	130.261 0	103.400 7	204.192 0	100.969 4	126.560 1
4	结果	0.003 068	0.000 867	0.004 928	0.001 130	0.001 253
	时间/s	146.537 3	207.266 7	105.728 0	120.167 1	97.410 3
5	结果	0.002 315	0.002 237	0.010 306	0.001 027	0.001 475
	时间/s	220.054 6	176.383 6	118.298 4	133.653 2	183.478 9

附录 C　两种算法 20 次求解三个测试函数的结果

	Tablet		Griewank		Rastrigin	
	GGA	GA	GGA	GA	GGA	GA
1	0.000 341	0.002 866	0.000 391	0.000 940	1.990 832	1.992 564
2	0.004 474	0.001 304	0.000 469	0.007 946	1.990 469	2.990 015
3	0.001 549	0.001 042	0.001 445	0.000 400	2.976 250	3.991 862
4	0.001 178	0.001 476	0.000 219	0.001 447	0.995 172	0.998 624
5	0.001 106	0.001 744	0.007 917	0.000 514	7.964 456	1.986 295
6	0.001 001	0.004 990	0.000 379	0.000 333	3.981 237	3.985 658
7	0.000 476	0.001 542	0.000 404	0.000 456	2.974 948	0.999 451
8	0.001 357	0.001 206	0.000 719	0.000 413	2.986 270	1.991 909
9	0.003 480	0.000 454	0.001 333	0.000 273	3.181 813	2.985 788
10	0.000 980	0.001 028	0.010 563	0.010 470	1.990 755	1.994 874
11	0.000 302	0.001 766	0.000 914	0.010 584	1.991 408	2.979 681
12	0.000 668	0.002 459	0.000 505	0.000 396	0.995 388	7.966 359
13	0.004 979	0.002 096	0.000 504	0.013 080	2.986 574	1.995 222
14	0.000 644	0.001 013	0.000 387	0.000 286	2.986 257	3.982 203
15	0.002 163	0.001 452	0.013 083	0.000 457	1.987 465	2.989 291
16	0.001 116	0.001 520	0.000 298	0.001 326	0.995 402	3.183 054
17	0.001 670	0.001 869	0.000 399	0.000 408	2.986 290	2.988 440
18	0.001 757	0.001 262	0.000 526	0.000 512	1.991 524	0.996 083
19	0.002 420	0.001 056	0.000 322	0.000 518	4.977 272	2.980 574
20	0.001 170	0.001 392	0.010 427	0.000 681	2.986 948	1.995 380

附录 D　两种算法 20 次求解三个测试函数的运行时间(s)

	Tablet		Griewank		Rastrigin	
	GGA	GA	GGA	GA	GGA	GA
1	70.479 11	126.258 50	14.942 58	14.400 18	77.636 17	78.407 56
2	121.796 40	61.971 21	15.105 93	17.747 34	82.541 50	70.008 59
3	64.876 31	110.865 70	10.314 83	14.148 63	57.495 13	79.668 18
4	60.027 52	73.975 26	18.129 57	10.460 30	88.650 69	84.033 80
5	109.266 40	58.541 04	16.628 98	15.054 20	67.080 63	83.900 14
6	63.473 02	59.376 21	12.186 39	12.527 66	76.919 80	90.581 97
7	136.936 50	123.307 80	14.085 02	17.119 40	63.415 00	70.898 02
8	59.733 81	72.318 62	14.927 87	17.602 00	74.919 82	68.327 56
9	124.266 70	137.031 20	7.371 33	19.223 76	72.063 84	71.061 77
10	73.060 16	56.110 89	14.389 08	20.973 56	79.690 95	80.745 72
11	69.525 81	77.756 67	13.869 21	15.429 82	66.559 84	79.071 93
12	124.785 80	59.406 66	16.318 81	16.126 04	85.344 07	73.253 76
13	54.487 94	124.927 90	14.060 63	13.840 61	65.005 51	65.032 59
14	120.319 00	117.595 50	16.019 94	15.390 37	86.800 32	66.531 69
15	65.024 37	128.507 10	13.598 57	14.468 58	69.156 80	77.598 67
16	75.812 08	106.129 00	14.905 31	8.403 48	84.063 44	74.866 51
17	54.304 65	77.629 54	17.240 62	16.018 36	68.250 21	85.634 85
18	111.509 60	71.506 43	14.734 92	13.821 18	80.932 16	67.577 83
19	102.305 90	67.455 83	13.698 71	14.508 76	78.773 98	57.680 53
20	115.455 50	105.826 50	19.902 32	15.425 71	69.269 84	87.785 12

第三篇

基于案例推理的复杂工程工期预测优化方法

卢科宇

一、引　言

（一）研究背景

1. 行业背景

随着全球经济的迅速发展以及我国经济建设的全面推进，为了满足社会发展的不断需求，我国对复杂项目的投入与日俱增。目前我国正处于一个高速发展时期，复杂建设项目比任何一个历史时期都要多（罗岚，2014）。通过文献总结，1995—2010 年，我国大型复杂建设项目数目从 12 个增加到 93 个，平均每年增加 22.8%。复杂建设项目数量的增多，规模日趋变大，为项目管理带来了难度。2004 年，Chan(2005)将项目复杂性的增大以及管理者对复杂性的低估认定为项目失败的主要原因。具体来讲，主要由于复杂性增大，结果不易预测，计划的可行性较低。同时，各参与方的技术、管理能力的不足，进一步加强了建设项目的复杂性。

尽管我国快速增长的复杂工程项目给予项目管理者大量机会去总结管理经验，但目前复杂工程建设管理水平依旧落后，因此复杂工程管理效能普遍低下（Flyvbjerg，2003）。Davis(2009)提出目前大多数复杂工程项目无法满足既定的目标，存在费用超支、工期延后等问题，甚至由于管理水平的低下，项目不得不推迟建造时间或取消。越来越多的管理者开始意识到，传统的项目管理方法和技术已经因其自身不能有效处理复杂性而凸显不足。

通过对以上现象的分析，可以发现复杂工程复杂性日渐凸显，结果更加不易预测，且预期变化的幅度较大，造成投资超支和进度延期的问题时常发生。Flyvbjerg(2013)曾指出："针对目前的复杂工程，成本、进度超支 50%是普遍存在的现象，超支 100%也是正常的。"为了解决上述问题，我们需要针对复杂项目进行深入研究，进而更精确地对复杂项目进行预测和管控。Schuette(1994)提出一个建设项目是否成功主要取决于在全寿命期的初始阶段对于造价、进度等指标的估计是否精确。

在前期阶段（preplan phase of a building project），工期预测的结果对项目决策、初始资源分配和经济可行性分析有着重要意义（Li，2005）。在复杂项目中,投资、进度、质量和安全仍然是控制的主要目标,其中进度目标最为紧迫,甚至有时成为政治任务(贾广社,2003)。尤其在招标阶段,准确的工期估算尤其重要(Irfan, 2011),低估项目工期会导致延误完工造成与参与各方的争议,高估工期会降低投标阶段的竞争力。同时根据敏感性分析(sensitivity analysis)的结果显示,工期是影响项目成本最主要的因素,项目工程的延误会造成成本的提高,对成本的影响跟通货膨胀带来的影响等同,产生额外的开销成本和额外的利息(Ahuja, 1984)。由于项目管理管控的结果堪忧,国内外学者纷纷对传统的项目管理计划、策划、管理等方式进行反思,在此种背景下,对于复杂工程进行进度、造价、质量方面的研究很有必要。

2. 理论背景

任何类型项目的预测都要涉及以下因素:判断(judgement)、直觉(intuition)、猜测(educated guesswork)。专家的观点是很多科技、政治和社会问题预测的主要来源。即使在预测过程中会使用数学公式或数学模型,但专家意见起着很重要的作用。专家解决问题并不是完全基于规则、模型的运算,在遇到复杂问题时,他们会通过非线性化认知运算等手段来预测结果(冯锐,2015)。

由于项目建设管理水平随着经验的积累逐渐提升,因此建设项目问题的解决是在经验的基础上提出相关方案。不同学者在研究成果中都验证了这个做法的合理性。如 1988 年,Lee 提出项目策划工作是一个时间密集、知识密集的任务,人们往往借助历史相似经验制定新的策划方案。2006 年,Carrillo 提出建设项目管理领域的问题是经验导向的,并且参与者都强调解决问题是要依赖积累的项目经验和知识。白居(2017)在其博士论文通过案例的总结提出,复杂工程策划与筹备阶段普遍运用且提倡采用的作法是:选择与待建项目存在相似性的已建项目作为参考标准。尽管每个项目具有独特性,但是使用的方法以及流程大体相似。类似做法很早被人应用,并得到认可。

虽然我国在复杂工程建设领域取得了巨大的成就,但在面临新项目时,如何科学估算工期还是缺乏客观系统的方法(Hu, 2016)。决策者通常会在前期决策阶段请专家(experts)来预测项目,辅助决策。Flyvbjerg(2006)分析了专家预测过程中会存在不可避免的错误,预测失误原因可以总结为以下三点:科技原因(technical explanations)、政治原因(political explanations)、心理原因(psychological explanations)。心理原因的存在,导致即使专家对项目的本质规律了解很清楚,依旧会存在判断错误的情况(Kahneman, 1977)。由于以上原因,导致在前期阶段仅依据专家经验做出的决策准确性不高。

结合工程领域的预测工期的习惯，本文决定采用认知领域的案例推理(case-based reasoning)相关理论来预测工期。Kolodner 提出案例推理(case-based reasoning)是一个有效的预测方法，通过逻辑理念从历史案例中找寻规律解释新的案例(Kolodner, 1993)。

(二) 研究目的与意义

成功的项目必须同时满足项目的进度、成本、安全、法规等目标的实现。工程项目是个复杂的系统，投资规模大，参与方多，成功的难度加大。目前，我国建设工程项目管理理论研究领域对复杂工程研究较为薄弱，尤其在工期、造价管控方面。为了更好地实现复杂工程项目在进度方面的目标，本文提出基于案例推理的复杂工程工期估算模型。

因此本文的研究目的可概括为以下几个方面：① 根据历史文献的支持，总结目前国内外针对复杂工程工期估算方法的演变以及研究热点；② 针对案例推理技术，分析构建模型的框架，研究每个阶段的关键技术，为后文模型构建建立理论基础；③ 以摩天大楼为例，构建基于案例推理的工期估算模型，分析模型的估算质量；④ 针对模型的结果，分析模型结果的意义，并分析在构建过程中影响模型结果的因素，提出未来改进的方向。

在我国，复杂工程数量和难度逐渐增多，属于经验丰富但规则不清的领域，随着 CBR 理论与建模的不断成熟，针对 CBR 估算复杂工程工期的研究具有一定的理论意义。在现实应用层面，案例推理随着理论的发展，目前被各领域所接受，在建筑层面招投标阶段、设计时间、风险识别方面应用广泛，本文模型的建立提出了 CBR 在工期估算的可行性，为管理者在前期阶段估算工期提出新的思路与方法。

(三) 研究方法和技术路线

本文应用的研究方法为理论联系实际，将定量分析与定性分析相结合。既有定性分析中专家分析法、文献分析法，又有定量分析中的数学模型、相关分析等方法。

1. 文献分析法

文献研究法是对已有研究文献进行分析和总结，形成对研究对象的深刻认识。本文的文献主要从两方面入手，一方面研究国内外工期估算方法的演变，另一方面深入研究案例推理领域内的基本运行原理，以及各阶段关键技术，了解目前案例推理领域研究的热点，发现案例推理领域内研究的盲区，确定本文章的创新突破口。

2. 模型构建法

在文献理论的基础上，根据案例推理的基本流程，选择各阶段合适的关键技术，构建基于案例推理的工期估算模型，来预测工期。

3. 案例分析法

搜集 1993—2015 年国内超过 200 m 的摩天大楼构建案例库，利用构建的案例推理工期估算模型估算摩天大楼工期，针对结果进行分析比较，得出该模型的运行效果。

本文的技术路线如图 3-1 所示。

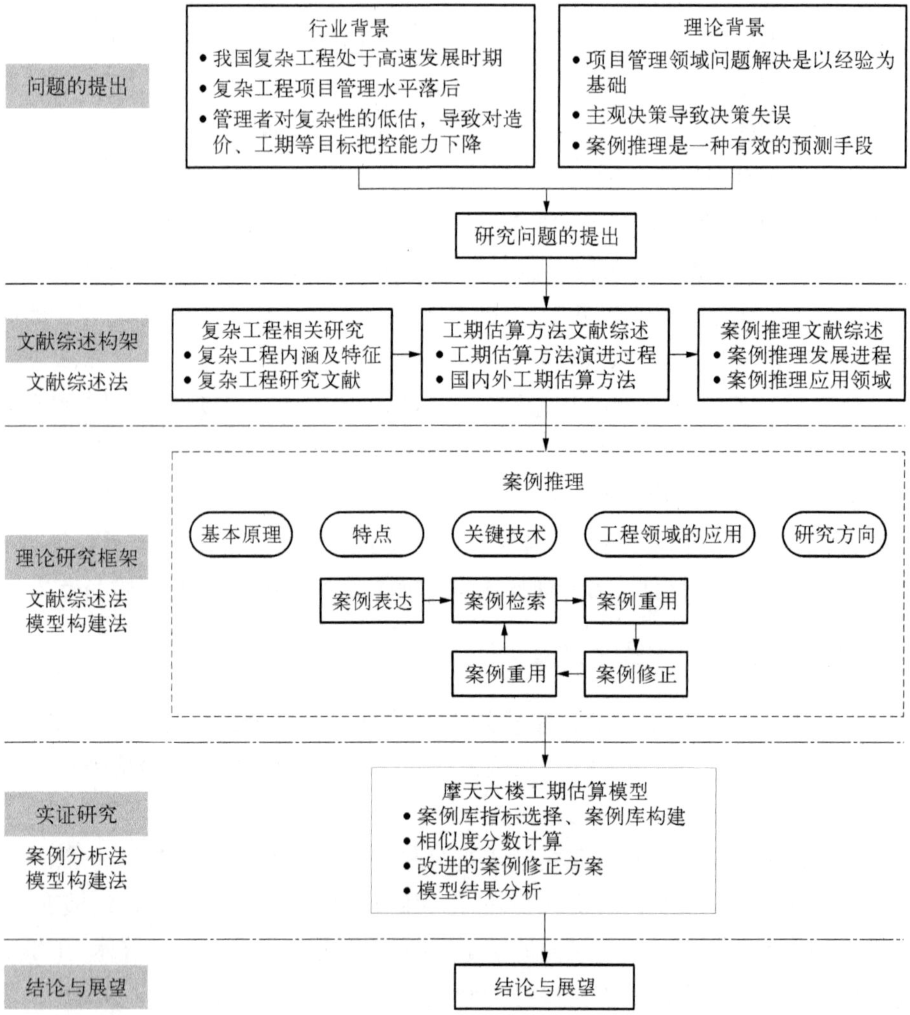

图 3-1 研究技术路线

（四）研究内容

本文分为5个部分，分别为引言、文献综述、案例推理原理及实现方法、基于案例推理摩天大楼工期估算模型构建、结论与展望。

第一部分从行业实践和理论研究方面描述了研究背景，提出本文研究的问题。同时本章为全文提供一个文章框架，讨论采用的技术路线以及研究方法。

第二部分从复杂工程理论研究、工期估算方法相关研究、案例推理理论基础三个层面进行了文献综述，为后文的模型建立奠定理论基础。

第三部分阐述了案例推理的基本原理、案例推理的优点与不足以及模型运行的阶段。对于每个阶段的关键技术进行了研究，为后文模型的构建奠定理论基础。此外，还增加了案例推理领域未来研究方向以及目前案例推理在建筑领域中应用的分析梳理研究。

第四部分以1993—2015年25个摩天大楼案例构建案例库，构建模型。考虑案例库数量以及特征向量的特点，研究CBR每个阶段的关键构建工期估算模型，在传统技术的基础上，针对本文提出改进的案例修正方法。最后，对于模型运行的结果，进行了深入的讨论。

第五部分是对全文研究成果的总结，梳理本文的重要结论，并且提出本文研究中的不足及未来方向。

（五）小结

本章是全文的引言，首先分别从行业背景和理论背景出发，引出本文研究问题的相关概念以及研究方法的基础理论。其次，构建本文的总体框架以及层次结构，明确每个章节的研究内容以及各章节之间的逻辑关系。然后，严格遵循科学问题的研究方法，从文献分析、模型构建、案例分析三个分析方法绘制本文的技术路线。作为本文的引言，本章将为论文整体的研究起到宏观规划的作用。

二、文献综述

在现代项目管理过程中，如何规划合理的项目工期，精确地保证项目进度已经成为管理者的目标。施工工期是项目的一个关键性的指标，影响其余两大项目管理目标（造价目标、质量目标）的实现，Suhanic（1980）用敏感性分析的方法得出：项目工期是影响造价目标实现的最重要的因素。若能在前期制定一个合理的工期，在项目管理过程中控制好工序的进度目标，则会提高工程的质量，达到理想的目标与效率(李勇，2014)。

本章将从复杂工程、工期预测方法以及案例推理三个层面出发进行理论的梳理与研究，如图 3－2 所示。

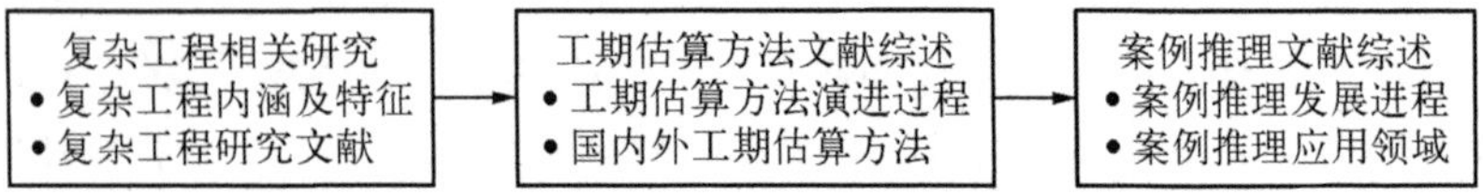

图 3－2　文献综述框架

(一) 复杂工程相关研究

1. 复杂工程项目内涵界定及特征

在全球金融危机的背景下，大型复杂工程正不断涌现，项目数量日益增多，规模逐渐庞大，复杂性也日渐明显(蒋卫平，2009)。

近年来，由于工程技术的快速发展，1995—2010 年我国每年复杂工程数量增长率 22.8%(罗岚，2014)。不仅在数量层级上有所增加、项目的规模复杂性也逐步加剧。如图 3－3 显示桥梁、摩天大楼领域的规模增长速度。桥梁领域，从 1917 年的 1 000 英尺，到 1998 年的 7 000 英尺，增加了 263%。在桥梁长度上，京沪高速上的丹昆特大桥，全长 164.851 千米，是世界上最长的桥梁。在摩天大楼领域，从最初的 100 米，到 828 米，增长了 160%。

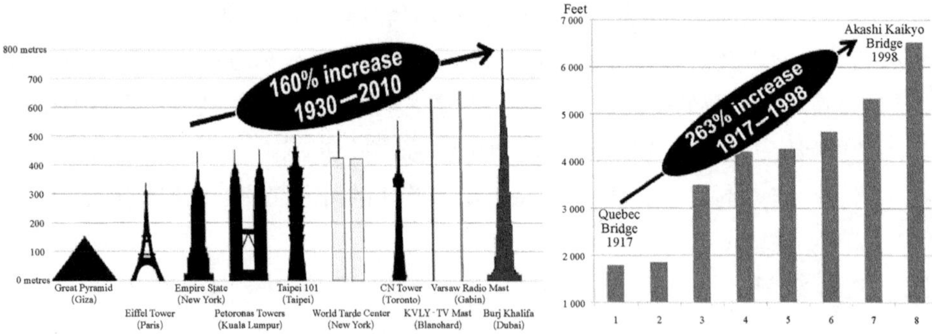

图 3－3　复杂工程规模增长速度——以摩天大楼、桥梁为例

复杂工程，是指工程规模大、建设期长、建设环境复杂、建设参与主体多、科技含量高、对社会经济发展和自然生态环境都会产生重大影响的一类工程(张德华，2014)。中文近义词有大型工程、重大工程等，英文主要有 mega project， complex project。本文中所指的复杂工程是指具有以下特点的项目，如奥运会场馆、摩天大楼、跨海大桥、跨区域工程等。

(1) 不能单纯采用投资规模进行界定。

(2) 规模大、缺乏经验、复杂程度高。

(3) 未知风险高，难以精确控制。

(4) 对社会、环境、财政和经济产生影响。

复杂项目与传统项目从以下几个方面有所区别：规模大小、投资额、不确定需求、不确定范围、不确定可交付成果、复杂交互作用、不确定劳动力储备、跨多个时区的地理分离、大型虚拟团队的使用、组织文化多样、随着周期的技术变化，多个利益相关者等(罗岚，2014)。

蒋卫平(2009)总结复杂工程项目的复杂性主要体现在以下几个方面：

(1) 组织复杂性：组织复杂性中包含了水平复杂性(部门间差异性、任务结构差异性)与垂直复杂性(组织的层次结构与层次数量)。

(2) 技术复杂性：本文提到的技术概念特指从投入到产出的过程。涉及材料的使用、技术的使用、知识的使用。技术复杂性主要体现在团队之间、不同技术之间相互依赖程度。

(3) 不确定性：包括目标的不确定性、建造过程风险的不确定性、实现目标方法的不确定性。复杂程度的提高，越来越多的风险问题呈现，出现明显的交叉性与综合性，贯穿各个建造阶段。

(4) 动态性。由于复杂工程工期普遍较长，法律变化、政治变化、技术的革新带来了很大的不确定，以上都是时间动态性的复杂表现(Tatikonda，2000)。

以上特性给复杂工程的有效控制带来了极大的挑战，经常发现投资失控、项目拖延和收益不足等问题(Chan，2004)。Ahsan(2010)在一份报告中，指出86%的复杂工程项目存在工期延误，平均延误2年；70%的复杂工程项目存在投资超支现象；75%的项目存在低质量的问题；能够保证工期、成本和质量三个目标偏差仅有5%的项目。传统项目管理方法是一种固定的、可以预见、确定的模式(Shenhar，2007)。而项目复杂性是由于环境变化、产品复杂性、时间压力多重累加的结果(Williams，1999)。因此在复杂项目领域中，越来越多的管理者意识到，随着复杂程度的增加，传统项目管理方法和工具已经无法有效处理日益增加的复杂性了。

罗岚(2014)通过文献整理，发现2000年以后各领域开始重视复杂性给本领域项目带来的影响，逐渐成为研究的热点。截止到2013年底，在建设项目管理领域与项目复杂性研究直接相关的国际论文有60篇。

2. 复杂工程理论文献综述

目前国内外有关复杂工程的研究日益增多，主要集中在复杂工程复杂性带来的影响，复杂工程风险管理、组织管理、项目把控等项目管理领域，总体而言范围较广较为分散。

对于复杂性带来的影响，学者主要集中在对团队的影响以及对组织绩效的影响(罗岚，2014)。Girmscheid(2008)认为复杂性会影响到非技术性方面，比如行为、社会交往、交流方面。Sareh(2012)通过案例研究方法，总结出随着复杂性的增加，沟通难度增加的结论。Park(2008)通过对37个朝鲜工程团队的人员进行测试，了解认知需求与复杂性之间的关系。个人工作满意度、个人认知需求与工程复杂性成正比。在项目绩效方面，许多学者通过案例分析、专家访问、系统动力学、聚类分析、模型仿真等方式研究了项目复杂性的增高对项目绩效的影响作用(Antoniadis, 2011)。

对于复杂工程的项目管理，国内外关注重点不同。国外研究主要集中在风险管理(罗岚，2014)。Dillion(2005)分析了风险因素对复杂工程资源分配的影响，建立了一个多周期量化决策模型，将科技、管理等风险因素考虑其中，进行资源分配管理。Chen(2007)利用Dependency Structural Matrix理论优化复杂工程工序顺序并且识别风险因素，结果证明该方法可以有效降低复杂项目的成本和压缩工期。Giezen(2012)研究了导致工期/造价超目标风险因素，提出按照KISS原则(keep it simple stupid)对复杂性降解，将风险因素控制在可控范围之内。Fang(2013)评估各种指标的风险，利用矩阵方法帮助管理者进行风险管理。Marle(2013)利用基于交互的聚类方法，分组复杂工程项目过程中风险，减小处理风险的接口，促进复杂项目的协调。

国内主要针对复杂工程的组织管理进行大量的研究，如蒋卫平(2009)提出项目复杂性的增加源于个人层次的自相关和群体层次的自组织。因此从自组织管理和协同管理出发，提出复杂工程组织管理的新理论。李永奎、崇丹等(2011)提出大型复杂项目组织具有典型的社会属性，从工程伦理学、工程社会学以及社会网络分析角度进行了评述。张德华(2014)分析复杂工程在建设期内存在的多重风险，分析了风险管理组织体系、风险信息支持系统，建立了适合我国的复杂工程风险管理系统。白居(2016)利用CBR方法构建复杂工程高层管理团队的组建模型。

综上所述，由于复杂工程规模大、建设周期长、不确定性高等特点，给目标的有效控制带来了巨大的挑战。国内外逐渐重视复杂性带来的影响，并将复杂工程作为研究重点。目前研究多集中在复杂工程风险管控、组织管控方面，对复杂工程工期目标预测方面研究比较缺乏，现有研究成果也难以有效地应用进实际项目中，经常发现投资失控、工期拖延等问题。

（二）工程工期估算

从以往的经验来看，工程项目的实践效果差强人意，不仅在中国，国外也是如此。建设的项目总体上存在计划失败、进度滞后的现象。因此在前期预测一个合理的工期对于项目的成功有着至关重要的影响(蒋卫平，2009)。对项目进行工期估算一方面可以避免工期延误的有效手段，另一方面也是研究工期风险的基本工作。

本文中工程项目工期主要指：从正式破土动工到竣工验收交付为止需要的全部时间。

对于工期和造价的预测研究可以追溯到20世纪60年代，Bromilow(1969)通过对329个项目研究表明，工期通常超出预计工期40%，仅有12.5%的项目能够满足工期的目标。在文中其提出了时间-成本模型(Bromilow time-cost model，BTC模型)，该BTC模型是最早的工程项目工期估算的模型。后来在BTC模型的发展过程中，不同学者对其可靠性进行探究。该模型最大的缺点是将投资额作为单一影响因素，没有考虑天气、社会政治、技术手段、地质条件等因素对工期的影响，因此BTC受到了限制。

因此在工程工期估算领域，国内外不同行业、不同学者从各方面研究如何提高工期估算方法的准确性，如表3-1所示为工期估算方法演变过程。

表3-1　工期估算方法演变过程

时　　期	方　法	举　　例
20世纪60年代	传统方法	CPM、PERT、甘特图
20世纪70—80年代	数学方法	线性回归、挣值法、指数平滑法
20世纪80年代前期	经验方法	专家系统
20世纪80年代后期	人工智能	神经网络、遗传算法
20世纪90年代至今	与信息系统结合	MRPM\CYCLONE

如表 3－1 所示，CPM 是较早阶段应用在工程工期估算领域中的方法，随后学者将随机性因素考虑进来，提出 PERT（program evaluation and review technique），PNET（probabilistic network evaluation technique），NRA（narrow reliability bounds）和 MCS（Monte Carlo simulation）（1998）。以 CPM 和 PERT 为代表，工期估算成为独立的研究方向。

20 世纪 70—80 年代，工期估算迎来了研究热潮（Khosrowshahi，1996）。数学方法被用在工期估算领域。其中线性回归（Regression Analysis）应用最为广泛，但是有一定的局限性，比如对于特征向量多的项目准确度低（Kim，2005）。随后延伸出更多的方法，如 2006 年 Li（2006）应用模糊逻辑技术预测建筑项目的工期延误。Firouzi（2016）通过每个项目成本的相关性以及总成本的分布规律，借助蒙特卡洛方法进行估算。

20 世纪 80 年代，随着研究人员对管理者经验的重视，新的方法被引入。例如专家系统（Expert Systems），Brandon（1988）的 ELSIE 系统成为当时典型的专家系统。但当时普遍认为估计/预测学只是一门近似科学，对模型预测准确性要求不高，导致该类方法最终产生的结果不是很理想，因此专家系统的研究热潮很快结束。80 年代后期，人工智能（Artificial Intelligence）及其分支方法提供了一个预测工期/造价的替代方案，一方面可以处理大量的噪声数据（noisy data），另一方面可以充分利用过去的项目经验。具体方法有神经网络（neural networks）、遗传算法（genetic algorithms）和案例推理（An，2007）。“Artificial Neural Network”观点是 1996 年 Kaastra 和 Boyd 提出的，可以建立在过去的“模式识别”和不同因素之间的联系预测项目结果。2001 年 Boussabaine 设计了类神经算法（neurofuzzy algorithms）工期预测方法。2003 年 Kanoglu 开发了一个基于性能的自动化模型，设计公司用此来预测工期。2006 年 Chen 将线性回归和神经网络模型结合在一起，预测台湾地区项目的造价和工期。2009 年 Pewdum 用 ANN 估算高速公路工程的工期，发现随着工期时间越长，预测的精确度越高。随着人工智能技术的成熟，工期估算领域将不同方法整合在一起，提高预测精确度。近些年，参考类预测方法（Reference class forecasting）被引入工期预测领域，由于人工判断具有乐观主义（如低估项目造价、完成时间、项目风险），易忽视结果分布信息，该方法可以有效避免乐观主义（optimism bias）及战略失时（strategic misrepresentation）带来的误差（Pewdum，2016）。2012 年香港政府发展署（Hongkong government’s development bureau）发布了应用 *Reference class forecasitng* 的报告，预测香港公路项目的造价和工期。

90年代随着数据时代的到来，学者将数据挖掘技术与信息技术结合，Kim(2014)建立以知识为基础的项目造价工期估算信息系统(Knowledge-based information system)，用 Wireless Real-time Productivity Measurement (WRPM)实时收集项目人员的生产率以及物资的供应量两个因素，通过他们与造价工期的数学公式最后估算项目的费用及工期。Taehoon Hong(2001)将工期估算与CYCLONE系统与多元回归方法结合起来估算高层建筑核心筒工作的工期。

此外，出现了跨领域方法的使用。比如工业领域中 Earned Value Analysis (EVA)的应用。EVA作为一种管理工具应用较为广泛，通过比对计划与实际发生的费用、时间等指标来实施管理，同时利用EVA方法，也可以预测项目的指标，尤其在费用、工期方面应用较为广泛(Öncü, 2015)。学者跨领域应用EVA，如2006年 Vandevoorde 用 Earned value management 方法来估算工期，其中包括计划值方法(planned value method)、挣值法(earned duration method)、挣值调度法(earned schedule method)。随着理论的发展，传统的EVM方法得到了扩展，2013年 Caron 将 Bayesian 和专家观点整合到 EVM 中，将事件发生概率考虑其中。Plaza and Turetken(2009)年将学习曲线融合EVM中，Batselier(2017)将EVM与指数平滑法(exponetial smoothing)结合起来，改变了传统EVM方法中均等权重的思想，对于历史较远的案例，赋予的权重越小。Kim(2009)将 Bayesian 和S曲线结合预期工期，并与CPM，EVM方法进行对比，得出CPM与Bayesian方法预测精确度高于EVM。

2009年，Kim在文中总结出目前最典型的三种工期估算方法，表3-2总结了基本方法以及适用方法。

表3-2 典型工期估算方法

类别	描述	方法
最初估计数	① 项目性能指标不典型； ② 多用于项目前期阶段	CPM
新估计	① 原始估计不可靠，项目性能指标不典型； ② 产生额外的费用、时间； ③ 多用于项目完成阶段	核对单 自底向上估计
利用历史经验修正最初估计数	① 当项目资料与未来进行工序有关； ② 关键指标有效	EVM\Regression

在国内,对于工期估算方法研究较为局限。实际应用层面,方法比较传统,多采用主观方面的方法,左墨樵(2003)归纳介绍了几种主观方面估算工期的方法:① 经验模拟法:项目工作人员根据掌握新建项目的信息,从多方面进行对比分析,根据以往的经验进行推测,这种方法是具有现实意义的,是可接受的一种方法;② 历史资料:项目参与方参与过类似的项目,历史资料可以作为拟建项目的参考,包括从杂志、学术文章中得到的信息;③ 专家意见:当项目遇到新的问题时,需要具有专业领域知识的人来给予指导和咨询,此种方法的应用最好结合其他分析方法,能够得到较可靠的结果;④ 德尔菲法:适用于当专家无法利用知识对状况做出判断时,文中提到一般通过 3 轮的估计与回馈得出的结果较为正确。

为了降低预测主观性的影响,学者做出不同的努力,但总体而言落后于国外的研究,大多数基于现有理论,在此基础上进行扩充。比如 1999 年胡志根将模糊三角数引入到活动工期中,建立模糊网络计划模型。2001 年李林应用蒙特卡洛方法模拟工期的分布。同年方子帆(2001)应用模糊集合理论研究风险因素对于工程工期的影响问题。2002 年李林通过识别风险因素和项目工期之间的相关性,模拟出工期值,从而判断各风险因素对工期的影响。2003 年王仁超运用蒙特卡洛方法对工期进行了模拟分析。2004 年闫文周利用一元线性回归方法建立学习曲线,通过估算人工工日,来预测工期。同年邬晓光(2004)以桥梁工程为案例,设计桥梁钻孔灌注桩施工进度预测管理软件,对施工进度进行预测。2005 年蒋国萍研究了在资源约束下,基于关键链技术的项目进度风险管理方法,但该方法考虑资源有限,仅将人力资源的冲突考虑进来。2007 年祁神军分析了复杂工程项目工期预测的特点,提出了多元线性回归+人工神经网络工期精准预测的方法。2009 年余晓钟基于挣值管理建立预测指标体系,结果成本变动的情况,研究不同的工期预测方法。2014 年李勇将 BIM 与精益建设融合,提出进度预测集成系统,提高中短期工作的进度预测水平。目前国内广联达、鲁班、PKPM 基于 BIM 技术的 5D 模型,为工期估算提供了工具(2014)。

与一般项目相比,国内外针对大型复杂项目的研究较少。其研究大概可分为两个部分:① 针对总工期,构建预测模型(如人工神经网络及数学模型等);② 针对单体工程的部分工期进行估算,如针对建筑过程中材料运输时间进行估算,或者针对某一土建阶段进行估算(2017)。

综上所述,工期估算前期以主观性方法为主,后期为了降低主观性的影响,国外学者做出不同的努力,从 60 年代起,每一阶段的估算方式都与标志性科技进行融合。进入21世纪，工期估算与数据挖掘、人工智能领域各种方法相结合，呈现多元化的发展趋势。同时依据信息技术的发展，建立多个实用型工期估算系统。国内学者对工期估算的研究主要依赖于国外的理论基础，多数为理论方法上的优化及扩充。

（三）案例推理

1. 发展历程

在案例推理概念提出之前，科学研究强调基于规则的推理方法（Rule Based Reasoning）、基于模型的案例推理（Model-based Reasoning）。即通过调查、实验实证、数学模型的方法建立事物内在的规律（Frye，1995）。

基于规则的推理是专家系统普遍采用的方法，比较直观易于理解，推理效率比较高。但在专家知识和经验的获取方面存在一定的难度，特别是对于复杂问题，若想全面了解其中的经验，困难更大。

基于模型的推理是以数学模型的方式解释系统之间存在的因果关系，但并不是所有的事物都有相应的数学模型。因此在此背景下，案例推理思想得到发展（Marir，1994）。

案例推理（Case-based Reasoning，CBR）的执行过程类似人类大脑思维和解决问题的过程，遇到新的问题时，头脑会自动回溯历史经历。通过检索相似案例并进行适当修改，最终保留下来以供未来解决问题使用。案例推理与其他代表性逻辑推理方法的比较如表3-3所示。从搜索时间以及灵活性角度来看，CBR比规则推理实用性更高，可以提供更多的最优结果。由于规则推理必须有一系列已知的规则，在解决问题时大量时间花费在寻找规律方面。当要在已有规律上进行一定程度的创新，很难修正规律推理系统。因此，CBR是利用已有经验解决复杂工程项目方法中最优的一种（Ryu，2007）。

表3-3　案例推理与其他代表性逻辑推理方法比较

方　法	使用情况	无法使用情况
案例推理	问题结构复杂，内部规律无法掌握	案例数据无法获得，需要最优解
规则推理	内部规律清晰	问题结构变化速度快
模型推理	规则清晰，能够建立数学模型	规则复杂，无法构建清晰的模型
案例库	案例数据结构化	复杂、非结构化数据

CBR是人工智能领域新发展的方法论，是一个连续动态的学习过程，利用已有类似的案例经验来解决新的问题。CBR起源于1977年Schank和Abelson发表的著作*Scripts, Plans, Goals and Understanding*，开创性地提出了脚本(Scripts)的概念，作者认为人们关于知识的认知是通过符号或者标记来完成的，这些符号标记帮助我们进行推理(Watson, 1995)。此后Schank基于研究记忆对问题解决的影响，1983年Schank教授在专著*Dynamic Memory: A theory of reminding and learning in computers and people*中首次提出案例推理的认知模型及框架，揭开了案例推理的序幕。随后，1991年美国耶鲁大学Janet Kolodner实现了上述构想，并提出了案例推理运行的4个基本假设：① 经验性：领域中存在难以提取的规则，需要通过知识、经验来求解；② 相似性：类似的案例拥有类似的解决方案；③ 典型性：历史案例是典型的，未来可能重复发生；④ 适应性：通过修正手段可以弥补新案例与历史案例的差距，在此假设上研发出CYRUS系统(Aamodt, 1994)，该系统被认为是案例推理的第一个系统，用于处理美国国务卿Cyrus Vance的旅行和会议查询。1985年Kolodner等人在文章中首次使用CBR这一专业术语，为CBR建立奠定了基础。20世纪80年代后期，美国DARPA项目资助开发的Cognitive System公司的Re Mind系统，标志案例推理从认知科学向人工智能转变(孟洁，2015)。随后，在1984—1993年，陆续出现了一些基于案例推理的应用系统，如Mediator(1989)、Persuader(1988)、CASEY(1989)、CHEF(1989)等，但此阶段案例推理机制比较简单，除了案例检索阶段用K-NN方法，其他阶段都需要人工参与，学者将该阶段称为CBR的简单应用阶段，如图3-4所示。

随着案例推理理论与技术的逐步发展，CBR得到了广泛的关注。以CBR为主题的两个会议EWCBR(European Conference/Workshop on Case-based reasoning)和ICCBR(International Conference on Case based reasoning)分别于1993年德国和1995年葡萄牙召开，揭开了CBR的研究热潮。以这两个会议为标志，CBR进入了快速发展期，极大地推动了CBR理论体系的完善和应用领域的扩展。此阶段主要为CBR理论方面的研究，主要集中在案例表示的方法上，参与研究的国家从美国扩展到了欧洲和亚洲各地。在案例表示方法和CBR流程逐渐完整的同时，数据挖掘、模糊理论、粗糙集、不确定性理论等理论被引入(冯锐，2011)。

到了21世纪，在ICCBR和EWCBR等学术会议的不断推动下，CBR理论与方法逐步完善。强调多技术融合，如CBR＋规则推理、模型推理、人工神经网

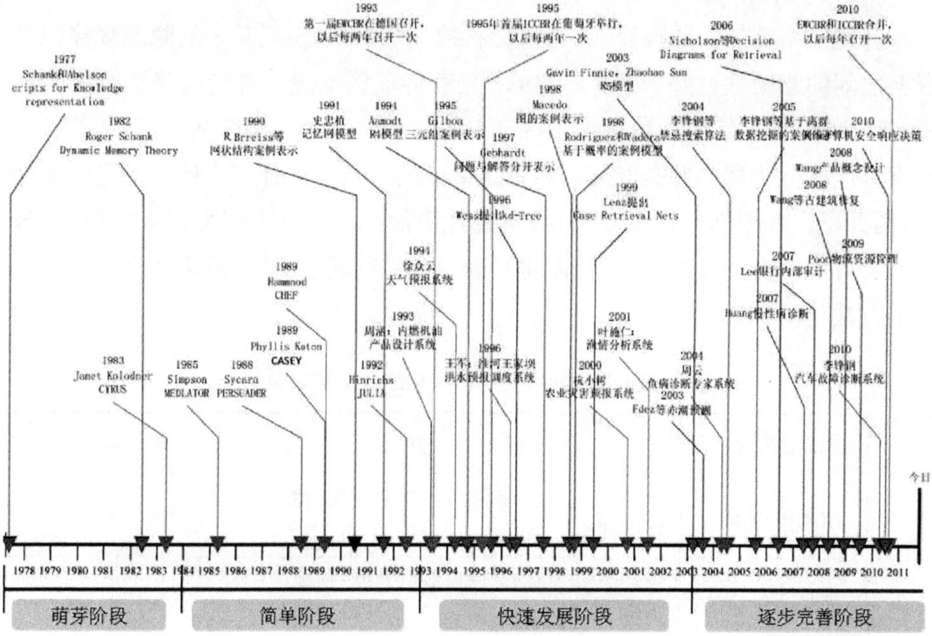

图 3－4　CBR 发展历程

络、遗传算法、数据挖掘等各种方法与技术，呈现多元化（Huang，2012），如 Branting（1991）在 CBR 中引入规则推理思想，Rajamoney（1991）将 CBR 与模型推理结合起来提出了一种 PBR（Prototype based reasoning）推理理论；随着案例检索、案例表达过程研究的成熟，目前 CBR 领域重视案例库的维护过程，如提出了基于概念聚类的案例维护、Wikis 与 XML 结合的案例维护方法等方法，CBR 呈现过程完整化；同时对于案例推理的流程逐渐细化，如从 Admodt 提出的 4R（案例检索、案例重用、案例修正、案例保留）逐渐完善到 Gavin 提出的 5R（案例重新划分、案例检索、案例重用、案例修正、案例保留）（冯锐，2011），Allen（1994）提出五个环节（描述、检索、适应、验证、更新）、案例推理的数据模型和逻辑框架更加完善。

2. 研究热点

1983—1993 年，CBR 发展最为迅速，有关案例推理的研究很多，也取得了很多成果。其中大多数都是对案例推理每个阶段方法的改进提高精度（Liao，2000）（案例检索距离测量的改进、属性权值的优化）和实际中应用的研究（沈力华，2010）。主要有以下几个方面。

1) 基于神经网络(neural network)的 CBR

神经网络类似人的神经元,通过资料的训练,可以发现其中的隐藏规律以及资料之间的相关性。基于这个特性,研究者将案例推理与神经网络逐步结合起来。NN 与 CBR 存在着互补性,例如 CBR 的索引建立是个难点,而 NN 是一个非常理想的分类器(刘闯,2005),CBR 对噪音数据敏感,而 NN 具有很高的容错性,因此可以利用 NN 作为 CBR 的预处理手段。基于以上特征,不断有研究改进两种方式结合的系统,如增加由符号表示的特征属性类别,或将其作为权值打分的方法与案例推理相结合。

表 3-4 神经网络与 CBR 结合文献整理

<table>
<tr><th></th><th>应用目的/阶段</th><th>说　　明</th><th>文　献</th></tr>
<tr><td>1</td><td>预测银行破产</td><td>比较 CBR 与神经网络预测的结果,神经网络预测效果好</td><td>Jo(1997)</td></tr>
<tr><td>2</td><td>项目造价估算</td><td>比较 CBR、NN 估算结果,CBR 预测效果好</td><td>Kim(2014)</td></tr>
<tr><td>3</td><td rowspan="5">案例检索</td><td>指标分类</td><td>刘闯(2005)</td></tr>
<tr><td>4</td><td>指标分类</td><td>Kara(2011)</td></tr>
<tr><td>5</td><td rowspan="2">指标选取</td><td rowspan="2">Khamparia(2017),
Liao(2004)</td></tr>
<tr><td>6</td></tr>
<tr><td>7</td><td>指标权重赋值</td><td>Relich(2017),
韩梅(2012)</td></tr>
<tr><td>8</td><td rowspan="2">案例修正</td><td rowspan="2">调整案例</td><td rowspan="2">Koiranen(1998),
Chang(2009)</td></tr>
<tr><td>9</td></tr>
</table>

上述主要是对案例检索阶段进行的研究,也有针对案例修正的应用(Chan,2005),如表 3-4 所示。权值分配与案例修正都是目前 CBR 中主观性较强的阶段,通过神经网络不但可以加快检索速度,还降低了主观因素对结果的影响。

2) 基于遗传算法的 CBR

遗传算法也属于智能优化方法中的一类,最早由美国 Michigan 大学的 Holland 提出,结合了自然界的生存法则和遗传繁殖的特点。通过对目标函数的逼近得到最优解(沈力华,2010)。由于遗传算法收敛速度快、收敛性好,能够在较短的时间内搜索全局近似最优解,因而被广泛应用(付雅芳,2012)。遗传算法主要应用在案例推理的特征参数优化、权重设置方面。与人工选取参数方法相比,可以节约大量人力,获得更加全面的参数,同时也更加客观。

遗传算法有自身的一些缺点,比如在使用过程中存在译码的过程,导致速度过慢,尤其在参数过多的系统中,花费时间较长。因此如今更多学者寻找如何更快,不需要编码和译码的方法,提高寻找速度。

3) 案例检索过程的研究

目前有关 CBR 的研究主要集中在"案例检索"阶段。而在这个过程中,距离测量和权重设置显得尤为重要。相似度测量中,距离测量被广泛应用,直接影响案例检索系统的效果。目前常用的是欧氏距离和马氏距离,但由于自身存在的缺陷,需要找到一种适用性更广、准确性更高的方法(沈力华,2010)。特征权重决定着指标的重要性,许多研究通过合理的手段来确定权重,如比如用粗糙集(韩敏,2009)、遗传算法(Ahn, 2006)、神经网络来定义指标的权重(Shin, 2000)。

4) 案例推理的应用研究

由于案例推理的规则易懂,便于理解和实现,得到了广泛的应用,目前主要应用在以下领域:

A. 医学领域:治疗病人的辅助决策;

B. 工业领域:故障评估和预测等;

C. 商务领域:谈判决策系统等;

D. 法律领域:诈骗分析领域。

除了以上领域,案例推理方法还在很多方面得到了广泛应用,并且不同领域的学者尝试在各自领域应用 CBR 系统辅助决策。具体应用领域在下节具体描述。

3. 应用领域

1) 研究学术团队

据统计,截止到 2011 年全世界至少有 35 所科研院校正在研究 CBR 相关理论,并且多数成果在人工智能杂志以及会议上出现。比如德国 Technische Universität Kaiserslautern 的人工智能和知识系统研究小组、University of Massachusetts 由 Edwina Rissland 成立的 CBR 研究小组、美国海军 AI 实验室等。这些科研机构除了在 CBR 理论上做出了贡献,也研发了商品化工具,多到 100 多项系统立项,投入市场商业化使用至少 15 种系统。例如 University of Texas at Austin 研发了 PROTOS 系统,用于临床听力领域。Massachusetts Institute of Technology 融合基于案例和深层模型的推理模型,产生了 CASEY

系统,优化疾病产生的因果模型。University of Massachusetts 的研究团队中几位法律科学家,开发了 HYPO 系统,用来法律判断,以及在此基础上又融合了基于规则的推理知识,演变成 CABARET 系统(索尔所,2008)。

自 1987 年以来,国际学术界都会举行 CBR 专题研讨会,征集最新研究成果推进 CBR 理论的发展。如 ECCBR、ICCBR、AAAI 会议,同时也有多国的政府或个人资助案例推理工作室和网站的形成,如 AI - CBR 等(王军,2008)。

2) 应用领域

案例推理的优点使各国陆续在各行业使用 CBR 系统满足自身的需求,适用于案例经验丰富但难以建立模型找到因果关系的领域。截止到 2016 年,Smith 研究得出,在 AI 领域,除了机器学习(machine learning)和专家系统(expert system)两种知识体系外,CBR 产生了最多的可操作的应用系统。目前在医学领域(Ping, 2015)进行症状匹配,推荐相应治疗方案;在航空航空、电力、工业生产等故障诊断,避免安全隐患(Lin, 2009);在智慧辅助决策(Koo, 2010),电子信息服务(Thomasson, 2006),农业领域(杨振刚,2009)进行农作物虫病预测、诊断治疗等方面发展比较成熟(表 3 - 5)。随着 CBR 的推广,近年来 CBR 被应用到交互式机器人、地震预测、养老领域中。

表 3 - 5　CBR 应用领域

应用领域	应　用　举　例
医疗诊断	两阶段过滤的 CBR 和规则诱导混合数据挖掘技术
	CDPD 系统:慢性病预防和诊断
	深度因果模型和 CBR 相结合的系统 CASEY
	CBR 和 KDD 辅助医疗诊断
财务金融	证券投资决策支持系统
	解决信贷分析隐性知识管理
	银行内部审计
	财务危机预测
问题解决	专家搜寻及问题诊断原型系统
	FAQ 系统快速问答处理技术
	市场规划
	决策问题求解模型

续 表

应用领域	应 用 举 例
规划设计	问答式专家系统 CYRUS
	包装设计
	内燃机油产品设计
	烹饪规划
应急决策	安全事件响应决策支持系统
	应急决策支持系统
军事领域	战术规划
农林牧渔	农业病虫害预报
	渔情分析
商业领域	零售销售预测

CBR 出现以后,美国是最早应用开发 CBR 的国家。70 年代后期开始萌芽,80 年代后期初步建立了 CBR 应用的基本结构,并在诊断、设计等领域研发了很多系统(王新华,1995)。如:Remind 系统,成为 CBR 从认知科学领域转向人工智能方向的转变(贾慧芳,2013);BPA(Battle Plan Advisor)系统,通过六百个案例的搜集,用于战斗机计划制定与评价;1988 年研制的 CYCLOPS 景观设计系统。其中由于法律领域问题绝大多数依据前人经验,因此 90 年代将 CBR 与法律问题结合引起大家的兴趣。最典型的法律 CBR 系统为 1988 年 Edwina Rissland 团队(Ashley, 1988)设计的 HYPO 系统,利用法律典型案例来给原告和被告提供论证依据。1989 年 Rissland 在 HYPO 的基础上结合基于规则推理方法产生 CABARET 法律论证系统。

在当时,欧洲也是 CBR 研究聚集地,80 年代开始引入 CBR,稍晚于美国。来自苏格兰阿伯丁(Aberdeen)地区的 Derek Sleeman 团队是目前可查证的第一个研究 CBR 的学术团队。通过 CBR 开发出 REFINER 系统,进行知识获取(knowledge acquisition)(Sharma, 1988)。在同一时间,受 CBR 理论的影响下,Mike Keane 在进行类比推理研究时,引入认知科学理论。主要研究成果有 1989 年法律领域 Brain 开发的模拟司法流程中判决过程的 JUDGE 系统;1988—1991 年德国研究人员开发了 Caplan/CbC 系统、MOLTKE 和 PATDEX 系统;1990 年西班牙 Ramon Lopezde 在医疗领域开发出用于诊断的医疗系统;1993 年开发了可用于模拟人类视觉空间形象的 Projective Visualization 系统(邱少红,2010)。其中英国将 CBR 理论主要应用在土木建筑领域,如建筑的故障诊断、建筑维修与翻新(Watson, 1994)、设计桥梁领域(Moore, 1994)等。

此后,CBR 逐渐传入亚洲,日本开始了 CBR 系统的开发与研究,研发机械调整系统,通过用户与系统交互的方式对案例进行修正,得出调整方案,由于日本处于 CBR 研究初期,样本还不能投入商业使用。但此时,人们已经认识到 CBR 在此领域中的生命力(李丹,2006)。

我国对 CBR 研究比较晚,90 年代后期才尝试案例推理理论在各领域中的应用,主要集中在大学和科研机构。以中国科学院计算技术研究所为首的科学家在基于 CBR 方面进行了一系列的研究。1991 年提出了记忆网模型和案例检索算法。1993 年,周涵利用案例推理理论知识开发内燃机油产品设计的系统 EOFDS。次年,徐众云基于 CBR 理论开发出气候预报系统。1996 年,王军研究了 FOREZ 系统——淮河王家坝洪水预报调度系统。2000 年,中科院研制开发了农业灾害预报系统。2003 年黄继宏开发基于案例推理的企业财务危机智能预测系统。2005 年陈腾云将 CBR 应用在地理领域,设计城市绿地规划支持系统。2010 年,李峰刚利用 CBR 方法应用在诊断汽车故障领域。

根据以上 CBR 的应用可以归纳出,CBR 应用可以分为两类: 解释型 CBR、解决问题型 CBR。解释型 CBR,使用者的目标是通过比较案例,来对目标案例进行分类,比如在医疗、法律领域。解决问题型 CBR 目标是应用历史问题的解决方案形成一个新问题的解决方案,比如在设计、商业领域。

(1) 建筑领域应用

在建筑领域,由于人们在策划一个项目时,习惯借鉴过去案例的知识与经验,因此 CBR 也逐渐被应用到建筑领域。

从时间维度看,1991 年,Domeshek、Faltings 建立了适用于设计的基于案例推理的系统 Archie,随后 Schimitt 开发了设计辅助系统 CADRE,标志着国外案例推理理论在建筑领域的逐步应用。从 1996 年,建筑领域开始研究 CBR 的应用,2006 年进行研究热潮。1996—2014 年平均发布 4.74 篇文献,其中 2014 年发布文献高达 11 篇。

从地理维度看,CBR 应用在建筑管理领域,韩国占据榜首,中国大陆排名第 10 位。

从 CBR 阶段维度来看,对于 CBR 不同阶段而言,大多数文献集中在案例检索阶段,较少关注案例保留(4.4%)、案例存储(20.9%)和案例表达(37.4%)。

从应用维度看，据 Hu(2016)统计的 91 篇文献中，CBR 在建筑领域中的应用如表 3-6 所示。

表 3-6　CBR 在建筑领域中的应用

编　号	应　用　领　域	文献数量(篇)
1	预测造价	28
2	招投标、采购	12
3	环境管理	11
4	建筑策划	9
5	合同管理	7
6	基础设施维护	6
7	风险管理	6
8	价值工程	2
9	设备管理	2
10	项目开展计划	1
11	信息管理	1
12	人力管理	1
13	数量预测	1
14	国际建筑市场选择	1
15	建筑材料配送	1
16	预测生产能力	1
17	文件管理	1

CBR 在项目管理领域中应用最多的三个领域为：造价预测、招投标采购阶段、环境可持续领域。如 LUU 发明了 CPAS 系统(Case-based Procurement Advisory System)在招标过程中选取候选人(Ng，2005)；环境可持续领域中 Shen(2013)开发了 EXMS(Experience Mining System)通过利用以往可持续城镇化的经验去实现目标城市的可持续化，而且还利用 CBR 去预测能源需求、绿色气体排放等(Moon，2014)。

其中造价领域研究成果颇多，1999 年，Duverlie 将其应用在设计时间造价估算中，Dogan(2006)在文中提到 CBR 通过检索和重用历史成本值来估算成本的代表性方法。Yau 和 Yang(1998)研究得出在前期策划阶段利用 CBR 估算造价带来的效益最大。随着简单建筑 CBR 造价估算方法的完善，不同学者将其扩展到不同类别的建筑物中，如高层建筑、公寓建筑、河道建筑、泵站、铁路桥梁等公共基础建筑(Hyun, 2011)。为了提高 CBR 造价估算的性能，不同学者针对 CBR 阶段提出了优化策略。比如在权重方面，有引入 GA, gradient descent method(GDM)等，在案例修正阶段，有两步 CBR 修正法、MRA 修正法。除了在方法上进行改进，学者通常将 CBR 预测的结果与其他方式对比，较多将 CBR 与 ANN 和 MRA 方法进行对比，但由于采用的方法不同，目前得出的结果目前尚未达到一致。如 Kim(2004)认为 CBR 表现不如 ANN 好，但优于 MRA。而 Kim(2005)发现 CBR 可以产生比 ANN 更加准确的结果。

在招投标过程中 CBR 的应用主要分为招标价估算、承包商评估和采购方选择。鉴于该领域问题规则复杂，没有通用模型，因此 CBR 得到了广泛的应用(Hegazy, 1994)。Ng(1998)在文中提到 CBR 可以为决策者提供切实有效的资格预审意见。2001 年 Chua 开发了投标决策 CBR 系统，根据不同的特性和 situation 为承包商提供实时建议，同年 Ng(2001)设置了 EQUAL 资格预审系统，2006 年 Ozorhon 等尝试使用该方法用于国际市场决策系统中，Luu(2012)通过 CBR 制定了分包商/合作方选择的模型；Luu(2003)开发了 Case-based Procurement Advisory System (CPAS)去解决物资采购问题。

在环境可持续性领域中，CBR 应用主要分为采矿问题、资源再利用和环境评估。Shen(2013)开发了 Experience Mining System (ExMS)采矿系统，以促进可持续发展的目标。Monfet(2014)指出在环境评估方面，CBR 主要应用在能源消耗、排放量的估算上。Moon(2014)在利用 CBR 估算温室其他排放量，并建立了汽车排放的基准制度。Hong(2012)通过 CBR 系统对能源消耗的比较，选择具有节能潜力的项目，通过模型运行结果，制定节能激励措施和惩罚计划，打造最优能源改造策略。Ji(2014)借助 CBR 系统评估目标建筑能源的消耗量，预测对环境的影响，提前做好措施避免影响(Jeong, 2015)。

除以上三个重要领域外，在其他领域也相应设计开发了 CBR 工具，如表 3－7 所示。1994 年，Waston 设计了 PAKAR 建筑缺陷诊断系统；Kwon (2017)应用在安全环境、噪音预测方面；Ryu(2007)设计了 CONPLA 系统用于项目策划和进度管理 ；2011 年 Goh 和 Chua 使用 CBR 辨识建筑领域安全危害；2014 年 Ahmed 在设计领域应用 CBR，2016 年白居利用 CBR 来预测重大基础工程高层管理团队的建设。但在工期估算方面，国内外很少有文献提及。Jin

(1994)在最新一篇文章将 CBR 方法应用在 multihousing projects 前期工期估算领域，使用 KNN 检索因素，利用 unstandardized coefficient 修正案例，将前期估算工期误差从传统方法 9.15%减小为 5.73%。

表 3-7　建筑领域中 CBR 开发工具系统

领　域	系　统	应　用　内　容	文　　献
设计领域	N/A	内部设计	Demirkan(1998)
	SEED	概念设计	Fenves(1995)
施工方案	CASTLE	挡土墙施工方案选择	Yau(1998)
施工工艺	CB-BFS	解决桥梁工艺错误	Roddis(1997)
策　划	Caseplan	电站锅炉进度	Dzeng(2004)
	Fatrtack-apt	公寓式建筑规划	Lee(1998a)
基础设施管理	CBRMID	基础设施装修模型	Morcous(2002)

(2) 建筑项目工期估算方面应用

Yau(1998)在文中提出，建筑项目的多数信息在表达上都存在着弊端，导致详细信息缺失严重。其中工期/进度问题尤为突出，在项目施工过程中仅仅记录关键指标，如开工日期和竣工日期，在这种情况下，CBR 理论是不可行的。由于造价估算中，可以将各工序的 cost item 相加预测总造价，然而工期的长短是由关键线路上的工序决定，不是由全部工序决定，因此 CBR 应用在造价估算与工期估算领域存在本质的区别。同时由于工期影响因素复杂、相关信息零散，截止到目前国内外很少有文献提及将 CBR 应用在工期估算方面。

1994 年 Yau(1998)初步提出了 CBR 在工期估算中的可行性，但尚未进行深入研究。以“CBR+Estimating duraion”或“CBR+forecasting duration”为关键字搜索，真正对 CBR 工期估算进行深入研究是在近 10 年发展起来的。KOO 以韩国住房协会(Korea National Housing Corporation)2000—2005 年间的房屋案例构建案例库，通过 RA、ANN、遗传算法(GA)、CBR、蒙特卡洛(MCAS)等方法构建了一个估算工期和造价模型，并且针对不同方法的组合进行了最终结果的对比，发现“CBR+ANN”组合估算精确度最佳。这篇文章证实了 CBR 在建设项目前期阶段工期估算的实用性，但其方法过于复杂。为了弥补检索案例与新问题之间的差距，Lee(2010)对此进行了研究，而在文中仅仅考虑了数量级指标(如高度、面积等)的差异，未考虑类别变量(土壤类别、结构材料等)。

Hair(2006)指出在构成工期的数据中，类别变量构成了初始工期可用的绝大部分信息，比数值类变量对工期影响更大。Jin(2014)意识到上文模型的限制，因此在CBR估算造价中，提出了基于RA算法的案例修正模型，综合考虑数值类指标和类别型指标，并在文中验证了其效果。在此基础上，Jin在最新一篇文章将CBR方法应用在multihousing projects前期工期估算领域，使用KNN检索因素，利用unstandardized coefficient修正案例，将前期估算工期误差从传统方法9.15%减小为5.73%(Jin, 2015)。但该文章主要针对一般建筑项目，适用于常规项目。因此，其模型中所使用的因素和模型的实用范围有一定局限。

4. 案例推理研究前沿

Smith(2016)在论文中指出，在人工智能领域中，CBR方法带来了更多实用性较高的应用。近几年，CBR研究进入了飞速发展阶段，主要表现在以下几个方面：

(1) 应用领域越来越广泛，如知识发现领域和互动机器人领域(Homem, 2016)。

(2) 理论研究方面与模拟、创新领域紧密结合。

(3) 发表了CBR专业书籍(Lopez, 2013)和CBR工具(IUCBR, Jcolibri, myCBR)。

通过第24届International Conference on case-based reasoning会议，总结以下未来的发展方向：

(1) 研究案例相似度计算和案例检索新的方法和理论。在CBR步骤中，案例相似度和检索占据了很重要的位置，因此如何提高计算的准确性和速率成为未来研究的热点(Lopez, 2013)。

(2) 创新案例修正方法(adaptation strategies)，案例重用、案例检索贯穿CBR全过程。近两年不同学者从不同角度创新了该阶段的方法，如Jalali在2015年提出利用大资料发现更新的规律，Bergmann在2016年提出检索相似性程度更高的方法。

(3) 非结构化数据的处理。非结构化数据包含文本型数据、图像性数据(如图片、表格)，如何精确地表达成为研究的热点。

(4) 目前工具IUCBR、jCOLIBRI、myCBR应用程度较低，CBR研究从理论上升到规范化实践方面成为研究热点。

自2015年来，CBR与机器学习(machine learnnig)和知识发现(knowledge

discovery)结合在一起(Bichindaritz, 2015)。2014 年在 CBR 国际会议上增加了 Synergies between case-based reasoning and knowledge discovery 研讨会。由于在 CBR 的案例保留步骤中，新的案例将会被增加到案例库中，这一行为被视为机器学习中的增量学习。

大资料(big data)领域：随着 CBR 方法的成熟，CBR 逐步进入大数据领域，涉及的案例数量庞大，同时数据有高度复杂性，比如电子商务、信号处理、业务流程管理等。与知识发现技术结合在一起，可以解决不同类型数据组合的问题。Dileep&Chakaraborti(Dileep, 2014)针对文本型数据提出一个多步相似性评估方法。Zhang&Leake(2016)将用在大规模数据汇总的筛网数据流方法(sieve streaming)引入 CBR，用在连续增量案例库的维护上。Barua(2014)等结合独立成分分析(ICA)，层次聚类分析和 CBR 来识别脑电图中的眼电伪迹(ocular Artifacts)，避免脑电信号采集的过程中受到眼电信号的干扰。

可解释性和透明度：由于知识发现技术可以用来保存情景信息，从而有助于分析理由和原因。Adedoyin(2016)提出与逻辑回归和神经网络相比，CBR 的结果在解释性和透明度方面具有巨大的优势，因此 Adedoyin 将 CBR 用于识别金融交易中的欺诈模式中。

以用户为中心、交互性方面的应用：CBR 与知识发现技术的整合为使用者提出一个初步的解决方案，使用者可以根据自己需求，逐步虚化方案，直接参与推理的过程。如 Eyorokon(2016)等设计了一个 CBR 对话系统(Goel, 2017)。

综上所述，在人工智能领域，案例推理实用性较高。近年来，得到了飞速的发展，模型框架不断被完善，应用方法不断被优化，并且结合神经网络、遗传算法扩展其应用性。由于自身的优点，使得各国陆续在各行业实用案例推理系统满足自身的要求。在建筑领域也应用广泛，但由于工期影响因素的复杂性，目前国内外较少学者研究其在工期估算方面的应用，在应用范围方面有一定的局限。

（四）小结

综上所述，本部分从复杂工程理论研究方面、工期估算方法演进、案例推理理论研究三个方面进行了分析与梳理，发现国内复杂工程工期估算方面的研究较少，同时案例推理的应用领域涉足工期估算的实践与研究较少。因此，本文在现有理论的基础上，提出创新点，基于案例推理的模型对复杂工程的工期进行估算，为复杂工程工期管控方面提供新的视角。

三、案例推理基本原理及优化方法

（一）案例推理基本原理

基于案例的推理，属于模拟推理法，是以认知心理学为背景发展起来的。CBR的执行过程模仿人类基本的思维方式，当遇到新问题时，头脑会自觉回溯历史经历。若找到的案例与待求解问题的描述一致，则方案可以直接利用；否则，根据待解决问题的描述，对检索出案例的方案进行相应的修改，以产生一个符合待求解问题的方案。

CBR方法能够有效解决规则模糊、难以建模且经验丰富的领域，由于它能充分模仿人类的思维，快速准确地分析待解决的问题，适用于以下范围。

（1）行业中存在一定数量的历史案例。

（2）行业内专家习惯用经验来解决问题。

（3）行业经验很难用规则和公式表示，同时存在很多的例外规则。

（二）案例推理优势与不足

CBR是一门伴随着认知心理学发展的学科，通过模拟人类思维方式，利用已往的经验解决现有的问题，可以避免在知识获取上遇到的瓶颈。案例推理在认知领域被广泛认可，是一种合理的高水平模型。通过分析，与其他人工智能领域方法比较，案例推理有很多优势：避免了知识获取的困难，不需要明确内在规则与模型，原理清晰易懂等。

（1）节约时间：CBR理论上可以直接利用历史案例的经验，不必从头开始解决问题。与专家系统相比，CBR推理过程更加直接，更加便捷。

（2）不断学习：CBR中最后一个阶段——“案例保留”，将符合要求的新案例与解决方案纳入数据库中，可以实现增量学习。案例库的规模在不断地扩大，有更多新增的案例供未来决策使用。

（3）打破知识获取瓶颈：与基于规则的专家系统相比，案例推理不需要了解具体的因果关系以及不需要建立模型，避免了获取知识瓶颈的问题。在专家系统中，对于知识的表达具有一定困难性，开发系统的周期相对较长。

（4）避免犯相同的错误：案例库中包含了历史案例以及对应的结果，过去失败的案例可以用来预测未来的错误，避免发生同样错误。

（5）在定义模糊、规则模糊的问题领域可以实现：案例推理可以利用少量案例支持整个系统的运行，案例不必量化或者完全理解。即使检索出的案例与目前案例相似度较低，也可以通过一些调整方案，将其差距减小。

(6) 建模灵活性：基于模型的推理方法，对问题阐述以及建模的硬性条件要求较高，对于数据不完全时，无法应用。而CBR以经验作为知识，可以灵活地调整现有的数据以满足问题的求解。

(7) 使用范围广：CBR适用于经验丰富，但规则尚未清晰的领域，根据文献的阅读，目前CBR涉及领域宽泛，如农业、医疗、建筑、法律、信息领域等。

(8) CBR技术包含了隐性知识，使决策者不仅可以应用已有的显性规则，也能够通过模拟将隐性知识考虑其中，做出正确的决策。避免了决策者主观猜测错误带来的不良后果。

(9) CBR提供了一种解释问题的途径。CBR通过先前的案例经验来帮助说服使用者来证明目前的方案是正确的。由于CBR反映了人类的推理思维，用户接受程度比较高，对于模型的运行规律也比较清楚。

同时，案例推理也存在着不足，有待研究改善。

(1) 案例的质量与准确性是决定CBR系统运行结果的最基础因素。目前在案例搜集方面存在着随机性，案例数据方面存在着不可靠性，导致CBR系统运行结果差。

(2) CBR推理过程只停留在表面，不深究内在的因果关系，对于某一领域的知识不能深入地学习。

(3) 目前缺乏一套系统化的理论和方法来建立CBR的动态学习模型，针对不同领域、不同行业，CBR的方法都不是固定的，这个问题限制了CBR性能的提高。

(4) 由于CBR存在多个环节，由于技术的研究尚未成熟，存在某些环节需要人为干预，主观性较强，影响了CBR求解的质量。

(三) 案例推理模型演变

关于案例推理模型的模式，很多学者和学术团队创建了不同的认知模式。最早的是1992年，Kolodner在Mediator系统的开发基础上提出了CBR模型模式，如图3-5所示。案例检索是基础过程，选择相关案例进行匹配。为了剔除不良解决方案，因此使用者必须评论(Criticize)候选方案进行判断。根据外部反馈，使用者应评价(Evaluate)CBR系统实现的性能。反馈后，更新案例的描述与结果存储进案例库中以备未来使用。

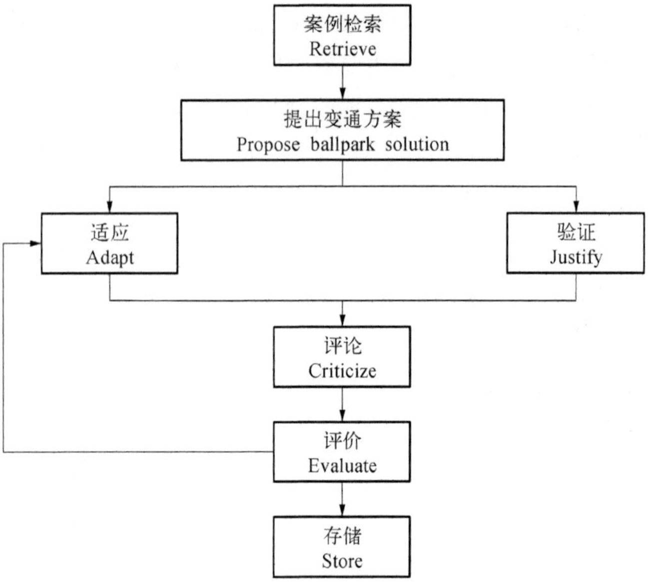

图 3-5 Kolodner 案例推理模型

1994 年，Admodt and Plaza 提出 4R 模型，将案例推理过程分为案例检索(Case Retrieve)、案例重用(Case Reuse)、案例修正(Case Revise)、案例保留(Case Retention)。该模型也是目前最常用的模型，如图 3-6 所示。

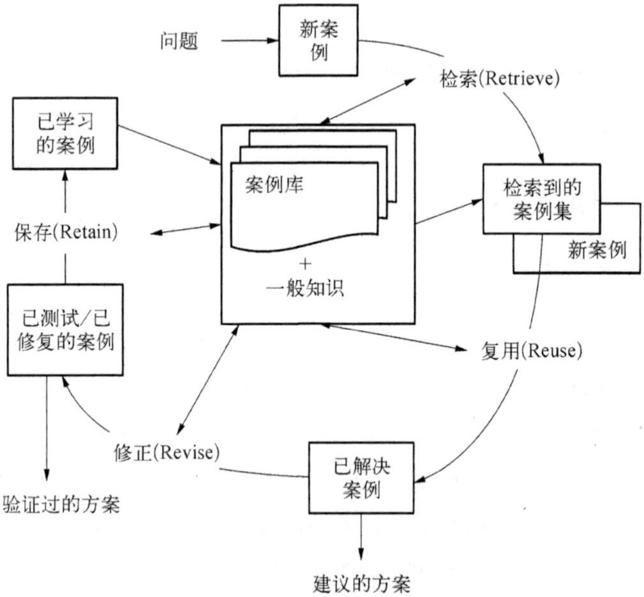

图 3-6 基于 4R 的案例推理模型

（1）案例检索：根据目标案例的相关信息，从案例库中检索出相似的案例，以备使用；

（2）案例重用：选择最优方案中的一个或多个作为目标案例的初始解决方案；

（3）案例修正：若检索出的案例与目标案例间存在差距，要通过相应措施来修正初始解决方案，使之满足当前的问题；

（4）案例保留：将目标案例与修改后的方案，存入案例库中。

Aamodt 的 CBR 模型前提是：由于目前没有统一的途径来进行案例表达(case representation)，因此 4R 模型默认所有案例在案例检索阶段(case retrieve)前构建完成。而 Gavin(2003)文中指出案例基础的构建对 CBR 结果有重大影响，针对 4R 模型中忽略掉案例基础构建这个步骤，构建出的 CBR 应用是以应用为导向的，理论基础不牢靠。

为了解决以上问题，有两位学者提出不同的 CBR 模型。Allen 提出 5 步：在检索前增加案例描述(Presentation)阶段，即为：案例描述、检索、适应、验证(Validation)、更新。

Gavin 在 4R 的基础上做出补充。Gavin 增加了案例重新划分(Case Repartition)环节，从而形成了 5R 模型，如图 3－7 所示。根据相似性原理(similarity-based reasoning)将案例的问题描述与解决方案按照重新划分，可以构建一个令人满意的案例基础库，为后续阶段提供了有力的支持，因此下一节本文依据 5R 模型来进行关键技术的分析。

（四）案例推理关键技术及优化方法

根据 CBR 历史文献的梳理，研究的内容及比例如图 3－8 所示：案例检索 90.1%，案例表达(案例信息的筛选)82.4%，案例修正 62.6%等。比例的高低反映了案例推理每个步骤的重要性。

1. 案例表示

案例表示(Case Representation)是 CBR 技术中最为基础的内容。Admot 和 Gavin(2003)两位学者都认可案例表示对于 CBR 的重要性，但由于没有统一的普遍的方法，在 CBR 模型中未将案例表示加入进去。

案例库中的案例是某个应用领域中问题和解决方案结构化的表述，直接关系到 CBR 的正确性。案例表示涉及以下几个问题：① 选择什么类型的信息组成案例；② 如何选择合适的案例组成结构；③ 案例库如何组织便于未来索引。

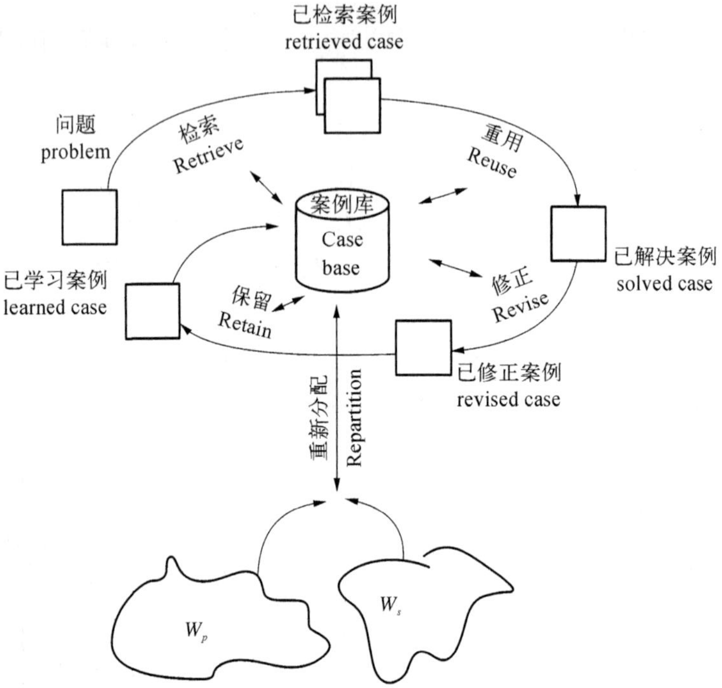

图 3-7　基于 5R 的案例推理模型

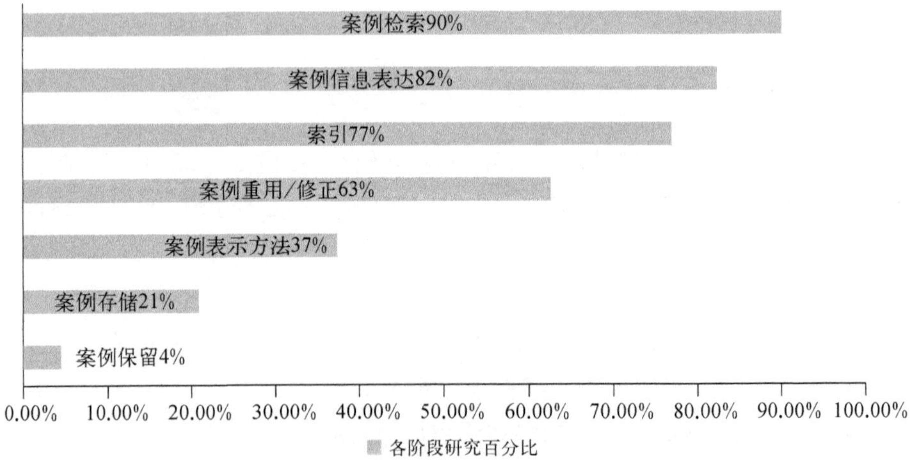

图 3-8　CBR 各阶段研究百分比

案例通常是对一个领域问题的描述(张素琪,2014),Kolodner 指出案例内容通常包括以下 5 个方面: ① 情景或问题描述;② 解决方案: 即对问题的解决方案;③ 结果: 即执行解决方案后导致的后果;④ 结果解释;⑤ 从中汲取的经验教训。其中问题描述、解决方案两个方面是所有基于案例推理系统都必须具备的,其他三项可以根据需求进行选择。

1) 指标选取

针对选择什么类型的信息组成案例,CBR 领域通常用"指标选取"(Vatiable selection)来定义这个过程。指针选取对预测结果的目标有着重要影响。指标的数量、精确度在影响结果精确性的同时影响预测过程的效率(Ahn,2017)。

进行案例搜集时,首先抽取所有案例主要的共同特征,并根据这些共有特征进行案例描述,即 case={指标 1,指标 2,指标 3, …, 指标 n}。指标体系的选取通常有下列几种方法: ① 从文献中获取;② 通过专家获取;③ 选取以往研究中出现次数较高的指标(Jin, 2014)。除了以上主观方案,为了提高案例库的质量,Shin(1999)通过因子分析和最小生成树筛选出 27 个指标;阚峻岭(2010)将相关性分析与遗传算法组合起来选取指标;宁永鹏(2014)研究高维度小样本数据的特征选择方法——基于随机森林的递归聚类消除特征选择方法。其他方法还有逐步回归法、PCA(Fan, 2011)、logistc 回归、t-检验(赵肖肖,2012)、线性判别分析、偏最小二乘分析(李晓岚,2013)等方法。

表 3-8　文献指标选取方法

序号	方　法	说　明	文　献
1	逐步回归+t-检验	逐步回归降维,在此基础上利用 t-检验筛选相关指标	Jo(1997)
2	因子分析+最小生成树+逐步回归	首先通过因子分析和最小生成树 Kruskal 筛选出 27 个,再用逐步回归筛除 12 个	Shin(1999)
3	相关性分析+遗传算法	解决指标组合带来的"组合爆炸"搜索效率问题,解决指标相关性之间问题	阚峻岭(2010)
4	决策树	分类问题规则清晰易懂,可行性高	Cho(2010)
5	逐步回归、t-检验、logic 回归、基于经验选取依次进行指标选择、主成分分析降维	与单一指标选取方法对比,组合指标选取提高预测精确度	Li(2011)

续 表

序号	方　法	说　明	文 献
6	逐步回归		Li(2010)
7	随机森林的递归聚类方法	针对案例数量较小,指标因素过多的情况	宁永鹏(2014)

2) 案例表示结构

最初的案例表示是借鉴经验存储在大脑中,以记忆的方式存在,采用剧本的形式,立体地展示记忆。但在实践中逐渐发现此种方法会造成相似案例之间的混淆,不足以准确地反映真实的记忆。因此在实践和理论上,逐步发明了一些案例知识的表示方法与结构(Li, 2010)。

案例相关知识的表示是在求解过程中,将相关特征、条件、对象以及算法进行总结,成为一种数据结构,方便系统化处理(马欣,2015)。理论上,人工智能(AI)领域中知识表达(knowledge representation)的方式都可以用来案例表达,没有固定统一的方法,不同的表示方法将对案例检索、案例重用、案例保留等阶段产生影响,进而影响 CBR 系统的效率和运行质量(Bergmann, 2006)。比较常见的知识表示有框架式、语义网、判定树、面向对象、逻辑表示法、因果关系图等方法,其中框架式和面向对象应用最为广泛(王凯,2009)。

框架表示方法是由 Minsky(1988)在其论文 *A framework for representing knowledge* 中提出的。在文中他认为,人们在储存对事物的认知过程中,存储结构与框架十分相似。对于不同事物,可以找出对应的框架,并且根据一些事物的特征对框架进行补充和完善。框架表示法中,框架由框架名和若干个槽组成的(一个槽通常代表一个属性),一个槽又是由若干个侧面组成的(侧面通常用来表示属性的某一方面),结构如图 3-9 所示。

(框架名)
槽名 1　侧面名 1　值 1,值 2,……,值 m
　　　　侧面名 2　值 1,值 2,……,值 n
　　　　……
槽名 2　侧面名 1　值 1,值 2,……,值 p
　　　　侧面名 2　值 1,值 2,……,值 q
　　　　……
约束:约束条件 1
　　　约束条件 2
　　　……

图 3-9　框架表示法结构图

框架表示法可以仿真知识在人脑中的类似框架的存储结构，体现人的思维，表现方式比较灵活，具有结构性、继承性和自然性的优点。一方面可以表达事物的属性，另一方面也可体现事物之间的相互关系。但缺乏严格的形式化语义是它最主要的缺点。

语义网是由 Simmon 在研究自然语言过程中提出的概念，通过层次的点弧结构来表达。无论是弧还是结点，都有一定的权值，能够表达相关程度。语义网的优点如下：知识的形式比较灵活，有良好的数据存储格式；使用时不需要对整个知识库进行搜索，不会出现爆炸组合的问题；在某些专业领域如叙词表，此方法尤其适用。而该方法的缺点如下：由于点和弧没有标准的定义，知识表达结构化程度比较低；由于网络结构较为复杂，对于后期维护带来困难；对于逻辑性数据无法采用语义网。

面向对象的表示方法，是一种较新的知识表示方法。该种方法的基本思想为，客观世界都是由实体组成的，这些实体可以执行一定的动作，相似的实体即可抽象为较高层的实体。所谓的对象便是指针对这些实体的映像。对象中包含了数据成员(描述对象的各种属性)和成员函数(方法)来组成的。由于对象中包含了操作，又包含了状态，因此既是信息的存储单元，又是信息处理的独立单元，具有一定的内部结构和处理能力。面向对象表示法与框架法较为相似，但在模块性与封装性等方面更加完善，更适合与计算机技术结合在一起实现系统的开发。而对于自然语言的描述上，面向对象法难以处理。

针对 CBR 系统，对案例表示的最终成果要求如下。

(1) 启发性：所选择的案例应该对类似问题具有一定的参考意义，对新问题具有启发性。

(2) 具体性：案例表示过程中，针对其问题描述、解决方案等组成内容应该具体化，以便发现待求解案例与案例库中案例的本质差别。

(3) 抽象性：该部分针对索引过程，索引时抽象性与具体性要相互协调。由于在基于案例推理的决策系统中，是通过模拟的方式获得具有类似结构的问题，应尽可能发现其共同特征。

2. 案例检索

案例检索是 CBR 过程中最关键的步骤，如图 3－8 所示，相关研究占比约 90.1%。沈力华在其毕业论文中提到：“若想提高案例推理方法的精确度，最有效的方法就是对案例检索方法进行改善。”检索的目的是得到有参考意义的案例。首先需要分析目标案例的指针属性，建立检索规则。通常情况下，找到完全匹配的案例可能性很低，只能做到各个属性的近似匹配检索方法的选择，检索速度、检索结果都会对整个系统效能有着至关重要的影响，对之后重用、修正阶段进行的关键。案例检索可被分解为以下几个任务：① 特征属性预处理；② 初始匹配；③ 权重设置；④ 相似性计算；⑤ 相似度距离测量(Mantaras, 2001)。

1) 特征属性预处理

特征属性预处理主要是根据 CBR 系统上下文找到合适的信息，对新案例的特征属性进行识别并匹配案例的过程。本阶段工作内容类似于上文提到的“指标选取”过程，但区别在于：在案例表达阶段“指标选取”过程会大量地搜集信息，但是否适合于模型的运行，还需要验证。本阶段着重对现有数据进行梳理，删减。基本上特征筛选的标准概括为以下三种。

(1) 客户需求：与最终系统用户进行协商沟通，满足其目标。

(2) 结果导向：通过所需要结果的形式倒推所需要的特征属性。

(3) 过程导向：在解决问题的过程中寻找特征属性。

对案例库中数值进行“预处理”，以满足 CBR 模型运行的要求，比如由于数据存在着异常值(outliers)、数据空缺、数据重复等问题，针对数据异常值(outliers)需要首先人为刨除。针对数据向量不同无法比较的问题，将其标准化，使所有指标基于同一个标准层面上进行计算。

2) 初始匹配

初始匹配首先对各个案例的属性权重进行确定，然后根据相似性计算规则计算目标案例与案例库中案例的相似程度，匹配与目标案例最为相似的源案例。在 CBR 中，主要匹配方法有：最近邻近法(Mantaras, 2001)、归纳推理法(Han, 2001)、知识导引策略(Surma, 1994)或三种方法的结合。

(1) 最近邻近法

最近邻近法(K-Nearest Neighbor Method, KNN)是 1951 年 FIX 提出的。目前大多数的 CBR 系统采用的为 KNN 方法。在检索过程中，强调每个案例之间指标一对一的匹配，通过给指标赋予权重计算各指标对案例匹配的贡献度。

$$\text{similarity}(T, S) = \text{sim}\left(\sum_{i=1}^{n} f(T_i, S_i) \times w_i\right)$$

其中，T 表示待解决案例；S 表示案例库中源案例；n 为案例指标的数量；i 表示第 i 个属性；f 表示相似度计算函数；w 表示第 i 项指标的权重。

KNN 的优点：① 对案例数量要求低，即使案例数量有限，也可以使用；

② 适用于目标案例特征定义模糊。但也有其局限性：① 未考虑不同指标之间的耦合作用；② 该方法的使用前提是对于决策信息的充分把握，而对于有限理论而言，所有的决策都是在信息不完全的情况下做出的，通过简单地比较指标之间相似度来定夺案例是不可取的；③ 通过 KNN 方法仅仅通过表层简单指标来分析，而在案例搜索阶段，表层特征由于信息掌握程度的不同存在一定的盲目性；④ 随着案例的增多，该方法的高效性降低，因此该方法使用于案例较少的情况。

（2）归纳法

归纳法类似判定树的运行方法，不断从案例各层级中将最能把该案例与其他案例区分开的成分剥离出来，并根据这些成分组成一个层次网络。该方法适用于有明确定义的，并且案例数量得到保障的情况。

归纳法的优点如下：① 通过不断地剥离成分，能够客观地分析案例，区别这些案例的特征；② 检索速度快，随着案例数量的增长，检索速度成对数增长；③ 当案例具有明确定义，并且案例数量较多时，无论从检索速率和质量上，都比 KNN 方法有效。缺点是：① 需要搜索大量的案例来支撑该方法的运行；② 在剥离成分中，有助于区别案例的成分将被率先识别出，不相关的特征，直至最后才能被识别；③ 剥离成分环环紧扣，一个环节出现错误将会导致整个系统出现错误索引，不易察觉。

（3）知识导引策略

该方法与归纳推理法类似，在剥离成分上依据领域内的知识识别出比较重要的特征因素，并根据这些特征来搜索相似案例。与归纳法相比，可以避免从大量实例中进行归纳。它最大的特点就是检索和案例组织都具有一定的动态性（马欣，2015）。

知识导引法的优点：① 与归纳法相同，都结合了一定的知识，避免从案例中归纳经验；② 该方法具有耗时少、归纳操作步骤少的优点。但同时也存在着很多知识无法用代码表达的缺点，难以在大范围的事例输入上完成完备的索引。因此若系统拥有的知识体系完整，该方法较为适用，可以保障案例库的稳定。

3）权重设置

当使用 CBR 方法去估算造价、工期时，选择影响因素并将他们数字化表示是很重要的一步。但是，影响造价、工期的因素有很多，全部应用会影响 CBR 模型的应用效率以及精确性。因此在建设项目管理领域，增加案例检索精确性的普遍做法：为指标设置权重（Cheng，2015）。指标的权重反映指标的重要性，CBR 系统的运行效果取决于选择的指标因素以及相似度的计算，因此指标的权

重在 CBR 应用中占据很重要的地位(Zhang, 1999)

对于 CBR 领域初始权重的设置,一般用 3 种方法:

(1) 一致性权重,全部指标赋予相同的权重,例如: $w_i=1/n$。

(2) 随机设置权重。

(3) 由专家确定初始权重,在此基础上采用其他方式修正权重。

以上 3 种方法中,第 3 种是最通用的方法。在专业领域内,一个专家可以利用他的领域知识智能地设置初始化权重(Stahl, 2001)。CBR 系统可以直接利用初始权重,也可利用后续方法修正权重,达到 CBR 系统更高的准确性。

目前,确定权重的方法有主观分析法和客观分析法。主观分析法常用的定权方法有专家法、调查统计法、无差异折中法、层次分析法(严爱军,2014)。其中层次分析法是由 Saayt(1978)在 70 年代提出的,将指针属性一一罗列,根据其中的层次关系,进行分级,构建层次模型。由于其可操作性强,原理简单,被广泛使用。但当指标因素过多时,会导致工作量急剧增大。前三种方法一般是基于专家的固有经验,主观性较强,会给相似案例检索的质量带来不确定的影响。客观分析法,如遗传算法、神经网络、信息熵、模拟退火等方法,即使在权重设置方面做了有益的探索,但由于自身固有的一些缺陷,如遗传算法陷入局部最优、信息熵忽略横向对等,导致结果不是最优解。

不同学者进一步研究权重设置机制,提高案例检索的质量(严爱军,2014)。例如,Gu et al.(2011)提出了一种基于信息熵权重确定方法的灰色 CBR,并采用基于 Delphi 的权重确定方法进行乳腺癌诊断的比较研究。Yan et al.(2014)提出了一种基于膜计算的方法来优化 CBR 的属性权重。罗洋(2015)基于标准偏差的权重设定方法:如果某个属性的标准偏差比较小,则说明所有记录在这个属性上的取值相差不大,该属性取何值对结果的影响不大,则这个属性的权值应该较小,如表 3-9 所示。

表 3-9 指标权重设置文献整理

序 号	方 法	参考文献
1	相关性系数	Shin(1999)
2	决策树	Sevgi(2008)
3	蒙特卡洛	Cho(2010)
4	信息熵	Zhao(2011)

续　表

序　号	方　　法	参考文献
5	均值权重＋Pearson 乘积矩相关系数修正	Planton(2015)
6	信息增益	Janssen(2015)
7	粗糙集理论	Jiang(2016)
8	关联矩阵	Stram(2016)
9	历史文献＋专家评估	Singh(2016)
10	专家分析＋问卷调查	Kwon(2017)

Hu 在其文中总结了建筑领域 CBR 系统采用的权重设置方法：遗传算法(GA)、神经网络(ANN)、梯度下降法(the gradient descent method)、特征计算(feature counting)、线性回归(regression analysis)、决策树(decision trees)。

4）相似性计算

案例检索阶段中最重要的是指标距离测算/案例相似性分数的计算。

根据不同标准，相似性计算有不同的分类(表 3－10)：

(1) 根据计算范围，相似性分为两个部分：局部相似性(local similarity)和整体相似性(global similarity)。局部相似性计算指标之间的相似性，整体相似性计算案例之间相似性(Stram, 2016)。过去文献在计算相似性时较少考虑指针相关性对分数的影响。然而在实际项目中，不同指标之间存在一定的关联性，因此也会对工程的工期目标、造价目标产生一定的影响。

(2) 按照指标类型，相似性分为三个类别：① 表面相似性(surface similarity)，根据案例描述可以判断的相似性，如建筑高度、项目造价；② 派生相似性(derived features)，根据经验、项目描述派生出的指标相似性，如已知单层长度与宽度，派生出单层面积；③ 结构相似性(structural similarity)(Cheng, 2015)。相似性计算要求不同，学术领域提出不同的相似性计算方法。对于表面相似性及派生相似性指标其中最多的为 KNN 和 Local-Global 方法(Mantaras, 2005)。对于结构性指针相似性的计算对专业背景积累要求很高，通常借助计算机技术计算。在建筑管理和工程项目领域中，由于案例数量有限以及指标体系的局限性，CBR 的应用仅关注表面相似性指标的计算(Cheng, 2015)。

(3) 根据计算的方法，相似度测量分为：① 基于距离的方法，也是目前 CBR 领域常用的方法，根据构成案例的某些目标(比如指针特征)来计算案例之间的距离，通过距离的大小决定相似度分数的高低（表 3 - 11）；② 索引或表示方法，即通过索引结构将案例库中相似案例组织起来，根据这些贯穿整个案例库的索引结果搜索近似案例。

表 3 - 10 相似性计算分类

按照计算范围区别	按照指标类型区分	按照计算方法区分
局部相似性	表面相似性	基于距离的方法
整体相似性	派生相似性	索引或表示方法
	结构相似性	

5）相似度距离测量

距离测量以及相似度的计算依旧是 CBR 领域一个研究的热点，好的距离测度能够有效地提高案例检索的效率，表 3 - 11 列举了几个距离测量方法。在这方面，不同学者已经做了大量关于距离测定的研究，比如欧氏距离，arithmetic summation，fractional function。

表 3 - 11 距离测量方法

序 号	距 离 测 量	测 量 公 式
1	绝对距离	$\text{sim}(X, Y) = \| X - Y \|$
2	欧氏距离	$\text{sim}(X, Y) = \| X - Y \|^2$
3	仿海明距离	$\text{sim}(X, Y) = 1 - \dfrac{\| X - Y \|}{MAX(X, Y)}$
4	Euclidean 距离	$\text{sim}(X, Y) = \sqrt{\sum_{I=1}^{m} (f_{xi} - f_{yi})^2}$
5	Minkowski 距离	$\text{sim}(X, Y) = \sqrt[e]{\sum_{I=1}^{m} \| f_{xi} - f_{yi} \|^e}$

其中案例推理中常用的距离测量是欧氏距离，但该方法应用的假设是每个指标因素的权重相等，同时各个指标之间是非相关的，然而在实际应用领域中，这个假设不合理。因此提出了加权的欧氏距离，加权的马氏距离，加权的异构距离（Gu, 2017），如 Ji 和 Park（2011）等采用加权欧氏距离作为军事设施成本估算系统的相似度测量方法。Ji（2011）还提出了一种使用欧氏距离概念作为相似性度量的 CBR 成本估计模型，并将遗传算法作为权重分配方法。这项研究进一步

分析本模型与其他相似性度量和权重分配方法的组合，研究表明欧氏距离＋遗传算法的组合比单独使用 1 - NN(Nearest Neighbor)和 ten-NN 的模型更准确。为了更好地处理连续与离散变量，被加权后的欧氏距离依旧假设属性之间是相互独立的。因此在此限制下，自学习距离测度的概念被提出。自学习距离测度是一种通过学习得到的距离，可以利用案例库中案例学习得到，从数据出发，可以很好地反映内部特征。如今典型的自学习距离方法有 DCA(Discriminative component analysis)、RCA(Relevant Component Aaalysis)方法。

为了提高案例检索的效率，针对不同领域的特点，其他类型的检索方法相应提出，比如，人工神经网络以及遗传算法得到了研究和应用(王玉等，2000)，不确定性知识处理的方法如粗糙集等去除冗余的案例特征属性，也被引入 CBR 领域中(季赛等，2006)。

3. 案例重用

案例重用阶段负责从检索案例中的解决方案中提出一个新问题的解决案例。案例重用阶段关注两个方面：① 目标案例与检索出案例的区别；② 检索出案例的解决方案哪些部分可以用于解决新案例。当检索出的案例与目标案例足够相似，检索出的方案可以直接使用。然而当目标问题与检索案例存在着明显的差异，则重用变得更加困难，在这种情况下，可能需要调整改编检索出的解决方案来缩小差距。

通过案例检索步骤得出的案例可能是一个或者多个，这些案例都与目标案例近似，如何选择参考案例就是案例重用阶段比较重要的内容。案例重用过程需要以一般领域知识和个人经验的知识为基础，随机应变。

在案例重用过程中，为了得知筛选出案例与目标案例的匹配程度，我们需要在目标案例与检索出的案例之间进行分析。案例评价是案例修正的前提条件，是对新案例应用效果做一个总结，若新案例的解决方案好，则直接应用并且可以存储；若新案例的解决方案不好，则需要进行一定的案例修正。

4. 案例修正

在 CBR 研究领域中，案例保留(4.4%)、案例修正(62.2%)等环节研究较少。

由于案例库中并不存在与目标案例完全相同的案例，尤其在工程领域，项目具有单一性、多样性，比如港珠澳大桥与杭州湾都是挑战极大的桥梁工程，如果直接复制杭州湾大桥，工程要容易得多，但是伶仃洋并不是杭州湾，伶仃洋是最重要的贸易通道，而且通航要求特别地高，需要满足 30 万吨游轮的通行，因此需要针对差异进行调整。若源案例与目标案例之间相似度很低，则 CBR 找不到适合的解决方案。为了解决这个问题，很多研究都强调了 CBR 阶段中案例修改的重要性（崔鸿超，1997）。

案例修正阶段需要解决两个问题：① 检索出案例与目标案例存在哪些差异；② 如何弥补差异。

Kolodner 于 1993 年提出了十种案例修正的思想。

（1）重新例化：将旧的解决方案重新实例化为新对象。

（2）调整指标：对检索出来的案例参数进行调整。

（3）局部搜索：从一个初始解开始，通过邻域动作，产生其邻域解，直至达到条件。

（4）查询记忆：从辅助的知识结构中查询特定描述的东西。

（5）特殊化搜索：通过特定的搜索办法搜索启发性知识。

（6）替换：使用其他案例替换目前检索出的方案。

（7）常识转化：根据领域专家的经验以及常识对检索出的方案进行一定程度的替换、删减、增加等操作。

（8）修补：由一个因果模型指导转化。

（9）特定目的的修改：做出特定的适应性修改。

（10）推翻：重用 CBR 理论检索案例，推翻目前已搜索的方案。

以上 10 种方法可以归为两大类：① 替换，用新情况的值替换旧情况的值；② 转变，在检索出解决方案的基础上根据差异进行调整，将旧解答转换为新方案。

在以上理论的基础上，Mitra(2010)在文中总结了 29 个 CBR 系统所应用的案例修正方法，根据对领域知识依赖程度的不同，形成了如图 3－10 所示的框架。分为两部分。

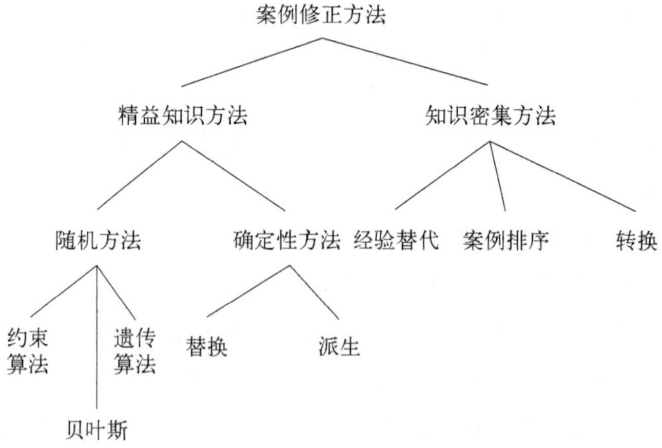

图 3－10　案例修正框架

(1) 精益知识方法，该分支方法对行业经验要求性低。又分为随机方法与确定性方法：① 随机方法：该类中的修改方法通常将任务模型转变成约束问题，并使用进化或其他搜索类算法获得解决方法。贝叶斯也用于这类问题。② 确定性方法：此类别中的算法使用基于替换的自适应方法和派生方法。

(2) 知识密集方法，与前一类方法相比，此类适应算法的设计需要更多的领域知识。

在上述案例修正的框架内，案例修正的理论逐渐延伸。目前，CBR 领域中案例修正没有通用的方法，通常需要某个领域的专业知识来指导。案例调整通常方法有人为干预(Perera, 1998)、根据经验调整(Karshenas, 2002)、专家调整、人机交互方式(陈军鹏等，2008)，对某些特征根据自己经验进行增加、删减等操作(杨健等，2008)。但由于这些方法一方面增加了修正的工作量，人为主观因素占据较大比重，精确度不高，另一方面面临着行业邻域知识获取的瓶颈问题。因此在 CBR 案例调整阶段以上方法并不是最好的选择。

对案例修正的研究成为继案例检索后的又一研究热点，同时由于在不同领域修正方法不同，案例修成也成为 CBR 技术的难点。不同学者研究不同领域的案例修正方法包括基于遗传算法的案例修正(Purvis, 1997)、基于满意算法的案例修正(Hinrichs, 1991)、基于数据挖掘提取案例修改知识的动态学习方法(Lee, 2003)、基于元知识的修订规(Vong, 2002)、基于模糊逻辑的候选案例评价(Grzymala-Busse, 1997)等，其他方法如表 3-12 所示。同时为了弥补只针对数值型变量修正的不足，Runzhi 补充了针对名义变量修正的优化方案。Sartori (2016)提出两步法修正，弥补单一方法的不足。

表 3-12　案例修正方法

方　　法	文　献	领　域
遗传算法	王军(2008)	房地产营销
线性回归	Jin(2014)	工程造价
人工蜂群算法	张素琪(2014)	故障诊断
锚映射算法	Minor(2014)	工作流优化
1. 可信空间区分(对检索出案例分为可信/不可信) 2. 对于不可信案例，遗传算法修改权重	Yan(2015)	—

续 表

方　　法	文　献	领　域
群体决策	Yan(2014)	锅炉状态预测
灰色关联分析	Hu(2015)	机器设计
模糊 c 均值聚类 支持向量机	Han(2015)	端点预测
两步修正法	Sartori(2016)	银行破产预测
交叉验证	Ahn(2017)	造价预测

5. 案例保留

案例保留将新的问题以及解决方案一并存储在案例库中，使得 CBR 系统具有自我学习的能力。针对保留的案例判断准则有以下几点：

(1) 若检索出案例与目标案例之间差异程度较低，则目标案例对案例库没有作用，不需要保留该案例。

(2) 若差异程度中等，可以与旧有案例进行合并。

(3) 若差异程度较大，将目标案例留存在案例库中。

随着研究的进展，研究者的目光不仅仅停留在如何保存案例方面上，同时也注意到案例库维护的重要性(Wilson, 2001)。案例的维护主要包括向案例库中添加新的案例，或删除不常用的案例方案，同时还要调整和修改一些不成功案例的有关参数，使得案例库更加完备，效率更高。

CBR 案例录入分为以下 3 种情况。

(1) 案例库是自学习的智能系统，因此在求解过程中，通过变换得到的案例，将其加入案例库中，以供将来使用。

(2) 根据用户需求，加入新案例。

(3) 通过专家的分析，在案例求解时认为有必要或者必须通过录入新案例才能完善求解的过程，由专家选择加入案例。

案例删除：当案例过于特殊失去其应用价值时，或者出现更有代表意义的新案例，由维护人员对其进行删除操作。

案例修改：通常对检索出的相似案例进行评价和修改，以检查其对待案例约束条件的满足程度。

当设计和构建 CBR 系统和支撑技术时，会出现维护方面的问题，需要确定何时，如何维护 CBR 系统才能更好地服务于特定的性能目标。随着 CBR 系统自动学习机制，案例库中案例越来越多，制定良好的维护策略对 CBR 系统的运行效率和运行质量有着至关重要的意义。

（五）小结

本部分详细阐述了案例推理的工作原理、应用价值，并根据 5R 步骤，各阶段详细介绍其关键技术，并通过近 5 年的文献整理出每个阶段最新的优化技术，为下一节奠定理论上的基础。

四、基于 CBR 复杂工程工期预测优化方法应用

本节主要研究基于 CBR 工期预测方法的应用过程及应用成果，需选择一类复杂工程形成案例库。综合考虑复杂工程各类工程的案例数量可获得性、指标特征标准化程度、前期工期预测重要性的特点，本节以摩天大楼为例应用基于 CBR 的工期预测优化方法。

摩天大楼又称为超高层建筑，属于复杂工程的一类工程。其建设规模较大，建设周期较长（一般 4～6 年）、利益相关者众多，在建造过程中具有一定程度的不稳定和不确定性。

近几十年来，摩天大楼热潮在全球迅速蔓延。尤其从 2010 年以来，通过谷歌趋势查询，人们对摩天大楼关注显著提高，2012 年是媒体关注度最高的一年。1960—2000 年 40 年期间，全球已建成摩天大楼数量为 224 栋，在 2000—2015 年 15 年期间全球已建成数量为 961 座，是前 40 年的 4～5 倍。其中，中国和阿联酋是摩天大楼建造热度最高的地方。二者之中，中国建造摩天大楼最多，建造速度和数量占据世界总量很大比例，从 2008 年开始到 2016 年，几乎每年建造数量都在提升（除 2009 和 2012 年），如图 3 - 11 所示。

中国的摩天楼数量可以为工期预测模型提供丰富的案例基础。不仅一线城市拥有数量可观的摩天大楼，几乎所有上规模的城市都可以见到摩天大楼的身影。珠三角、长三角地区是摩天大楼聚集地，全球前 100 高的大楼中有 20 座都坐落于此。2017 年下半年，重庆、西安等地区陆续公布摩天大楼建筑方案，长沙、武汉、贵阳等地也均有超过 400 米的摩天大楼在建项目。

摩天大楼被普遍认为是城市发展和经济实力的象征（同济大学复杂工程管理研究院，2013），对于摩天大楼这样具有庞大投资和战略意义的项目而言，项目

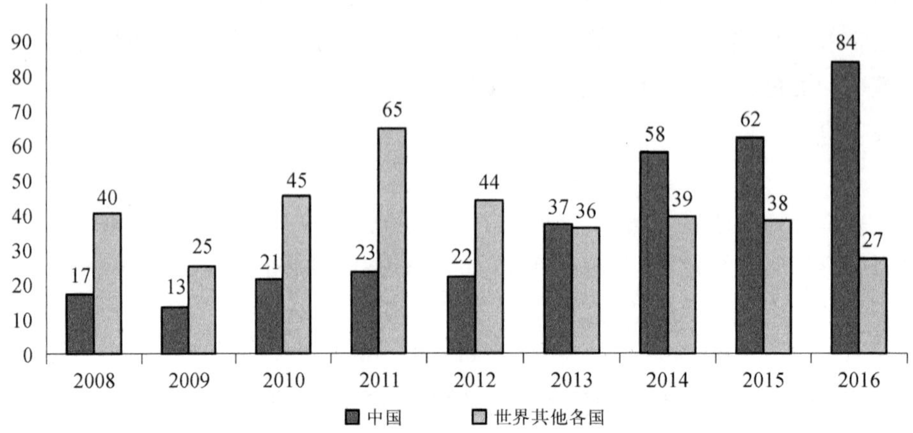

图 3－11　中国与其他国家摩天大楼建造数量①

前期估算合理的工期对于项目的成功有重要的意义，其工期和进度的估算比普通建筑项目更为重要。例如，摩天大楼一般是城市的地标性建筑，在提升土地利用率的同时能吸引优质企业迁移该地，摩天大楼的准时完成不仅会影响周边配套设施（地铁轨道的建设）建设，同时也会影响地方政绩，以及城市形象的建立。

（一）模型构建框架

本部分选取摩天大楼为复杂工程的案例，来建立工期估算模型，框架如图 3－12 所示。

（二）案例选取

案例库中收集的数据要包含案例描述（本文中用指标来描述案例）以及案例结果（本文以工期展示案例的结果），案例库是 CBR 模型的基础（Stram，2016）。案例获取是指将专门领域的信息数据抽取出来，通过系统的分析，以标准化的形式表达。通常从海量知识中获取信息主要有三种方法，即人工获取、全自动获取以及半自动获取（王驰，2008）。其中全自动获取方式最为便捷，但目前的系统很难实现。因此本文采用人工获取的方式进行案例搜集。

① 数据来源：CTBUH 网站。

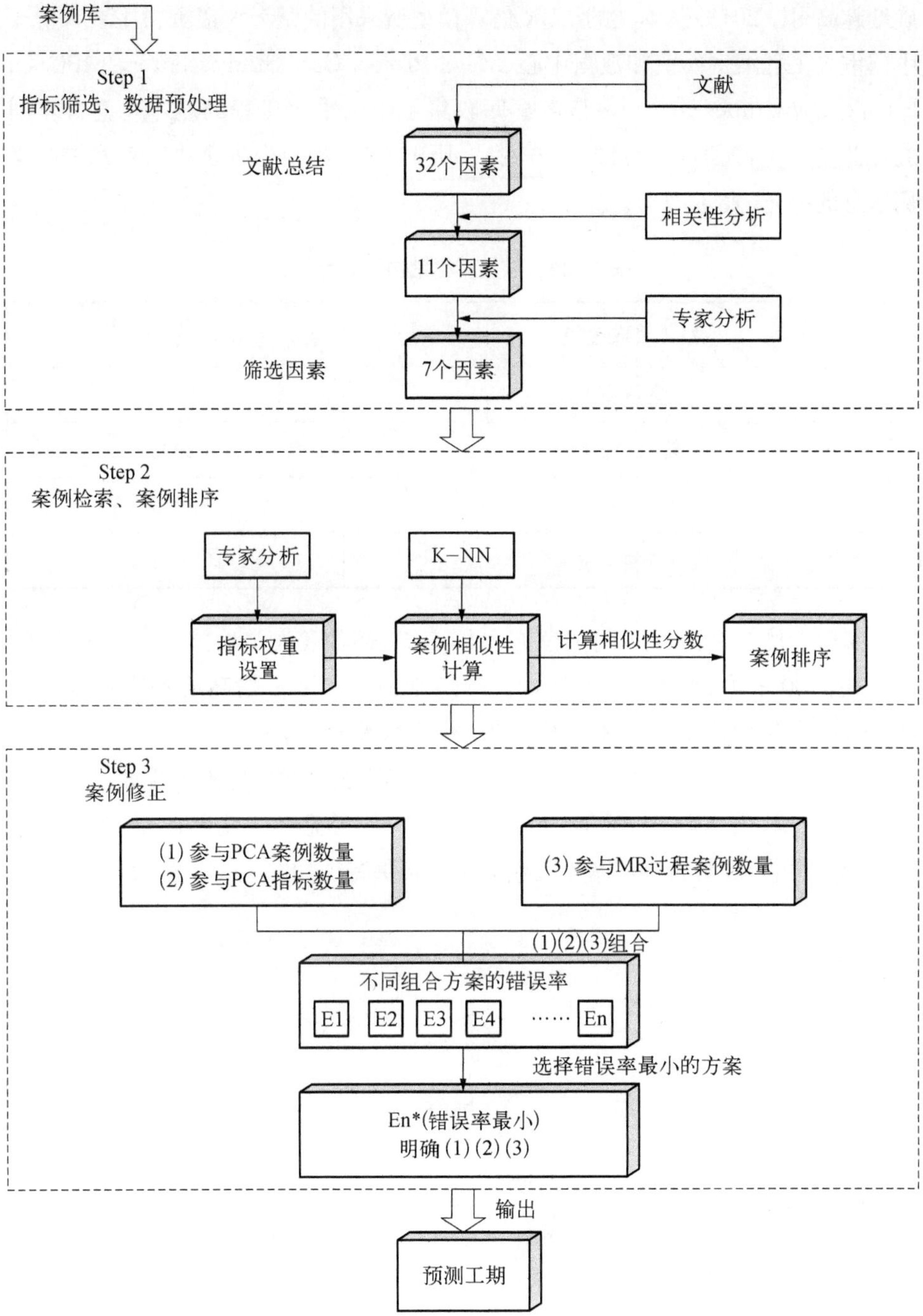

图 3-12　基于摩天大楼工期估算模型框架

案例库中案例数量越多，检索到相似案例的可能性越高，CBR 预测结果精确度越高(Ji, 2010)。本文的 CBR 估算模型所采用的摩天大楼资料主要来源于中国重大工程案例研究和数据中心(Mega Project Case Study Center, MPCSC, http://www.mpcsc.org/)。该数据库收集了中国重大工程的基本信息。本研究在此基础上，还通过项目的官方网站、历史文献、项目数据负责人信息进行案例信息的补充(表 3-13)。

表 3-13 摩天大楼案例获取途径

案例获取途径	比 例
案例库	60%
文献、专案专著	20%
网上新闻	10%
项目资料负责人	10%

摩天大楼对其高度不同国家有不同定义，例如美国 165 米，日本、法国 60 米，中国 100 米等(根据《民用建筑设计通则》)。本文依据高层都市建筑学会(CTBUH)，选取高度大于 200 米的建筑作为摩天大楼案例。

根据资料的可获得性，选取 25 个摩天大楼案例。案例范围定义如下：① 高度高于 200 米；② 建造时间在 1993—2014 年；③ 建造地点主要限制在内地，也包括少量香港、台湾的典型摩天大楼案例。案例特征如图 3-13 所示。

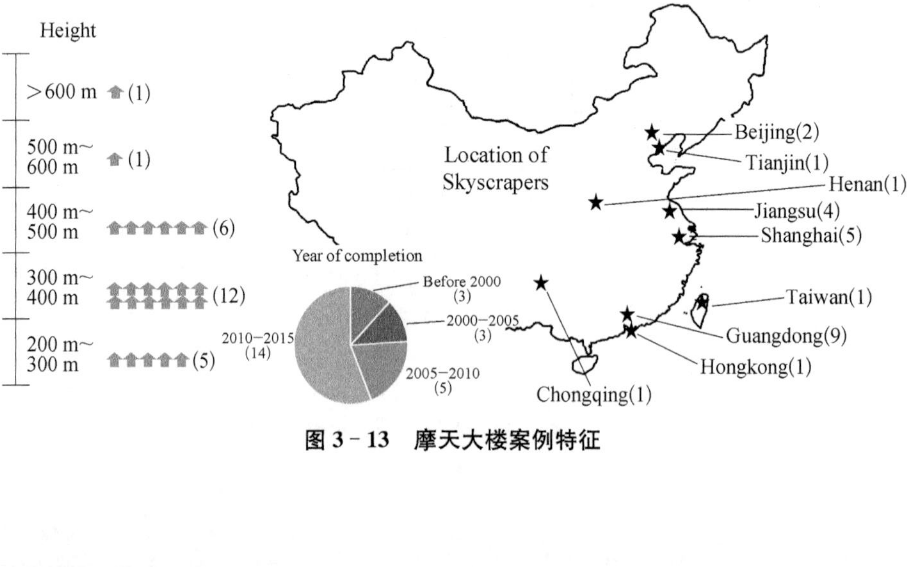

图 3-13 摩天大楼案例特征

（三）指标收集、处理

1. 工期影响指标

案例库指标体系的形成既是案例库构建的重要内容，也是 CBR 前期工作的重要内容。通过历史文献整理进度影响指标是一种常用的方法(Kim, 2004)。

通过文献整理，不同学者从不同角度分析了影响工期的指标。Sidwell 得出在三个控制目标中(进度目标、造价目标、质量目标)，进度控制水平受项目管理能力影响最大(Sidwell, 1984)。Assaf 总结出 73 项影响因素，如业主决策更改、财政危机、法律纠纷等因素(Sadi, 2006)。同时通过问卷的方式在工程各参与方之间分析了各因素对工期影响的重要性排序，业主方认为劳动力缺失是最关键的影响因素，承包商认为支付款拖欠是最重要的因素。Kaming(1997)利用因素分析法得出劳动生产率、设计变更、天气因素、设计方案的完整性 4 项因素是影响工期较大的因素。Ogunlana 和 Promkuntong(1996)分析人工原因(沟通效率、工人质量)对工期有较大的影响。并且在建筑地产繁荣时期，建筑材料库存也是一个决定性因素。Murali(2007)以马来西亚建筑为目标分析工期影响因素并用权重法得出影响因素的重要程度，分别为(顺序从高到低)：不合理的规划、现场管理、参与方经验不足、业主财政问题、其他合同方引起的纠纷、材料短缺、劳动力供应、设备性能与失效、参与方沟通不畅、决策错误。Mulholland 和 Christian(1999)将进度风险分为设计风险(设计师的资历、设计改变)、建造风险(供货商选择、供货速度)和项目风险。

2. 指标处理与降维

在收集案例的过程中，存在信息的不完整性，使用者无法从任何途径获得。Grzymala-Busse(1991)总结了几种处理遗漏型数据的方法。

(1) 忽略遗漏型数据的案例，将其剔除。

(2) 对于“NULL”空值的特征因素，假设一个数据赋予值。

(3) 使用概率论。根据已有案例的特征因素数值，结合概率论估算未知数值。

(4) 利用该特征因素最最常出现的数值代替未查询到的部分。

(5) 根据最终结果倒推空值对应的数值。但此方法只有一个因素为空值才可以使用。

本文对于遗漏型的数据处理方式采用方法(1)与方法(2)的结合。

通过历史文献的总结，初期数据库包含 39 个案例，95 个特征指标，见附录

A 初始数据库指标。根据指标的可表达性以及数据缺失标准(若超过 20 个案例对于此指标的数值为空,则剔除该指标)最终总结了 32 个影响工期的特征指针,25 个案例(表 3 - 14)。

表 3 - 14　指标筛选三步骤

	步骤 1:文献阅读	步骤 2: 相关性分析	步骤 3: 专家分析
项目特征	高　度	√(A1)	
	使用层高度(X1)	√(A2)	√(A2)
	地上层数	√(A3)	
	地下层数	√(A5)	
	塔体面积		
	建筑总面积	√(A4)	
	结构材料		
	结构类型		
	开挖深度(X2)	√(A6)	√(A6)
	基础类型		
	开发土方量(X3)	√(A7)	√(A7)
	功　能		
参与方特征	总承包经验		
	开发商行业类型		
	投资者数量		
	项目造价(X4)	√(A8)	√(A8)
	设计方经验		
	监理方经验		
施工条件	项目所在省级行政区社会发展水平		
	项目所提供劳动力		
	地区建筑劳动生产率(X5)	√(A9)	√(A9)
	建筑场地类别		
	抗震设防烈度		
	低于 5 度天数(冬季施工期)		

CBR 系统对于数据准确性很敏感,若不准确的数据则将会影响结论的精确度(Salam, 2011)。根据文献的总结,案例及指标数量比例如表 3 - 15 所示。由于案例的可获得性,本案例库中仅包含 25 个案例,案例的数量少于特征指针的数量会造成后期数据处理不便,同时用非线性数学模型处理的因素在 6～20 个,因此需要在预处理过程中增加降维的方法。指标降维在数据挖掘技术里是非常关键的决策,无关特征与冗余特征都会弱化模型的效果。

表 3 - 15　案例数量与指标数量的关系

文　献	案例数量	指标数量	比例(案例/指标)
Cho(2010)	1 000	130	7
Kim(2004)	530	9	58
Kim(2010)	585	11	53
Li(2011)	369	30	12
Zhao(2011)	81	7	11
Li(2010)	153	30	5

本文的预处理步骤为 3 步:

(1) 由于 32 个指标针对摩天大楼的不同角度,为了计算,需要将指针资料进行标准化处理(Ji, 2010)。将数据归一化降低特征因素数量单位以及数量积的不同带来的不良影响。

(2) 结合相关性分析的方法,筛选与工期相关性较大的的指标,共筛选出 11 个因素,筛选标准是相关性分析中的相关性系数双侧概率小于 0.05。

(3) 专家分析法,通过对专家的访谈和问卷,指出 11 个因素中重复覆盖的指标,如高度与层数是具有相关性的。为了避免多重共线性,A1, A2, A3, A4 中选择一个数据即可,同理,A5, A6 二者之间选择一个数据。选择方法如表 3 - 16 所示,计算 8 种组合(A1、A2、A3、A4 和 A5、A6 两部分分别组合)的指数值(Index values)和多重共线性(Multicollinearity)。选择两个数值均为最小的一组组合。

表 3 - 16　数据预处理 8 种组合的指数值及多重共线性

组　合	A1&A5	A2&A5	A3&A5	A4&A5
R^2	0.699	0.704	0.699	0.717
Max conditional index value	18.910	18.917	18.675	18.389
The factor of VIF>5	NONE	NONE	NONE	A9

续 表

组　　合	A1&A6	A2&A6	A3&A6	A4&A6
R^2	0.714	0.720	0.720	0.731
Max conditional index value	15.946	15.903	16.033	16.240
The factor of VIF>5	A9	A9	A9	A9

最终指标体系为 7 个指标，如图 3 - 14 所示。这 7 个因素是由历史文献以及专家分析得出的。同时这 7 个因素也和已有的文献相符合。

工期影响因素	
项目特征	使用层高度
	开挖深度
	开挖土方量
参与方特征	项目造价
施工条件	地区建筑劳动生产率
经济因素	国内生产总值 GDP 指数(建造期平均)
技术方面特征	绿色建筑

图 3 - 14　案例表达框架法

3. 案例表达结构

根据上一部分理论的总结，本模型案例表达结构采用较为常用的框架法，如图 3 - 14 所示。

4. 指标权重设置

权重数值的大小反映该因素的重要性，以及对解决方法的影响大小。本模型由于指标数量小，为了提高建立模型的效率，权重的设置采用专家打分的方式，具体信息见附录。专家法邀请 4 位拥有项目管理经验 5～10 年的专家(第一位专家在摩天大楼建筑领域有丰富经验；第二位专家，高级工程师，参加上海环球贸易中心和平安中心建造；第三位专家，高级工程师，参与多项高层建筑的项目管理；第四位专家，在复杂工程进度估算领域做出了理论贡献)。

在评分过程中采用了 3 分法，根据因素对工期影响的程度分为三个档次：1 分代表该因素影响工期；2 分代表该因素对工期有重要影响；3 分代表因素对工期有极大的影响。对因素的重要性进行评分，最终平均算得每个因素的权重(表 3 - 17)。

表 3-17　指标权重设定

指　标	使用层高度	地下结构深度	开挖土方量	造价	当地建筑劳动生产率	国内生产总值GDP	绿色建筑评级等级
专家打分	0.13	0.16	0.18	0.15	0.18	0.06	0.10

(四) 模型构建

为了检索最相似的案例，第一步是要定义案例，通过匹配(matching)、排序(ranking)检索案例。

1. 源案例与测试案例比例

本文案例库共收集 25 个案例，按照常规做法，需要分成留存在案例库中案例(training data)和测试案例(test data)。针对二者之间的比例，目前 CBR 领域没有统一的做法，根据各系统的案例数量以及特点，不同学者制定了不同的比例，如表 3-18 所示。

表 3-18　源案例与测试案例比例

文　献	源案例	测试案例	比　例
Shin(1999)	168	21	8∶1
Kim(2004)	490	40	49∶4
Chan(2005)	130	30	5∶1
An(2007)	540	40	27∶2
Cho(2010)	800	200	4∶1
Li(2011)	153	57	7∶3

目前，大部分的文章中都会选择至少 50%去做 modeling data。在 Seivge 文中提到一般文章会采用 10%的案例作为验证案例，由于在他的文章中只有 29 个案例，按照规定只能取 3 个案例作为检索案例，会造成结果的不稳定性，产生准确率极高或准确率极低两种情况。但若抽取 7 或 8 个案例来作为检索案例，则只有 21 个案例作为案例库的基础，整个模型会因数据过少变得无效。根据以上限制条件，作者采用 5 个案例作为验证案例。充分考虑本文案例数量少的特点，本文选取 5 个案例作为 test cases，因此借鉴 Cho(2010)文章中源

案例与测试案例数量 4∶1 的比例的原则，本文选择 20 个案例作为 training cases。

2. 案例检索——相似度计算

该案例库中数据格式包含多种形式，例如连续型数值变量、等级名义变量等，因此无法用统一的相似度计算方法计算。本文采用两种不同的相似度分数计算形式。

对于连续型数值变量，等级名义变量，用连续变量差值计分，如式(3－1)和式(3－2)。具体指标有使用层高度、地下结构深度、开挖土方量、造价、当地建筑劳动生产率、国内生产总值。

$$D_{AV_i} = | AV_{\text{test-case}_i} - AV_{\text{retrieved-case}_i} | \tag{3-1}$$

其中，$AV_{\text{test-case}\,i}$ 为目标案例中第 i 特征指标数值；

$AV_{\text{retrieved-case}\,i}$ 源案例中第 i 特征指标数值；

$D_{AV\,i}$ 为目标案例与源案例第 i 个指标值的差的绝对值。

$$SW_i = 100 - 100 \times \frac{AV_{\text{test-case}_i} - \min(D_{AV_i})}{\max(D_{AV_i}) - \min(D_{AV_i})} \tag{3-2}$$

SW_i 为第 i 个因素相似值。

对于名义变量 ordinal number(用 1，2，3 来表示不同评价等级)，使用离散型二级计分(等级相同为 100 分，不同为 0 分)，如式(3－3)。具体指标指绿色建筑评级等级。

$$SW_i = \begin{cases} 100, & \text{如果 } AV_{\text{test-case}_i} - AV_{\text{retrieved-casei}} = 0 \\ 0, & \text{其他} \end{cases} \tag{3-3}$$

案例相似度的计算将每个因素权重与相似度分数乘积相加，如式(3－4)。

$$SC_j = \sum_{i=1}^{n} SW_i \tag{3-4}$$

SC_j 为第 j 个案例相似性；

SW_i 为第 i 个指标相似性。

拥有最高案例相似分数的案例被认定为与目标案例最相似的案例。

3. 案例重用——排序

根据上述权重和相似度分数，可以对每个案例进行相似度分数的计算，并且可以根据相似度分数的高低对其相似案例进行排序。

例如对广晟国际大厦项目，其排序结果如表 3 - 19 所示。

表 3 - 19　广晟国际大厦案例排序

项　目　名　称	工期(天)	相似分数
1. 会德丰国际广场	1 580	89.201 50
2. 利通广场	1 774	88.588 29
3. 中国国际贸易中心第三期	1 740	75.861 15
4. 紫峰大厦	1 946	70.085 46
5. 空中华西村	1 256	67.681 57
6. 世茂国际广场	1 645	67.067 36
7. 明天广场	2 132	66.641 31
8. 中国银行	1 058	63.328 65
9. 京基金融中心	1 522	63.115 63
10. 上海金融中心	1 296	61.005 52
11. 珠江城大厦	1 734	60.249 58
12. 天津环球金融中心	1 562	59.685 08
13. 金茂大厦	1 408	56.512 25
14. 环球贸易广场	1 999	54.544 20
15. 广州国际金融中心	1 409	53.313 05
16. 广州塔	1 376	48.674 74
17. 地王大厦	1 104	44.111 70
18. 中央电视台总部大厦	2 575	43.463 20
19. 中信广场	1 399	39.356 47
20. 台北 101	2 522	36.571 78

4. 评价结果标准设立

大型复杂工程的复杂性特点决定了完全精准的预测复杂工程的工期是不可能实现的，绝对精确可能性很低，但使预测值保持在真实值一定范围内浮动是可行的(Whitty，2009)。

同时，为了直观体现 CBR 工期估算的准确性，本文引入错误率（Error rate），用来比较实际工期与预测工期，如式(3-5)。

$$ER = \frac{实际工期 - 预测工期}{实际工期} \tag{3-5}$$

根据以上的规则和计算后，案例结果如表 3-20 所示。

表 3-20　参考案例数量对结果的影响

参考案例数量	1 个案例	2 个案例	3 个案例	4 个案例
广晟国际大厦	1 580(5.67%)	1 676(0.09%)	1 695(1.23%)	1 749(4.46%)
现代传媒中心	1 946(4.96%)	1 860(0.36%)	1 762(4.92%)	17 579(5.63%)
郑州绿地中心	1 774(11.74%)	1 858(7.55%)	1 819(9.46%)	17 181(4.47%)
重庆环球中心	1 734(11.03%)	1 736(10.87%)	1 749(10.25%)	1 694(13.07%)
九龙仓	1 946(26.61%)	1 766(14.90%)	1 768(15.07%)	1 762(14.64%)
平均值	12%	6.76%	8.18%	28.45%

计算过程中发现，CBR 预测结果和选取案例数量相关。

在得到最终项目排序之后，参考案例数量的不同，会导致最终预测结果的区别。例如在分别选择 1～4 个最相似案例中，平均错误率在 6.8%～28.5%。在选择 2 个相似案例时，结果最好，平均错误率仅为 6.76%。但在被预测的 5 个项目中，存在着错误率较高（例如 10%以及 14%）的情况。因此我们需要引进案例修正阶段来减少误差。

5. 案例修正——基于 PCA 和 MA 的优化方法

由于建筑领域数据的杂乱性，导致在建筑领域 CBR 应用（如造价预测）中，案例基础数量有限（Cheng，2015）。若采用人为干预案例修正方法，主观性太高，精确度不高。因此需要在已有案例修正的方法上，考虑案例基数较少的特征，进行优化。

由于模型最终采用的指标数量较少，大多数为数据型指标，因此选择 MRA 案例修正方法。Jin(2012)提出使用 MRA(Multiple Regression Analysis)来进行案例调整。但该方法对变量和案例数量的要求较高。在案例数量有限的条件下，变数较多时，对后期数据处理不便。由于本研究案例数量有限，因此本研究无法直接使用 MRA 方法，需要对因素数量先进性预处理并减少其因素数量后，才能使用 MRA。

1) PCA 阶段

在案例修正阶段,每个项目需要重新选择重要因素,进行多元处理回归分析 MRA。由于每一个案例是独特的,因此,对每一个案例,需要选择不同因素。为了解决以上问题,本研究使用 PCA 的方法在 7 个原有因素的基础上再次进行精炼。本文针对每个项目,选取相似度分数最高的前几个案例进行主成分分析法(Principle Component Analysis),筛选出针对每个项目最重要的因素,再进行多元回归。

主成分分析是一种多指标统计方法,将多个变量转化为少数几个代表性的指标,称为降维技术。PCA 可以得出主成分方差百分比(Percentage of Variation)以及原始因素成分矩阵(scores of original variable),前者可以表示新因素对原始因素的解释水平,后者表示原始因素对新因素的贡献程度(Ji, 2012)。因此原始因素的贡献率可以用上述两种数值表示。

该原有的 7 个因素中,绿色建筑是名义变量,不适用于 PCA 分析。将其刨除后,对剩下 6 个数值变量进行 PCA。

2) MRA 阶段

在 PCA 完成后,针对每个项目,将 PCA 得到的新的重要因素进行多元回归分析 MRA,如式(3-6)。

$$Tr = C + k_1 factor_1 + k_2 factor_2 + \cdots + k_n factor_n \tag{3-6}$$

式中,Tr 为修改后的工期;C 为多元回归分析中的常数项;$factor_n$ 为 PCA 筛选出针对某项目 topn 特征因素的值;k_n 为多元回归分析中的系数项。

综上所示,案例修正阶段存在 3 个重要因素:① 进行 PCA 的案例数量;② PCA 选择的因素数量;③ 参与多元回归案例数量。三个因素及其取值范围和原因如表 3-21 所示。

表 3-21　不确定因素的取值范围

不确定因素	个数范围	选　取　原　因
(A) 进行 PCA 案例数量	7～12	对于可能的 6 个因素,案例数量大于等于 7,才可以进行 PCA,所以相似案例最少取 7。 当案例数据增加时候到一定范围后,预测结果的准确率降低,经尝试,但 PCA 案例数量取 12 时,预测整体误差比取 11 时的结果大。所以案例数量最大取 12

续 表

不确定因素	个数范围	选 取 原 因
(B) PCA 选择的因素数量	2～4	考虑构建多元回归的要求($Case_n >> Factor_n + 2$) ** ,因此(C)的数量应该在(B)数量基础上加 2。由于测试案例数量上限为 6。(C)上限为 6,所以(B)的上限为 4。 同时为了提高回归的准确性,(B)至少选两个因素,因此(B)下限为 2。因此(C)的下限为 4。
(C) 参与多元回归案例的数量	4～6	

** : $Case_n$ 为对某案例参考案例的个数,即多元回归方程的个数,$Factor_n$ 为 PCA 对因素重要性排序后采纳因素的个数。

针对于上表中的 3 个变量的不确定性,本文针对每个案例考虑了所有可能存在 36 种情况,并通过情景分析(scenario analysis)计算其预测后的平均错误率,如表 3－22 所示。根据表 3－22,本文选取误差平均值最小(4.16%)的一组数据组合。因此本模型确定以下几个参数:(A) 进行 PCA 案例数量 10 个;(B) PCA 选择的因素数量;(C) 参与多元回归案例的数量 5。

表 3－22 案例修正 36 种组合

线性规划案例数量		取 4 个案例	取 5 个案例		取 6 个案例		
PCA 截取因素数量		2 个	2 个	3 个	2 个	3 个	4 个
7 个案例 PCA	重庆环球中心	6.4	6.9	7.9	11.3	9.8	16.36
	九龙仓	33.3	22.05	38.77	19.1	35.3	19.9
	郑州绿地中心	19.3	12	17.8	19.3	15.42	17.8
	现代传媒中心	9.7	5.5	11.8	3.1	5.2	4.4
	广晟国际大厦	2.2	9.7	12.05	8	4.2	6.2
平均值		14.18	11.23	17.66	12.16	13.98	12.92
8 个案例 PCA	重庆环球中心	6.4	6.9	7.9	11.3	9.8	16.36
	九龙仓	20.88	8.8	28.8	7.4	38.9	51.3
	郑州绿地中心	34	8.8	17.8	21.9	15.42	17.8
	现代传媒中心	7.03	0.6	15.1	18.82	27.2	46
	广晟国际大厦	9.7	0.9	3.2	8.6	2.2	50

续　表

线性规划案例数量		取 4 个案例	取 5 个案例		取 6 个案例		
PCA 截取因素数量		2 个	2 个	3 个	2 个	3 个	4 个
平均值		15.60	5.2	14.56	13.60	18.70	30.29
9 个案例 PCA	重庆环球中心	14.2	9.6	8.2	14.7	10.5	9.6
	九龙仓	17.11	5.2	28.8	8.7	38.9	10.7
	郑州绿地中心	8.15	6.9	10.14	16.11	0.91	7.5
	现代传媒中心	16.8	4.2	15.1	17.15	27.2	46
	广晟国际大厦	3.9	12.5	9.7	8.6	8.2	6.2
平均值		12.03	7.68	14.38	13.05	17.14	16
10 个案例 PCA	重庆环球中心	8.6	9.2	7	10.8	16.9	17.44
	九龙仓	35	8.5	38.77	6	35.3	30.8
	郑州绿地中心	50	1.6	7.4	14.4	20.3	12.48
	现代传媒中心	7.03	0.6	15.1	18.82	27.2	46
	广晟国际大厦	9.7	0.9	3.2	8.6	2.2	50
平均值		22.06	4.16	14.29	11.72	20.8	31.34
11 个案例 PCA	重庆环球中心	11.3	15.08	7.9	14.4	9.8	17.44
	九龙仓	17.11	5.2	30.5	8.7	15.9	27.7
	郑州绿地中心	8.2	6.1	98	9.2	11.9	12.48
	现代传媒中心	9.8	1.8	0.3	8.5	4.3	9.6
	广晟国际大厦	4.9	6.04	12.05	6.6	4.2	6.2
平均值		10.26	6.84	29.75	9.48	9.22	14.68
12 个案例 PCA	重庆环球中心	17.2	14.3	12	14.4	0.4	22.8
	九龙仓	17.11	5.2	30.5	8.7	15.9	27.7
	郑州绿地中心	15.6	20.9	7.4	22	20.3	12.48
	现代传媒中心	7.03	0.6	15.1	18.82	27.2	46
	广晟国际大厦	9.7	0.9	10.3	8.6	8.2	2.9
平均值		13.32	8.38	15.06	14.54	14.4	22.37

根据上述组合，案例修正阶段公式如表 3－23 所示。

表 3－23 各案例修正阶段多元回归方程

项目	多元回归方程	R^2	预测工期	实际工期	错误率
重庆环球中心	$2\,004.744-2.114X_3-5.52X_4$	0.89	1 763	1 949	9.2%
九龙仓	$2\,199.996-1.9X_1+1.95X_4$	0.12	1 669	1 537	8.5%
郑州绿地中心	$1\,194.203-0.22X_3+0.352X_6$	0.31	1 977	2 010	1.6%
现代传媒中心	$1\,837.69-0.003X_5+0.319X_6$	0.80	1 842	1 854	0.6%
广晟国际大厦	$2\,232.101-0.001X_5-0.152X_6$	0.33	1 690	1 675	0.9%

（五）模型结果分析

1. 不同估算方法结果对比

为了验证模型的有效性，本文将其预测结果与传统工期估算方法以及真实工期进行比较。传统估算方法包括 2 种，包括：(1) 定额估算，这是中国常用来估算多层建筑由中华人民共和国建设部制定的全国范围内统一计算工期的指导方法。(2) 线性回归。该方法将工期和相关因素(例如高度)进行线性回归的方法。

如表 3－24 所示，在所有方法中，修改后的 CBR 预测准确率最高(误差仅为 4.16%)。该结果比未修改的 CBR 的误差率降低了 38.5%((6.76－4.16)/6.76＝38.5%)。一般来说，在项目前期，工期估算的 5%～10%误差率可以接受。这也说明 CBR 是能够预测摩天大楼工期的有效方法。从另一个角度来分，传统工期估算方法对摩天大楼的准确性不高，特别是定额估算(误差为 16%)，也说明了传统方法对摩天大楼工期预测的局限。

表 3－24 多种工期估算方法结果对比

	线性回归	定额估算	CBR 未修改(参考 2 个案例)	CBR 修改后的工期	真实工期
广晟国际大厦	1 697 (1.3%)	2 075 (23%)	1 677 (0.09%)	1 690 (0.9%)	1 675
现代传媒中心	1 665 (10%)	1 713 (7.6%)	1 861 (0.4%)	1 842 (0.6%)	1 854
郑州绿地中心	1 624 (19%)	1 816 (10%)	1 858 (7.55%)	1 977 (1.6%)	2 010

续　表

	线性回归	定额估算	CBR 未修改（参考 2 个案例）	CBR 修改后的工期	真实工期
重庆环球中心	1 698（12%）	2 419（24%）	1 737（10.8%）	1 763（9.2%）	1 949
九龙仓	1 611（5%）	1 905（23%）	1 766（14.9%）	1 669（8.5%）	1 537
平均值	9%	16%	6.76%	4.16%	

说明：定额估算针对地上 32 层，地下 4 层以内的建筑，本文根据定额平均估计工期仅供参考。

在 CBR 计算和改进过程中，存在了很多变量。这些变量的选取会对最终结果造成影响。其中最主要的两个不确定性分别是：修正过程不确定性，以及案例中总体案例数量对结果的影响。从而确定本研究得出的结果是否 robust。

2. 案例数量对模型结果精度的影响

CBR 中案例数量是一个重要因素。本文进一步讨论了案例数量对预测精确性的影响。其结果对案例库未来持续的扩充有重要意义。本文以郑州绿地中心、现代传媒中心、广晟国际中心三个近期项目为例，分别根据不同的年份和可收集的案例数量的基础上，观察模型的精确度的变化。根据项目完工时间不同，完工时间在 2010 年前，2011 年前，2012 年前的案例数量为分别为 10 个、17 个、20 个。表 3－25 显示了不同案例数量下 CBR 模型预测的工期的平均误差率。结果发现，随着案例库中案例数量的增多，可供 CBR 模型参考和选择的案例数量也越多，使得预测结果更加准确，预测的错误率越小。本文案例库目前仅包含 25 个案例，错误率 4.2%，可以预测的是在该案例库不断丰富的未来，该 CBR 模型估算的结果将会更加准确。

表 3－25　案例库数量不同对结果的影响

案 例 数 量	郑州绿地	现代传媒	广晟国际
20 个案例库（2012 年以前）	7.55	0.36	0.09
17 个案例库（2011 年以前）	8.26	0.44	1.33
10 个案例库（2010 年以前）	15.62	8.83	12.58

另外，研究还发现错误率的降低和案例数量的增长呈非线性关系。即增加新案例产生的结果精确性的效益递减。例如，郑州绿地中心，从 10 个案例增加到 17 个案例过程中其错误率降低了 7.36%，而从 17 个案例增加到 20 个案例的过程中其错误率仅降低了 0.71%(表 3 - 25)。可能的原因是 CBR 采用"单独配对"原则。即是对每一个预测案例来说，增加案例库案例的数量能增加其最佳配对的可能性，一旦出现一个最佳配对案例，其预测准确率就会极大上升。之后即使再增加新的项目，对其准确率也不会有太大影响。

3. 案例修正对模型结果精度的影响

在表 3 - 26 的结果选择中，本文依据的标准是平均误差最小。但从另一个方面来看，案例修正过程，也是 MRA 的过程。因此多元回归方程 R^2 的大小也十分重要。于是，本文想测试选择不同的组合，是否会同时满足平均误差小，且多元回归中 R^2 的要求。

表 3 - 26　选取前 N 个相似性最高案例的 PCA 结果

项　目	7 个案例 PCA		8 个案例 PCA		9 个案例 PCA		10 个案例 PCA		11 个案例 PCA		12 个案例 PCA	
	ER	R^2	ER	R^2	ER	R^2	ER	R^2	ER	R^2	ER	R^2
重庆环球中心	6.9	0.89	6.9	0.89	9.6	0.85	9.2	0.89	15.08	0.35	14.3	0.7
九龙仓	22.1	0.82	8.8	0.71	5.2	0.41	8.5	0.12	5.2	0.41	5.2	0.41
郑州绿地中心	12	0.81	8.8	0.2	6.9	0.89	1.6	0.31	6.1	0.46	20.1	0.21
现代传媒中心	5.5	0.89	0.9	0.8	4.2	0.76	0.6	0.8	1.8	0.26	0.6	0.79
广晟国际大厦	9.7	0.72	0.6	0.33	12.5	0.69	0.9	0.33	6.04	0.93	0.9	0.3
平均值	11.2	0.82	5.2	0.58	7.68	0.72	4.16	0.49	6.8	2.41	8.4	0.48
去除极大值平均	8.52	0.85	4.3	0.68	6.47	0.79	2.9	0.58	4.8	0.53	5.3	0.55

根据表 3 - 26 显示，错误率最小的前 6 组组合的分别如下：4.16%，5.2%，6.8%，7.68%，8.4%。分别对这 6 组进行 MRA，其平均误差和回归后 R^2 的结果如表 3 - 26 所示。

可以发现误差最小的前 2 组(误差 4.16%～5.2%)，其 R^2 范围在 0.49～0.58，差别并不是很明显，而且都属于可以接受范围。

由于摩天大楼中常出现新的最高楼(extreme value)，这种情况在数据点上变成为一个 outlier。若在每一组中都去掉一个 outlier，那对预测的结果也更有意思。在去掉 outlier 后，最好的 2 组结果其预测的平均错误率将会降低至 2.9%～4.3%，R^2 会提高到 0.58～0.68。如表 3 - 26 所示。

可见，无论是按准平均错误率最低，还是按照 R^2 最大的原则进行选取，最终的结果变化基本不大，说明了最终结果是相对 robust 的。

（六）小结

在项目早期阶段，合理估算复杂重大工程的工期有着重要的作用。本节以摩天大楼项目类型为例，建立基于案例推理的估算模型。根据前三部分理论的铺垫，本部分主要从指标选取、权重设置、案例检索方面选取适当的方式来构建模型，同时由于本案例库案例过少，无法找到适用的案例修正方法。因此本模型创新出针对小样本的案例修正方案，先利用 PCA 将指标降维，再用 MRA 进行指标的修正。通过对中国摩天大楼的数据分析，我们发现改进后的 CBR 模型对工期预测的平均误差率为 4.16%，大大低于传统方法误差率(16%)。

最后，对模型的结果进行了讨论，分析案例修正方案以及案例库数量对结果的影响，为未来完善该模型提出了发展空间。

五、结论与展望

（一）结论

案例推理是人工智能领域中一个重要的领域，被学者认为是一个智慧优化的预测方法。针对我国目前复杂工程项目的背景，本文为管理者在项目早期工期估算提出可行的思路。

针对复杂工程项目管理的以下特点：知识缺乏、经验丰富、模型规律难以建立，本文展开了研究，主要取得以下几方面的贡献。

(1) 综述了国内外复杂工程工期估算方法的研究。尽管我国针对工期估算方法的理论研究很多，但在项目前期阶段，工期估算的手段较为主观，因此本文在理论的层面上，提出一个可行方案。

(2) 探讨案例推理的理论研究源起、演变进程、基本思想的基础上，着重分析了案例推理各个阶段(案例表示、案例检索、案例重用、案例修正、案例保留)的关键技术，探讨了核心技术以及目前发展的前沿技术，并针对本文复杂工程的特点，筛选适合技术构建模型。

(3) 在理论的基础上,以摩天大楼这一类案例为代表,构建基于案例推理的工期估算模型。详细阐述了每个阶段的应用手段,并且针对模型运行结果,进行了深入的讨论。通过对中国摩天大楼的资料分析,我们发现改进后的 CBR 模型对工期预测的平均误差率为 4.16%,大大低于传统方法误差率(16%)。

(4) 本文对 CBR 中案例修正的方法进行了补充。由于案例搜集数量的限制,导致本文案例库属于小样本高维度案例库,无法通过使用以往众多学者提出的案例修正方法。因此结合样本数量、指针数量以及复杂工程影响因素的特点,对 CBR 的方法进行了改进,并加入了主成分分析、多元回归分析、scenario analysis 等多种方法,使得 CBR 在复杂项目领域的使用范围得到了扩展。

(5) 本文扩展了案例推理的应用范围。目前案例推理在建筑领域常用在造价预测、安全辨识等领域,国内外很少文献提及关于工期估算方面的领用。本文证明该方法在工期估算方面是有应用前景的,并且提供了一整套的计算方法和框架。

(6) 实际应用中,复杂工程通常具有工期长、投资巨大,并且对于所涉及的城市都有一定的形象作用。其合理的估算工期一方面可以减少项目中资源的浪费,避免工期延误引发的合同变更问题,同时也会减少对政府,周边区域经济的不利影响。以摩天大楼为例,目前国内摩天大楼领域前期估算主要依靠专家、经验的方式,缺乏一个客观的方法模型来估算。本文模型可以在项目前期,为项目提供一套可行的摩天大楼工期估算方法。据此,业主和承包生可以在合理误差范围比较不同决策的优劣,做出正确的判断。同时,这也利于准确地编制前期的项目文件,为项目的实施阶段作出合理的安排。

(二) 局限与不足

本文结合文献综述以及模型构建的方法,对复杂工程前期工期估算方法做出了研究。除了对理论和实践层面的贡献外,本文也存在着一定的局限,主要集中在模型构建过程中存在的问题。

(1) 获得资料的广度和深度有限。案例推理的成功关键在于案例库中数据的正确性以及精确性,但是如何获得全面正确的数据是目前研究的瓶颈。由于时间和能力的限制,本文搜集数据的来源:80%网络收集、10%专著收集、10%项目负责人收集。但网上信息繁杂,针对准确性无法获得百分之百的保证,同时由于我国复杂工程项目周期长,期间人员流动速度高,在收集数据时,往往碰到资料丢失、负责人更替等问题,导致没能完整收集到全部资料,仅仅能搜集到 25 个指标完整的案例来构建案例库,因此在此方面具有一定的局限性。

(2) 变量选择过程中只考虑了数值变量的处理,没有考虑 qualitative and descriptive information。因此在未来的研究中,需要对各种不同类型的变量进行处理,更全面地反映摩天大楼的各方面信息。

(3) 在构建 CBR 模型中,每个阶段所用的方法一般均为较为简单,普及型较高的方法。除了对案例修正阶段的方法做出创新外,其余方法还存在一定的欠缺。因此作为一种探索性研究,未来的研究者可以做出更多的研究。

(4) 由于本文案例数量的限制,为了符合数学角度数据处理的规律,对指针数量进行了一定缩减。由于指标数量少,因此在后文指标权重的设置过程中,采用了专家评分法,没有完全避免主观性的影响。

(5) 本文仅限于在理论层面上证明 CBR 预测工期的可行性,还未实际操作。若未来能将该模型与信息技术结合起来形成自动决策系统,便可为决策者提供更快捷和自动化的决策辅助功能。

(三) 展望

在总结了本文的不足后,基于本文研究过程中发现的问题,提出未来研究的方向。

在建设项目管理领域,CBR 应用逐渐广泛。但它的应用趋势、模型建立、应用领域及存在问题依旧是未知的。

(1) CBR 理论建立在"相似问题有相似解决方案"的基本假设上,然而对于这个假设,其真实性有待商榷(Leake,1999;Althoff,1999)。当问题空间(problem space)和解空间(solution space)是简单直接的,该理论是正确的。然而对于大多数建设管理领域的项目,Jing 和 Bormann(2012)提出在建设管理领域中,非线性关系是普遍的。因此对于建筑领域中,类似问题是否有类似解决方案需要进一步探讨。

(2) 建立模型方法选择指南。CBR 应用者通常应用案例检索和案例修正去满足自己的要求,然而,对于不同问题没有一个统一的体系,大多数方法建立在主观分析与判断上。而且目前在每个领域中,若想使用 CBR,需要重新选择合适方法进行研究,无法应用现有成果。

(3) 缺乏信息化系统。CBR 是一个很好的模拟人工思维的工具,然而,仅有 52.7%的模型转换成了信息化平台,供使用者使用。转化率过低会抑制 CBR 在实际工程中的应用,仅仅停留在理论层面的研究上。若未来条件允许,可以构建网络平台,推动 CBR 理论的发展。

参考文献

[1] AAMODT A, PLAZA E. Case-based reasoning-foundational issues, methodological variations, and system approaches[J]. Artificial Intelligence Communications, 1994, 7(1): 39-59.

[2] ADEDOYIN A, KAPETANAKIS S, PETRIDIS M, et al. Evaluating case-based reasoning knowledge discovery in fraud detection[C]// Coman A, Kapetanakis S. Workshop Proceedings of the Twenty-Fourth International Conference on Case-Based Reasoning, 2016: 182-191.

[3] AHMED S, WEBER M, LIWICKI M, et al. Automatic analysis and sketch-based retrieval of architectural floor plans[J]. Pattern Recognition Letters, 2014, 35(1): 91-100.

[4] AHN H, KIM K J, HAN I. Global optimization of feature weights and the number of neighbors that combine in a case-based reasoning system[J]. Expert Systems, 2006, 23(5): 290-301.

[5] AHN J, PARK M, LEE H S, et al. Covariance effect analysis of similarity measurement methods for early construction cost estimation using case-based reasoning [J]. Automation in Construction, 2017.

[6] AHSAN K, GUNAWAN I. Analysis of cost and schedule performance of international development projects [J]. International Journal of Project Management, 2010, 28(1): 68-78.

[7] AHUJA H N, NANDAKUMAR V. Simulation Model to Forecast Project Completion Time[J]. Journal of Construction Engineering & Management, 1984, 111(4): 325-342.

[8] ALLEN B P. Case-based reasoning: Business applications[J]. Communications of the ACM, 1994, 37(3): 40-43.

[9] AL-MOMANI H A. Construction delay: a quantitative analysis[J]. International Journal of Project Management, 2000, 18.

[10] ALTHOFF K D, BERGMANN R, BRANTING L K. Case-Based Reasoning Research and Development [C]. Third International Conference on Case-Based Reasoning, ICCBR-99 Seeon Monastery, Germany, July 27-30, 1999.

[11] AN S H, KIM G H, KANG K I. A case-based reasoning cost estimating model using experience by analytic hierarchy process[J]. Building & Environment, 2007, 42(7): 2573-2579.

[12] ANTONIADIS D N, EDUM-FOTWE F T, THORPE A. Socio-organo complexity and project performance [J]. International Journal of Project Management, 2011, 29(7): 808-816.

[13] ASHLEY K D. Arguing by Analogy in Law: A Case-Based Model[M]// Analogical Reasoning. Springer Netherlands, 1988: 205 - 224.

[14] ASSAF S A, SADIQ A H. Causes of delay in large construction projects [J] International Journal of Project Management, 2006, 24(4): 349 - 357.

[15] BAREISS R. Exemplar-Based Knowledge Acquisition: A Unified Approach to Con cept Representation[C]. Classification, and Learning, Boston: Academic Press, 1989: 159 - 166.

[16] BARRIE D S, PAULSON B C. Professional Construction Management[J]. American Society of Civil Engineers, 1976, 102: 425 - 436.

[17] BARUA S, BEGUM S, AHMED M U, et al. Classification of Ocular Artifacts in EEG Signals Using Hierarchical Clustering and Case-based Reasoning[C]// The Workshop on Synergies Between Cbr & Data Mining at International Conference on Case-Based Reasoning. 2014.

[18] BATSELIER J, VANHOUCKE M. Improving project forecast accuracy by integrating earned value management with exponential smoothing and reference class forecasting [J]. International Journal of Project Management, 2017, 35(1): 28 - 43.

[19] BERGMANN R, KOLODNER J, PLAZA E. Representation in case-based reasoning [J]. Knowledge Engineering Review, 2006, 20(3): 209 - 213.

[20] BERGMANN R, MÜLLER G, ZEYEN C, et al. Retrieving Adaptable Cases in Process-Oriented Case-Based Reasoning[R]. The International Flairs Conference, 2016.

[21] BICHINDARITZ I. Data mining methods for case-based reasoning in health sciences [C]// Kendall-Morwick J. Workshop Proceedings of the Twenty-Third International Conference on Case-Based Reasoning, 2015: 184 - 198.

[22] BRANDON P S. An expert system for the strategic planning of construction projects [C]. Computers in quantity surveying pracitce, 1988.

[23] BRANTING L K, PORTER B W. Rules and preeedents as Complementary Warrants, AAAI - 91, 1991.

[24] BROMILOW F J. Contract time performance: expectations and reality[J]. Building Forum, 1969, 1(70).

[25] BURKATZKY F H H. Development of measurement scales for project complexity and system integration performance [D]. Minneapolis: Walden University, 2007.

[26] BURKHARD H D. Similarity and Distance in Case Based Reasoning [M]. IOS Press, 2001.

[27] CAMCI A. An assessment of alignment between project complexity and project management style [D]. Florida: University of Central Florida Orlando, 2006.

[28] CARON F, RUGGERI F, MERLI A. A Bayesian Approach to Improve Estimate at Completion in Earned Value Management[J]. Project Management Journal, 2013, 44(1): 3 - 16.

[29] CARRILLO P, CHINOWSKY P. Exploiting knowledge management: the engineering

and construction perspective[J]. Journal of Management in Engineering, 2006, 22 (1): 2-10.

[30] CHAN A P C, CHAN A P L. Key performance indicators for measuring construction success[J]. Benchmarking, 2004, 11(2): 203-221.

[31] CHAN A P C, SCOTT D, CHAN A P L. Closure to "Factors Affecting the Success of a Construction Project"[J]. Journal of Construction Engineering & Management, 2005, 131(6): 748-748.

[32] CHAN D W M, KUMARASWAMY M M. Forecasting construction durations for public housing projects: a Hong Kong perspective.[J] Building And Environment, 1999, 34, 633-646.

[33] CHAN F T S. Application of a hybrid case-based reasoning approach in electroplating industry[J]. Expert Systems with Applications, 2005, 29(1): 121-130.

[34] CHANG P C, LIU C H, LIN J L, et al. A neural network with a case based dynamic window for stock trading prediction[J]. Expert Systems with Applications, 2009, 36(3): 6889-6898.

[35] CHEN D Y, QIU W H, YANG M, et al. Activity Flow Optimization and Risk Evaluation of Complex Project [C]// International Conference on Wireless Communications, NETWORKING and Mobile Computing. IEEE, 2007: 5196-5199.

[36] CHENG J C P, MA L J. A non-linear case-based reasoning approach for retrieval of similar cases and selection of target credits in LEED projects[J]. Building and Environment, 2015, 93: 349-361.

[37] CHENG J C P, MA L J. A non-linear case-based reasoning approach for retrieval of similar cases and selection of target credits in LEED projects[J]. Building & Environment, 2015, 93: 349-361.

[38] CHEN W, HUANG Y. Predicting the cost and duration of school reconstruction projects in Taiwan[J]. Construction Management& Econoics, 2006, 2412: 1231-1239.

[39] CHO S, HONG H, HA B C. A hybrid approach based on the combination of variable selection using decision trees and case-based reasoning using the Mahalanobis distance: For bankruptcy prediction[J]. Expert Systems with Applications, 2010, 37(4): 3482-3488.

[40] CHOU J S. Web-based CBR system applied to early cost budgeting for pavement maintenance project[J]. Expert Systems with Applications, 2009, 36(2): 2947-2960.

[41] CHUA D, LI D, CHAN T. Case-based reasoning approach in bid decision making[J] Journal of Construction and Engineering and Management., 2001, 127(1): 35-45.

[42] CIVELEKOGLU G. The modeling of treatment processes with artificial intelligence and multistatistical methods [D]. Süleyman Demirel Univ., Isparta, Turkey (in Turkish).

[43] CTBUH. Council on Tall Buildings and Urban Habitat (CTBUH)[OL]. [2015-05-01]. http://www.ctbuh.org/.

[44] DAVIES A, GANN D, DOUGLAS T. Innovation in megaprojects: systems integration at London Heathrow Terminal 5 [J]. California Management Review, 2009, 51(2): 101-125.

[45] DEMIRKAN H. Integration of reasoning systems in architectural modeling activities [J]. Automation in Construction, 1998, 7(2): 229-236.

[46] DILEEP K V S, CHAKRABORTI S. Estimating Case Base Complexity Using Fractal Dimension[M]// Case-Based Reasoning Research and Development. 2014: 230-244.

[47] DILLON R L, PATE-CORNELL M E, GUIKEMA S D. Optimal use of budget reserves to minimize technical and management failure risks during complex project development[J]. IEEE Transactions on Engineering Management, 2005, 52(3): 382-395.

[48] DOĞAN S Z, ARDITID H, GÜNAYDIN H M. Determining attribute weights in a CBR model for early cost prediction of structural systems [J]. Journal of Construction. Engineering and. Management, 2006, 132 (10).

[49] DUVERLIE P, CASTELAIN J M. Cost estimation during design step: Parametric method versus case based reasoning method[J]. International Journal of Advanced Manufacturing Technology, 1999, 15(12), 895-906.

[50] DZENG R J, TOMMELEIN I D. Product modeling to support case-based construction planning and scheduling[J]. Automation in Construction, 2004, 13(3): 341-360.

[51] EYOROKON V B, BENGFORT B, PANJALA U S, et al. Goal trajectories for knowledge investigations[C]// Coman A, Kapetanakis S. Workshop Proceedings of the Twenty-Fourth International Conference on Case-Based Reasoning, 2016: 202-211.

[52] FAN C Y, CHANG P C, LIN J J, et al. A hybrid model combining case-based reasoning and fuzzy decision tree for medical data classification[J]. Applied Soft Computing, 2011, 11(1): 632-644.

[53] FANG C, MARLE F. Dealing with project complexity by matrix-based propagation modeling for project risk analysis [J]. Journal of Engineering Design, 2013, 24(4): 239-256.

[54] FENVES S J, RIVARD H, GOMEZ N, et al. Conceptual structural design in SEED [J]. Journal of Architectural Engineering, 1995, 1(4): 179-186.

[55] FIROUZI A, LI C Q, YANG W. Prediction of Total Cost of Construction Project with Dependent Cost Items[J]. Journal of Construction Engineering & Management, 2016, 142(12).

[56] FLYVBJERG B, BRUZELIUS N, ROTHENGATTER W. Megaprojects and risk: An anatomy of ambition[M]. London: Cambridge University Press, 2003.

[57] FLYVBJERG B. From Nobel Prize to Project Management: Getting Risks Right[M]// Megaproject Planning and Management: Essential Readings, 2006(1): 457-467.

[58] FLYVBJERG B. Policy and Planning for Large-Infrastructure Projects: Problems, Causes, and Curses[M]// Dialogues in Urban Regional Planning. 2013: 578-597.

[59] FRYE D, ZELAZO P D, PALFAI T. Theory of mind and rule-based reasoning[J]. Cognitive Development, 1995, 10(4): 483 - 527.

[60] GAVIN F, SUN Z. R5 model for case-based reasoning[J]. Knowledge Based Systems, 2003, 16: 59 - 65.

[61] GIEZEN M. Keeping it simple? A case study into the advantages and disadvantages of reducing complexity in mega project planning [J]. International Journal of Project Management, 2012, 30(7): 781 - 790.

[62] GIRMSCHEID G, BROCKMANN C. Complexity of Megaprojects. The inherent complexity of large scale engineering projects[J]. Project Perspectives, 2008, 22 - 6.

[63] GOEL A K, DIAZ-AGUDO B. What's Hot in Case-Based Reasoning[C]//AAAI. 2017: 5067 - 5069.

[64] GOH Y M, CHUA D. Case-based reasoning approach to construction safety hazard identification: Adaptation and utilization[J]. Journal of Construction Engineering and Management, 2011, 136(2): 170 - 178.

[65] GRZYMALA-BUSSE J W. On the Unknown Attribute Values in Learning from Examples[J]. Lecture Notes in Computer Science, 1991, 542: 368 - 377.

[66] GRZYMALA-BUSSE J W, WANG A Y. Modified algorithms LEM1 and LEM2 for rule induction from data with missing attribute values [C]. Proceedings of the 5th International Workshop on Rough Sets and Soft Computing (RSSC'97) at the Third Joint Conference on Information Sciences(JCIS'97). USA, New Caledonia: Research Triangle Park, 1997: 69 - 72.

[67] GU D, LIANG C, ZHAO H. A case-based reasoning system based on weighted heterogeneous value distance metric for breast cancer diagnosis. [J]. Artificial Intelligence in Medicine, 2017.

[68] GU D X, LIANG C Y, CHEN W E, et al. Using Information Entropy as Weight Determination Approach in Breast Cancer Case Retrieval [J]. Advanced Materials Research, 2011, 268 - 270: 1619 - 1622.

[69] HAIR J F, BLACK W C, BABIN B J, et al. Multivariate Data Analysis [J]. Technometrics, 2006, 31(3): 130 - 131.

[70] HAMMOND K J. Case-Based Planning: Viewing Planning as a Memory Task [M]. San Diego: Academic Press, 1989.

[71] HAN J, KAMBER M. Data Mining: Concepts and techniques [M]. Washington: Morgan Kaufman, 2001: 209 - 210.

[72] HAN M, CAO Z J. An improved case-based reasoning method and its application in endpoint prediction of basic oxygen furnace[J]. Neurocomputing, 2015, 149: 1245 - 1252.

[73] HEGAZY T, MOSELHI O. Analogy-Based Solution to Markup Estimation Problem [J]. Journal of Computing in Civil Engineering, 1994, 8(1): 72 - 87.

[74] HINRICHS T R, KOLODNER J L. The roles of adaptation in case-based design [C]. Proceedings of case-based reasoning workshop, Washington, 1991: 121 - 132.

[75] HOMEM T P D, PERICO D H, SANTOS P E, et al. Qualitative Case-Based Reasoning for Humanoid Robot Soccer: A New Retrieval and Reuse Algorithm[M]// Case-Based Reasoning Research and Development. Springer International Publishing, 2016: 170－185.
[76] HON C K, FOK W H. Reference class forecasting for Hong Kong's major roadworks projects[J]. Civil Engineering, 2016, 169(6): 1－8.
[77] HONG T, CHO K, HYUN C. Simulation-based schedule estimation model for ACS-Based core wall construction of high-rise building[J]. Journal of Construction and Management, 2001, 137(6), 393－402.
[78] HONG T H, HYUN C T, MOON H S. CBR-based cost prediction model-II of the design phase for multi-family housing projects[J]. Expert Systems with Applications, 2011, 38(3): 2797－2808.
[79] HONG T, KOO C, JEONG K. A decision support model for reducing electric energy consumption in elementary school facilities [J]. Applied Energy, 2012, 95 (2): 253－266.
[80] HUANG M L, HUNG Y H, LEE W M, et al. Usage of case-based reasoning, neural network and adaptive neuro-fuzzy inference system classification techniques in breast cancer dataset classification diagnosis [J]. Journal of Medical Systems, 2012, 36(2): 407－414.
[81] HU J, QI J, PENG Y. New CBR adaptation method combining with problem-solution relational analysis for mechanical design [J]. Computers in Industry, 2015, 66: 41－51.
[82] HU X, XIA B, SKITMORE M, et al. The application of case-based reasoning in construction management research: An overview[J]. Automation in Construction, 2016, 72: 65－74.
[83] HYUN J S, PARKMOONSEO, SOO L H. Cost estimation model for building projects using case-based reasoning[J]. Canadian Journal of Civil Engineering, 2011, 38(5): 570－581.
[84] IRFAN M, KHURSHID M B, ANASTASOPOULOS P, et al. Planning-stage estimation of highway project duration on the basis of anticipated project cost, project type, and contract type[J]. International of Journal of Project Management, 2011, 29(1): 78－92.
[85] JALALI V, LEAKE D. CBR Meets Big Data: A Case Study of Large-Scale Adaptation Rule Generation[M]// Case-Based Reasoning Research and Development. Springer International Publishing, 2015: 181－196.
[86] JANET L. KOLODNER. An introduction to case-based reasoning [J]. Artifiial Intelligence Review, 1992, 6(1): 3－34.
[87] JANSSEN R, SPRONCK P, ARNTZ A. Case-based reasoning for predicting the success of therapy[J]. Expert Systems, 2015, 32(2): 165－177.

[88] JEONG K, JI C, KOO C, et al. A model for predicting the environmental impacts of educational facilities in the project planning phase[J]. Journal of Cleaner Production, 2015, 107(10): 538 - 549.

[89] JIANG Z, JIANG Y, WANG Y, et al. A hybrid approach of rough set and case-based reasoning to remanufacturing process planning[J]. Journal of Intelligent Manufacturing, 2016: 1 - 14.

[90] JI C, HONG T, JEONG K, et al. A model for evaluating the environmental benefits of elementary school facilities[J]. Journal of Environmental Management, 2014, 132 (132C): 220.

[91] JI C Y, HONG T H, HYUN C T. CBR Revision Model for Improving Cost Prediction Accuracy in Multifamily Housing Projects[J]. Journal of Management in Engineering, 2010, 26(4): 229 - 236.

[92] JING D, BORMANN J. Improved Similarity Measure in Case Based Reasoning with Global Sensitivity Analysis: An Example of Construction Quantity Estimating[J]. Journal of Computing in Civil Engineering, 2012(10).

[93] JIN R Z, CHO K M, HYUN C T, et al. MRA-based revised CBR model for cost prediction in the early stage of construction projects[J]. Expert Systems with Applications, 2012, 39(5): 5214 - 5222.

[94] JIN R Z, HAN S, HYUN C T, et al. Application of Case-Based Reasoning for Estimating Preliminary Duration of Building Projects[J]. Journal of Construction Engineering and Management, 2015.

[95] JIN R Z, HAN S, HYUN C T, et al. Improving Accuracy of Early Stage Cost Estimation by Revising Categorical Variables in a Case-Based Reasoning Model[J]. Journal of Construction Engineering & Management, 2014, 140(7): 04014025.

[96] JI S H, PARK M, LEE H S. Case Adaptation Method of Case-Based Reasoning for Construction Cost Estimation in Korea[J]. Journal of Construction Engineering & Management, 2012, 138(1): 43 - 52.

[97] JI S H, PARK M, LEE H S. Cost estimation model for building projects using case-based reasoning[J]. Canadian Journal of Civil Engineering, 2011, 38(5): 570 - 581.

[98] JI S H, PARK M, LEE H S, et al. Military Facility Cost Estimation System Using Case-Based Reasoning in Korea[J]. Journal of Computing in Civil Engineering, 2011, 25(3): 218 - 231.

[99] JO H, HAN I, LEE H. Bankruptcy prediction using case-based reasoning, neural networks, and discriminant analysis[J]. Expert Systems with Applications, 1997, 13(2): 97 - 108.

[100] KAASTRA I, BOYD M. Designing a neural network for forecasting financial and economic time series[J] Neurocomputing, 1996, 10(3): 215 - 36.

[101] KAHL F, HEYDEN A. Neurofuzzy modelling of construction projects' duration I: principles[J]. Engineering, Construction and Architectural Management, 2001, 8(2):

104 - 113.
[102] KAHNEMAN D, TVERSKY A. Intuitive Prediction: Biases and Corrective Procedures [J]. Tims Studies in Management Sciences, 1977.
[103] KAMING P F, OLOMOLAIYE P O, HOLT G D, et al. Factors influencing construction time and cost overruns on high-rise projects in Indonesia[J]. Construction Management and Economics, 1997, 15, 83 - 94.
[104] KAMING P F, OLOMOLAIYE P O, HOLT G D, et al. Factors influencing construction time and cost overruns on high-rise projects in Indonesia[J]. Construction Management & Economics, 1997, 15(1): 83 - 94.
[105] KANOGLU A. An integrated system for duration estimation in design/build projects and organizations[J]. Engineering, Construction and Architectural Management, 2003, 104: 272 - 282.
[106] KARA Y, BOYACIOGLU M A, BAYKAN Ö K. Predicting direction of stock price index movement using artificial neural networks and support vector machines: The sample of the Istanbul Stock Exchange[J]. Expert systems with Applications, 2011, 38(5): 5311 - 5319.
[107] KARSHENAS S, TSE J. A case-based reasoning approach to construction cost estimating[C]// Computing in Civil Engineering(2002). ASCE, 2002: 113 - 123.
[108] KHAMPARIA A, PANDEY B. A novel method of case representation and retrieval in CBR for E-learning[J]. Education and Information Technologies, 2017, 22(1): 337 - 354.
[109] KHOSROWSHAHI F, KAKA A P. Estimation of project total cost and duration for housing projects in the U. K. [J]. Building & Environment, 1996, 31(4): 375 - 383.
[110] KIM B, REINSCHMIDT K F. Probabilistic forecasting of project duration using Bayesian Inference and the Beta Distribution[J]. Journal of Construction Engineering and Management, 2009, 135(3).
[111] KIM G H, AN S H, KANG K I. Comparison of construction cost estimating models based on regression analysis, neural networks, and case-based reasoning[J]. Building & Environment, 2004, 39(10): 1235 - 1242.
[112] KIM G, KANG K. A study on predicting construction cost of apartment housing projects based on case based reasoning technique at the early project stage[J]. Journal of Architectural Institute of Korea, 2004, 20(5), 83 - 92.
[113] KIM K J, KIM K. Preliminary Cost Estimation Model Using Case-Based Reasoning and Genetic Algorithms[J]. Journal of Computing in Civil Engineering, 2010, 24(6): 499 - 505.
[114] KIM M, LEE S, WOO S, et al. Approximate cost estimating model for river facility construction based on case-based reasoning with genetic algorithms[J]. KSCE Journal of Civil Engineering, 2012, 16(3): 283 - 292.
[115] KIM S Y, CHOI J W, KIM G H, et al. Comparing Cost Prediction Methods for

Apartment Housing Projects: CBR versus ANN (Architectural/Urban Planning and Design[J]. Journal of Asian Architecture & Building Engineering, 2005, 4(1): 113 - 120.

[116] KOIRANEN T, VIRKKI-HATAKKA T, KRASLAWSKI A, et al. Hybrid, fuzzy and neural adaptation in case-based reasoning system for process equipment selection[J]. Computers & Chemical Engineering, 1998, 22(12): S997 - S1000.

[117] KOLODNER J. Case-based reasoning[M]. Morgan Kaufmann Publishers Inc., 1993.

[118] KOLODNER J L. Improving human decision making through cased-based reasoning techniques [J]. AI Magazine, 1991, 12(3): 52 - 59.

[119] KOLODNER J L, SIMPSON R L. The Mediator: Analysis of an Early Case-based Problem Solver[J]. Cognitive Science, 1989, 13: 507 - 549.

[120] KOO C, HONG T, HYUN C, et al. CBR-based hybrid model for predicting a construction duration and cost based on project characteristics in multi-family housing projects[J] Canadian Journal of Civil Engineering, 2010, 37(5), 739 - 752.

[121] KWON N, PARK M, LEE H S. Construction noise prediction model based on case-based reasoning in the preconstruction phase[J] Journal of Construction Engineering and Management, 2017, 143(6).

[122] KWON N, PARK M, LEE H S, et al. Construction Noise Prediction Model Based on Case-Based Reasoning in the Preconstruction Phase[J]. Journal of Construction Engineering and Management, 2017, 143(6).

[123] LEAKE D B, WILSON D C. When Experience is Wrong: Examining CBR for Changing Tasks and Environments[C]// International Conference on Case-Based Reasoning and Development. Springer-Verlag, 1999: 218 - 232.

[124] LEE H, LEE S, SEO Y, et al. Development of CBR-based DEPOT (duration estimator for project) system for construction project[J]. Journal of Architecture Institution in Korea, 2010, 12(2), 201 - 208.

[125] LEE K J, KIM H W, LEE J K, et al. Case-and constraint-based project planning for apartment construction[J]. AI magazine, 1998, 19(1): 13.

[126] LEE M. A study of automatic learning model of adaptation knowledge for case-basedreasoning [J]. Information Sciences, 2003, 155: 61 - 67.

[127] LEE S, JIN Y, WOO S, et al. Approximate cost estimating model of eco-type trade for river facility construction using case-based reasoning and genetic algorithms[J]. KSCE Journal of Civil Engineering, 2013, 17(2): 292 - 300.

[128] LIAO T W. An investigation of a hybrid CBR method for failure mechanisms identification[J]. Engineering Applications of Artificial Intelligence, 2004, 17(1): 123 - 134.

[129] LIAO T W, ZHANG Z M, MOUNT C R. A case-based reasoning system for identifying failure mechanisms[J]. Engineering Applications of Artificial Intelligence, 2000, 13(2): 199 - 213.

[130] LI H, SHEN Q P, LOVE P E D. Cost modelling of office buildings in Hong Kong: an exploratory study[J]. Facilities, 2005, 23(9/10): 438 - 452.

[131] LI H, SUN J. Business failure prediction using hybrid2 case-based reasoning (H2CBR) [J]. Computers & Operations Research, 2010, 37(1): 137 - 151.

[132] LI H, SUN J. Principal component case-based reasoning ensemble for business failure prediction[J]. Information & Management, 2011, 48(6): 220 - 227.

[133] LI J, MOSELHI O, ALKASS S. Forecasting Project Status by Using Fuzzy Logic [J]. Journal of Construction Engineering & Management, 2006, 132(11): 1193 - 1202.

[134] LIN R H, WANG Y T, WU C H, et al. Developing a business failure prediction model via RST, GRA an CBR[J] Expert systems with Applications, 2009, 36(2): 1593 - 1600.

[135] LOPEZ B. Case-Based Reasoning: A Concise Introduction[C]// Morgan & Claypool, 2013: 1 - 103.

[136] LUU D, SHER W. Construction Tender Subcontract Selection using Case-based Reasoning[J]. Australasian Journal of Construction Economics & Building, 2012, 6(2): 32.

[137] LUU D T, NG S T, CHEN S E. A case-based procurement advisory system for construction[J]. Advances in Engineering Software, 2003, 34(7): 429 - 438.

[138] MANTARAS R L D. Case-based Reasoning[C]. LNAI 2049, Springer-Verlag Heidelberg, 2001: 127 - 145.

[139] MANTARAS R L D, MCSHERRY D, BRIDGE D, et al. Retrieval, reuse, revision and retention in case-based reasoning[J]. Knowledge Engineering Review, 2005, 20(3): 215 - 240.

[140] MARIR I W F. Case-based reasoning: A review. Knowledge Engineering Review [J]. Knowledge Engineering Review, 1994, 9(4): 327 - 354.

[141] MARLE F, VIDAL L A, BOCQUET J C. Interactions-based risk clustering methodologies and algorithms for complex project management[J]. International Journal of Production Economics, 2013, 142(2): 225 - 234.

[142] MARZOUK M M, AHMED R M. A case-based reasoning approach for estimating the costs of pump station projects[J]. Journal of Advanced Research, 2011, 2(4): 289 - 295.

[143] MINOR M, BERGMANN R. Case-based adaptation of workflows[M]. Elsevier Science Ltd. 2014.

[144] MINSKY M A. Framework for representing knowledge[J]. Readings in Cognitive Science, 1988, 8(76): 156 - 189.

[145] MITRA R, BASAK J. Methods of case adaptation: A survey[J]. International Journal of Intelligent Systems, 2010, 20(6): 627 - 645.

[146] MONFET D, CORSI M, CHOINIÈRE D, et al. Development of an energy prediction

tool for commercial buildings using case-based reasoning[J]. Energy & Buildings, 2014, 81(81): 152-160.

[147] MOON H S, HYUN C T, HONG T H. Prediction Model of CO2 Emission for Residential Buildings in South Korea[J]. Journal of Management in Engineering, 2014, 30(3): 04014001.

[148] MOORE C J, LEHANE M S, PRICE C J. Case based reasoning for decision support in engineering design[C]// IEEE Colloquium on Case Based Reasoning: Prospects for Applications. IET, 1994: 4/1-4/4.

[149] MORCOUS G, RIVARD H, HANNA A M. Case-based reasoning system for modeling infrastructure deterioration[J]. Journal of computing in civil engineering, 2002, 16(2): 104-114.

[150] MULHOLLAND B, CHRISTIAN J. Risk assessment in construction schedules [J]. Journal of Construction Engineering And Management, 1999, 125, 8-15.

[151] MURALI S, YAU W S. Causes and effects of delays in Malaysian construction industry [J] International Journal of Project Management, 2007, 25(5): 517-526.

[152] NASHWAN D. Estimating project and activity duration: a risk management approach using network analysis[J]. Construction Management & Economics, 1998, 16(1): 41-48.

[153] NG S T, CHEN S E, LUU D T. Formulating Procurement Selection Criteria through Case-Based Reasoning Approach[J]. Journal of Computing in Civil Engineering, 2005, 19(3): 269-276.

[154] NG S T. EQUAL: a case-based contractor prequalifier [J]. Automation in Construction, 2001, 10(4): 443-457.

[155] NG S T, SMITH N J, SKITMORE M. A case based reasoning model for contractor prequalification [J]. International Journal of Construction Information Technology, 1998.

[156] OGUNLANA S O, PROMKUNTONG K, JEARKJIRM V. Construction delays in a fast-growing economy: Comparing Thailand with other economies[J]. International Journal of Project Management, 1996, 14, 37-45.

[157] ÖNCÜ H. A review of analytical models, approaches and decision support tools in project monitoring and control[J]. International Journal of Project Management, 2015, 33(4): 808-815.

[158] OZORHON B, DIKMEN I, BIRGONUL M T. Case-based reasoning model for international market selection [J] Journal of Construction Engineering and Management, 2006, 132(9): 940-948.

[159] PARK H S, BAKER C, LEE D W. Need for cognition, task complexity, and job satisfaction[J]. Journal of Management in Engineering, 2008, 24(2): 111-117.

[160] PERERA S, WATSON I. Collaborative case-based estimating and design[J]. Advances in Engineering Software, 1998, 29(10): 801-808.

[161] PEWDUM W, RUJIRAYANYONG T, SOOKSATRA V. Forecasting final budget and duration of highway construction projects [J]. Engineering, Construction and Architectural Management, 2009, 16(6): 544 - 557.

[162] PING X O, TSENG Y J, LIN Y P et al. A multiple measurements case-based reasoning method for predicting recurrent status of liver cancer patients[J]. Computers in Industry, 2015, 69: 12 - 21.

[163] PLATON R, DEHKORDI V R, MARTEL J. Hourly prediction of a building's electricity consumption using case-based reasoning, artificial neural networks and principal component analysis[J]. Energy and Buildings, 2015, 92: 10 - 18.

[164] PLATON R, DEHKORDI V R, MARTEL J. Hourly prediction of a building's electricity consumption using case-based reasoning, artificial neural networks and principal component analysis[J]. Energy & Buildings, 2015, 92(1): 10 - 18.

[165] PLAZA M, TURETKEN O. A model-based DSS for integrating the impact of learning in project control [J]. Decision Support System, 2009, 47(4): 48 - 49.

[166] PURVIS L, ATHALYE S. Towards improving case adaptability with a genetic algorithm[M] Case-Based Reasoning Research and Development. Berlin: Springer Berlin Heidelberg, 1997: 403 - 412.

[167] RAJAMONEY S A, LEE H Y. Prototype-based reasoning: an integrated approach to solving large novel problems[C]// National Conference on Artificial Intelligence. AAAI Press, 1991: 34 - 39.

[168] RELICH M, PAWLEWSKI P. A case-based reasoning approach to cost estimation of new product development[J]. Neurocomputing, 2017.

[169] RICHTER M M, WEBER R O. Case-Based Reasoning: A Textbook[M]. Springer Publishing Company, Incorporated, 2013.

[170] RISSLAND E L, SKALAK D B. Combining Case-Based and Rule-Based Reasoning: A Heuristic Approach[C]// International Joint Conference on Artificial Intelligence. DBLP, 1989: 524 - 530.

[171] RODDIS W M K, BOCOX J. Case-based approach for steel bridge fabrication errors [J]. Journal of Computing in Civil Engineering, 1997, 11(2): 84 - 91.

[172] RYU H G, LEE H S, PARK M. Construction planning method using case-based reasoning (CONPLA - CBR)[J]. Journal of Computing in Civil Engineering, 2007, 21(6).

[173] SAATY T L. Modeling unstructured decision problems: the theory of analytical hierarchies[J]. Mathematics & Computers in Simulation, 1978, 20(3): 147 - 158.

[174] SALAM Ó M, LÓPEZ-SÁNCHEZ M. Rough set based approaches to feature selection for Case-Based Reasoning classifiers[J]. Pattern Recognition Letters, 2011, 32(2): 280 - 292.

[175] SANKAR K PAL, SIMON C K SHIU. Foundations of Soft Case-Based Reasoning [J]. 2011, 20(3): 267 - 269.

[176] SAREH S M, KOUROUSH J. A novel approach for complexity measure analysis in design projects[J]. Journal of Engineering Design, 2012, 23(3): 185 - 194.

[177] SARTORI F, MAZZUCCHELLI A, DI GREGORIO A. Bankruptcy forecasting using case-based reasoning: The CRePERIE approach[J]. Expert Systems with Applications, 2016, 64: 400 - 411.

[178] SCHANK R C. Dynamic memory: A theory of reminding and learning in computers and people [M]. Cambridge: Cambridge University Press, 1983.

[179] SCHUETTE S D. Building construction estimating[M]. McGraw Hill, 1994.

[180] SEONGHOON K, MARCEL M, LIXIN L, et al. Developing a Knowledge Based Information System (KISCCES) for Construction Cost Estimating and Scheduling [A]. Construction Research Congress[C], 2014.

[181] SEVGI Z D, ARDITI D H, MURAT G. Sing Decision Trees for Determining Attribute Weights in a Case-Based Model of Early Cost Prediction[J]. Journal of Construction Engineering & Management, 2008, 134(2): 146 - 152.

[182] SHARMA S, SLEEMAN D H. REFINER: A Case-Based Differential Diagnosis Aide for Knowledge Acquisition and Knowledge Refinement[C]// The European Conference on Machine Learning and Principles and Practice of Knowledge Discovery in Databases. 1988: 201 - 210.

[183] SHEARD S A. Assessing the impact of complexity attributes on system development project outcomes [D]. Hoboken: Stevens Institute of Technology, 2012.

[184] SHENHAR A J, DVIR D. Reinventing project management: The diamond approach to successful growth and innovation [M]. Cambridge: Harvard Business Review Press, 2007.

[185] SHEN L Y, OCHOA J J, ZHANG X, et al. Experience mining for decision making on implementing sustainable urbanization — An innovative approach[J]. Automation in Construction, 2013, 29(1): 40 - 49.

[186] SHEN L Y, OCHOA J J, ZHANG X, et al. Experience mining for decision making on implementing sustainable urbanization — An innovative approach[J]. Automation in Construction, 2013, 29(1): 40 - 49.

[187] SHIN C K, YUN U T, KIM H K, et al. A hybrid approach of neural network and memory-based learning to data mining[J]. IEEE Transactions on Neural Networks, 2000, 11(3): 637 - 646.

[188] SHIN K S, HAN I. Case-based reasoning supported by genetic algorithms for corporate bond rating[J]. Expert Systems with Applications, 1999, 16(2): 85 - 95.

[189] SIDWELL A C. The Time Performance of Construction Projects[J]. Architectural Science Review, 1984, 27(4): 85 - 94.

[190] SINGH P, SINGH A P, AHMAD S. Case based reasoning model in the diagnosis of psychiatric disorder [C]//Communication and Electronics Systems (ICCES), International Conference on. IEEE, 2016: 1 - 6.

[191] SMITH R. 2016. A quarter century of AI applications. Englemore Award Invited Talk, IAAI-2016, Phoenix, 2016. (http://www. reidgsmith. com/2016-02-15_Engelmore_Lecture. pdf)

[192] STAHL A. Learning Feature Weights from Case Order Feedback[J]. Lecture Notes in Computer Science, 2001, 2080: 502-516.

[193] STRAM R, REUSS P, ALTHOFF K D, et al. Relevance matrix generation using sensitivity analysis in a case-based reasoning environment[C]//International Conference on Case-Based Reasoning. Springer International Publishing, 2016: 402-412.

[194] STRAM R, REUSS P, ALTHOFF K D, et al. Relevance Matrix Generation Using Sensitivity Analysis in a Case-Based Reasoning Environment [M]// Case-Based Reasoning Research and Development. Springer International Publishing, 2016.

[195] SUHANIC G. Change orders impact on construction cost and schedule[J]. Transactions of the American Association of Cost Engineers, 1980(24).

[196] SURMA J. Enhancing similarity measures with domain specific knowledge [C]. Proceedingsof the Second Case-based Reasoning Conference, 1994: 365-372.

[197] SYCARA K. Using Case-based Reasoning for Plan Adaptation and Repair[C]. Proce edings of the DARPA Case-Based Reasoning Workshop. Morgan Kaufmann, San Fran cisco, 1988: 425.

[198] TAM C. Assessment of impacts of project technical complexity on building production using clustering and knowledge-based system [C]. Proceedings of the 27th International Conference of CIB, 2010.

[199] TATIKONDA M V, ROSENTHAL S R. Technology novelty, project complexity, and product development project execution success: a deeper look at task uncertainty in product innovation[J]. IEEE Transactions on Engineering Management, 2000, 47(1): 74-87.

[200] THOMASSON B J, RATCLIFFE M B, THOMAS L A. Improving the tutoring of software design using case-based reasoning [J] Advanced Engineering Informatics, 2006, 20(4): 351-362.

[201] VANDEVOORDE S, VANHOUCKE M. A comparison of different project duration forecasting methods using earned value metrics [J]. International Journal of Project Management, 2006, 24(4): 289-302.

[202] VONG C M, LEUNG T P, WONG P K. Case-based Reasoning and Adaptation in HydraulicProduction Machine Design [J]. Engineering Applications of Artificial Intelligence, 2002, 15: 567-585.

[203] WANG H, SUN B, SHEN X. Hybrid similarity measure for retrieval in case-based reasoning systems and its applications for computer numerical control turret design [J]. Proceedings of the Institution of Mechanical Engineers Part B Journal of Engineering Manufacture, 2016.

[204] WATSON I, ABDULLAH S. Developing case-based reasoning systems: a case study

in diagnosing building defects[C]// IEEE Colloquium on Case Based Reasoning: Prospects for Applications. IET, 1994: 1/1 - 1/3.

[205] WATSON I. An introduction to case-based reasoning[C]// UK Workshop on Case-Based Reasoning. Springer Berlin Heidelberg, 1995: 1 - 16.

[206] WHITTY S J, MAYLOR H. And then came Complex Project Management (revised)[J]. International Journal of Project Management, 2009, 27(3): 304 - 310.

[207] WILLIAMS T M. he need for new paradigms for complex projects [J]. International Journal of Project Management, 1999, 17(5): 269 - 273.

[208] WILSON D, LEAKE D B. Maintaining Case-Based Reasoners: Dimensions and Directions[J]. Computational Intelligence, 2001, 17(2): 196 - 213.

[209] YAN A, SHAO H, GUO Z. Weight optimization for case-based reasoning using membrane computing[J]. Information Sciences, 2014, 287(287): 109 - 120.

[210] YAN A, WANG D. Trustworthiness evaluation and retrieval-based revision method for case-based reasoning classifiers[J]. Expert Systems with Applications, 2015, 42(21): 8006 - 8013.

[211] YAN A, WANG W, ZHANG C, et al. A fault prediction method that uses improved case-based reasoning to continuously predict the status of a shaft furnace [J]. Information Sciences, 2014, 259: 269 - 281.

[212] YAU N J, YANG J B. Applying case-based reasoning technique to retaining wall selection[J]. Automation in Construction, 1998, 7(4): 271 - 283.

[213] YAU N J, YANG J B. Case-based reasoning in construction management, Comput. Aided Civil Infrastruct. Eng., 1998, 13 (2): 143 - 150.

[214] ZHANG Y, ZHANG S, LEAKE D. Case-base maintenance: A streaming approach [C]// Coman A, Kapetanakis S. Workshop Proceedings of the TwentyFourth International Conference on Case-Based Reasoning, 2016, 222 - 231.

[215] ZHANG Z, YANG Q. Dynamic refinement of feature weights using quantitative introspective learning[J], 1999, IJCAI, 228 - 233.

[216] ZHAO K, YU X. A case based reasoning approach on supplier selection in petroleum enterprises[J]. Expert Systems with Applications, 2011, 38(6): 6839 - 6847.

[217] 白居,李永奎,卢昱杰,等.基于改进 CBR 的重大基础设施工程高层管理团队构建方法及验证[J].系统管理学报,2016(2): 272 - 281.

[218] 白居.重大基础设施工程高层管理团队研究: 岗位配置、行为整合、激励机制与组建策略[D].上海: 同济大学,2017.

[219] 陈军鹏,陈文明,罗首章,等.CBR 在炼钢连铸动态调度系统中的应用研究[J].冶金自动化,2008,32(2): 29 - 33.

[220] 陈腾云,倪绍祥,韦玉春,等.基于 GIS 与 CBR 的城市绿地规划支持系统及其关键技术[J].南京师大学报(自然科学版),2005,28(1): 113 - 117.

[221] 崔鸿超.高层建筑钢结构在我国的发展[J].建筑结构学报,1997(2): 62 - 63.

[222] 方子帆,郑霞忠,朱乔生.工程项目建设工期模糊性研究[J].三峡大学学报(自然科学

版),2001,05：442-445.
[223] 冯锐.基于案例推理的经验学习研究[D].武汉：华东师范大学,2011.
[224] 冯锐,杨红美.基于案例推理的学习迁移研究[J].电化教育研究,2015(7)：78-82.
[225] 付雅芳,刘晓东,李延杰,邢晓莉.基于遗传算法和案例推理的软件费用估算方法[J].计算机工程与应用,2012(08)：86-91.
[226] 韩敏,沈力华.基于FCM与神经网络的案例推理方法[J].控制与决策,2012(09)：1421-1424.
[227] 韩敏,张俊杰,彭飞,等.一种基于多决策类的贝叶斯粗糙集模型[J].控制与决策,2009,24(11)：1615-1619.
[228] 杭小树,熊范伦.基于CBR的农作物病虫害预报专家系统[J].计算机工程与应用,2000(10)：153-161.
[229] 胡志根,肖焕雄,向超群.模糊网络计划及其工期实现的可能性研究[J].武汉水利电力大学学报,1999,05：6-9.
[230] 黄继鸿,姚武,雷战波.基于案例推理的企业财务危机智能预警支持系统研究[J].系统工程与实践,2003(12)：47-52.
[231] 季赛,沈星,沈超.基于粗糙集和相似度量的CBR检索方法[J].计算机工程与应用,2006,13：172-174.
[232] 贾广社,牟强,唐可为.大型机场航站楼的建造总工期估算[J].同济大学学报(自然科学版),2017,45(07)：1091-1098.
[233] 贾广社,王广斌.大型建设工程项目总控模式研究[J].土木工程学报,2003,36(3)：7.
[234] 贾慧芳.基于案例推理的在线顾客消费行为研究[D].成都：电子科技大学,2013.
[235] 蒋国萍,陈英武.基于关键链的软件项目进度风险管理[J].计算机应用,2005,01：56-57+75.
[236] 蒋卫平,李永奎,何清华.大型复杂工程项目组织管理研究综述[J].项目管理技术,2009,7(12)：20-24.
[237] 阚峻岭,李锋刚.基于相关性分析和遗传算法的属性选择[J].计算机工程,2010,36(24)：167-168.
[238] 李丹.基于案例推理的工程造价估算研究[D].武汉：武汉理工大学,2006.
[239] 李锋刚.基于案例推理的智慧决策技术[M].北京：北京师范大学出版社,2011：11-12.
[240] 李锋刚.基于优化型案例推理的智能决策技术研究[D].合肥：合肥工业大学,2007.
[241] 李林,李树丞.风险因素与项目总工期的相关性研究[J].数量经济技术经济研究,2002,01：105-108.
[242] 李林,李树丞,王道平.基于风险分析的项目工期的估算方法研究[J].系统工程,2001,19(5)：77-81.
[243] 李晓岚.基于Relief特征选择算法的研究与应用[D].大连：大连理工大学,2013.
[244] 李永奎,乐云,崇丹.大型复杂项目组织研究文献评述：社会学视角[J].工程管理学报,2011,25(1)：46-50.
[245] 李勇.建设工程施工进度BIM预测方法研究[D].武汉：武汉理工大学,2014.

[246] 李勇.建设工程施工进度 BIM 预测方法研究[D].武汉：武汉理工大学，2014.
[247] 刘闯.人工神经网络和基于案例推理相结合用于故障诊断[D].南京：南京航空航天大学，2005.
[248] 罗伯特・L.索尔所，M.金伯利・麦克林，奥托・H.麦克林，等.认知心理学[M].上海：上海人民出版社，2008.
[249] 罗岚.复杂建设项目的复杂性识别、测度与管理研究[D].上海：同济大学，2014.
[250] 罗洋.基于案例推理的糖尿病诊断系统的研究与应用[D].哈尔滨：哈尔滨工业大学，2013.
[251] 马欣.基于案例推理的网络购物中欺诈行为的识别研究[D].成都：电子科技大学，2015.
[252] 孟洁.基于案例推理的建筑方案设计流程研究[D].哈尔滨：哈尔滨工业大学，2015.
[253] 宁永鹏.高维小样本数据的特征选择研究及其稳定性分析[D].厦门：厦门大学，2014.
[254] 祁神军，丁烈云，骆汉宾.大型工程项目工序工期精准预测方法研究[J].土木建筑与环境工程，2007，29(6)：141-144.
[255] 邱少红.基于案例推理的建设项目咨询系统研究[D].大连：大连理工大学，2010.
[256] 沈力华.基于智能优化算法的案例推理方法研究[D].大连：大连理工大学，2010.
[257] 同济大学复杂工程管理研究院.中国摩天大楼建设与发展研究报告[M].北京：中国建筑工业出版社，2013.
[258] 王驰.面向产品快速设计的知识库系统关键技术研究与应用[D].重庆：重庆大学，2008.
[259] 王军.基于本体的房地产营销案例推理研究[D].武汉：武汉理工大学，2008.
[260] 王凯.基于案例推理的应急管理案例库构建方法研究[D].上海：上海交通大学，2009.
[261] 王仁超，欧阳斌，褚春超.工程网络计划蒙特卡洛仿真研究[J].水利水电技术，2003，11：63-66.
[262] 王新华，吴兰荪.基于案例的推理机制[J].山东矿业学院学报，1995，(02)：145-150.
[263] 王玉，邢渊，阮雪榆.基于案例的推理循环中人工神经网络和遗传算法的四种模型[J].上海交通大学学报，2000，37(3)：202-204.
[264] 邬晓光，李俊升，冯祁.桥梁施工进度控制 GERT 网络仿真研究[J].中国公路学报，2004，17(3)：108-111.
[265] 闫文周，郭勇，张峰.学习曲线在建筑施工工期预测中的应用研究[J].西安建筑科技大学学报(社会科学版)，2004，23(3)：10-13.
[266] 严爱军，钱丽敏，王普.案例推理属性权重的分配模型比较研究[J].自动化学报，2014，40(9)：1896-1902.
[267] 杨健，杨邓奇.智能教学系统中基于案例推理的教学策略研究[J].计算机工程与设计，2008，29(15)：4006-4008.
[268] 杨振刚，刘伟章，方永美.CFW 的 CBR 动态预测[J].计算机工程与应用，2009，45(6)：236-239.
[269] 余晓钟.基于挣值管理的项目工期预测方法研究[J].统计与决策，2009，2009(2)：168-170.

[270] 张春晓.案例推理的认知改进策略及学习性能研究[D].北京：北京工业大学,2014.
[271] 张春晓,严爱军,王普.一种改进的案例推理分类方法研究[J].自动化学报,2014(09)：2015－2021.
[272] 张德华,童纪新,程书萍.复杂工程风险管理体系研究[J].工程经济,2014(11)：44－49.
[273] 张素琪.案例推理关键技术研究及其在电信告警和故障诊断中的应用[D].天津：天津大学，2014.
[274] 张贤坤.基于案例推理的应急决策方法研究[D].天津：天津大学,2012.
[275] 赵肖肖,朱宁,黄云腾.Logistic 回归和 T 检验在基因特征提取中的应用[J].桂林电子科技大学学报,2012,32(1)：69－71.
[276] 中华人民共和国建设部.全国统一建筑安装工程工期定额[M].北京：中国计划出版社,2000.
[277] 左墨樵,胡海燕,刘吟,等.工程项目活动的工期估算[J].新疆石油科技,2003,04：56－57.

附录 A　初始数据库指标

一级指标	二级指标	说　　明
项目特征	高度	单位：米
	使用层高度	单位：米
	地上层数	单位：层
	地下层数	单位：层
	塔体面积	单位：平方米
	建筑总面积	单位：平方米
	造价	单位：亿
	重量	单位：吨
	用钢量	单位：吨
	结构材料	钢材/混凝土/混合结构/复合结构
	结构类型	框架结构体系/剪力墙结构体系/筒体结构体系/框架—剪力墙结构体系/巨型结构体系(巨型框架,巨型桁架)
	开挖深度	单位：米
	开挖土方量	单位：立方米
	基础类型	独立桩/桩筏基础/筏型基础/人工挖孔/灌注桩
	抗震等级	单位：级
	防火等级	一级/二级
	电梯数量	单位：架
	是否异形	是/否
	功能	宾馆;住宅;办公;商业
	功能是否单一	是/否
	裙楼	单位：平方米

续　表

一级指标		二 级 指 标	说　　明
参与方	总承包商	总承包商等级	特级/一级/二级/三级
		总承包单位是否与建筑在同一地方	是/否
		组织结构模式	—
		总承包商经验	是/否
	分包商	分包商经验	是/否
		分包商与总包是否有合作经验	是/否
	开发商	开发商类型	民营房地产/境外房地产/国有房地产/其他
		开发商经验	有/无
		开发商决策速度	—
		同意设计文件时间	—
		与各方沟通效率	—
		是否及时移交场地	—
	设计方	是否使用设计软件	是/否
		设计单位资质	甲/乙/丙/国外资质
		设计文件是否完整	是/否
		是否存在设计变更	是/否
		设计单位经验	有/无
	项目管理单位	是否引进项目管理单位	是/否
		项目经理职称	高级/中级/初级
		项目管理单位等级	甲/乙
		项目管理单位经验	有/无
		项目管理模式	自建制/DBB/CM/PPP/BOT
	监理单位	监理单位等级	甲/乙
		监理单位经验	有/无
	投资方	投资方类型	房地产公司/非房地产投资开发/联合开发
		投资者数量	单位：个

续 表

一级指标		二级指标	说明
参与方	投资方	投资方信贷评级	AA1/A2/A3/B/C/D
		是否投资过摩天大楼项目	是/否
	供应商	有无经验	有/无
	其他	项目是否涉及外国企业	是/否
		项目主导类型	地方政府主导/国家部委主导/大型国企主导/其他
		施工流水方式	平行施工/流水施工/依次施工
施工条件	地域	地区经济	单位：位
		城市竞争力	单位：位
		所在城市群	长三角/珠三角/京津冀/辽中南/长江中游地区/山东半岛/中原城市/海峡西岸城市群/成渝城市群/哈长城市群
		城市等级	一线城市/二线发达/二线中等/其他
		建筑劳动生产率	单位：元/人
	劳动力	项目所提供劳动力	单位：万人
		低于5度天数(冬季施工期)	单位：天
	气候	城市年平均气温	单位：摄氏度
		气温高于30摄氏度天数	单位：天
		海拔高度	单位：米
		最大冻土深度	单位：米
		年平均降雨天数	单位：天
		年平均降雨量	单位：毫米
		降雨量＞5 mm天数	单位：天
		风速大于15 m/s天数	单位：天
		年平均风速	单位：米/秒
		年大风或台风天数	单位：天
	其他	是否为该地区第一个摩天大楼项目	是/否
		区域地震烈度	多遇地震/基本地震/罕遇地震

续 表

<table>
<tr><th colspan="2">一级指标</th><th>二 级 指 标</th><th>说　　明</th></tr>
<tr><td rowspan="10">施工条件</td><td rowspan="10">其　他</td><td>拆迁速度</td><td>单位：月</td></tr>
<tr><td>地下是否有障碍物</td><td>是/否</td></tr>
<tr><td>基岩深度</td><td>单位：米</td></tr>
<tr><td>场地类别</td><td>Ⅰ类/Ⅱ类/Ⅲ类</td></tr>
<tr><td>地基类型</td><td>岩土/碎石土/粉土/粘性土/人工填土</td></tr>
<tr><td>水文地质</td><td>单位：米</td></tr>
<tr><td>周围是否有比该建筑高的建筑</td><td>是/否</td></tr>
<tr><td>周边交通是否便利</td><td>是/否</td></tr>
<tr><td>基础设施是否完善</td><td>是/否</td></tr>
<tr><td>周边建筑密度</td><td>—</td></tr>
<tr><td colspan="2" rowspan="2">资金方面</td><td>造价</td><td>单位：亿</td></tr>
<tr><td>是否中外合资</td><td>是/否</td></tr>
<tr><td rowspan="4">宏观环境</td><td rowspan="3">经济环境</td><td>国内生产 GDP</td><td>单位：</td></tr>
<tr><td>通货膨胀</td><td>—</td></tr>
<tr><td>人工材料价钱变化</td><td>—</td></tr>
<tr><td>其　他</td><td>房地产市场增加值</td><td>—</td></tr>
<tr><td colspan="2" rowspan="6">技术方面</td><td>绿色建筑</td><td>Leed 金奖/Leed 白金/无</td></tr>
<tr><td>是否采用逆作法</td><td>是/否</td></tr>
<tr><td>BIM 信息化应用</td><td>是/否</td></tr>
<tr><td>是否取得国家科技奖</td><td>是/否</td></tr>
<tr><td>是否争创工程质量奖</td><td>是/否</td></tr>
<tr><td>建造背景</td><td>国家战略/重大事件/城市战略</td></tr>
<tr><td colspan="2">安全事故</td><td>安全事故</td><td>特别重大，重大事故，较大事故，一般事故</td></tr>
</table>

附录 B 指标权重专家调查法问卷

尊敬的专家：您好！

我是同济大学复杂工程管理研究院的卢科宇，目前在做超高层项目工期影响因子重要性的研究，烦请您帮忙将下面列出的 7 个因素给定一个重要性分数，万分感谢！

首先，感谢您抽出宝贵的时间来完成此份调研。我们正在进行一项学术性研究的调查工作，旨在掌握影响复杂工程工期因素的重要性。希望您能抽出宝贵时间，提供真实的信息。我们保证，所有的资料只是用于学术研究，并在任何时候，不会公开项目和个人的信息；同时我们承诺所得数据不会用于其他商业用途。

若您对本项研究感兴趣，我们会在数据分析结束后，将研究成果发送给您；如果您对复杂工程方面有兴趣，请与我们联系。

联系人：卢科宇

联系地址：上海市杨浦区四平路 1063 号中天大厦 20 楼

电话：1881736××××；Email：3934×××××@qq.com

本次评分内容为影响工期的 7 个因素的重要性，重要性分成 3 级：A. 重要，B. 特别重要，C. 极其重要，请将其填入各因素后面的括号中：

1. 使用层高度（　　）；2. 地下结构深度（　　）；3. 开挖土方量（　　）；4. 项目造价（　　）；5. 当地建筑劳动生产率（　　）；6. 国内生产总值 GDP（　　）；7. 绿色建筑评价等级（　　）。

再次感谢您对本次评分的参与和支持！祝您和您的家人身体健康、万事如意！

附录 C　指标权重

	专家 A	专家 B	专家 C	专家 D
使用层高度	A	C	B	B
开挖深度	B	C	C	B
开挖土方量	C	C	C	B
项目造价	B	A	C	C
地区建筑劳动生产率	C	B	B	C
国内生产总值 GDP 指数(建造期平均)	A	A	A	A
绿色建筑	C	A	A	A

注：A. 重要；B. 特别重要；C. 极其重要

第四篇

能耗反馈系统有效性分析

——从文化和反馈方式角度

林　婧

一、引　言

（一）研究背景

1. 建筑节能具有显著的重要性和紧迫性

能源是经济社会可持续发展的重要物质基础，能源短缺则是21世纪全球各国共同面临的重大挑战。近年来，我国全社会终端能耗中建筑总能耗占比始终超过两成（谷立静，2011），并且从发达国家的经验来看，这一比例还将进一步上升。因此，减少建筑能耗是实现全社会总体节能目标的一个重点。为此，近些年来我国出台了一系列与建筑节能相关的政策措施。例如，住房和城乡建设部提出需建立健全针对公共建筑特别是大型公共建筑的节能监管体系，通过能耗统计、能源审计及能耗动态监测等手段，实现公共建筑能耗的可计量、可监测，逐步推进高能耗公共建筑的节能改造；争取在“十二五”期间，实现公共建筑单位面积能耗下降10%，其中大型公共建筑能耗降低15%。住房和城乡建设部还会同教育部提出了高等学校节能监管体系建设工作的要求。上述目标和政策的提出表明，节能工作已经成为新时期建筑领域刻不容缓的任务。

2. 影响建筑用户能耗行为是实现建筑节能的重要手段

建筑节能是过去十几年中迅速兴起的国内外热点研究领域。为了提升建筑的能源使用效率，避免不必要的能耗损失，现有的研究多数选择从建筑或者建筑系统入手，通过对建筑进行结构性改造（Darby, 2006）、使用节能建筑材料（Victor, 2014）、改造升级建筑设备等方式实现建筑节能目标。诸多实践证明，上述方式确实能够在许多情况下带来较为显著的节能效果。然而，相关研究发现，中长期内在建筑用户中存在着一种称为“退回效应”（take back effect）的现象，即由于建筑用户不合理的能耗行为，采用上述建筑节能技术所带来的节能效果被显著减弱（Petroleum, 2015）。这一现象表明，节能技术的研发与使用应当与建筑用户节能行为的养成相协调，以取得最佳的建筑节能效果。

在过去十几年中，国内外学界在建筑用户能耗行为之于建筑节能的重要性方面逐渐达成了共识，相关的研究也日趋活跃。当前的研究主要集中于以应用社会科学、行为科学的理论和方法来分析建筑用户的能耗行为，或通过设计适当的干预策略来增强用户能耗行为的节能特征(Statistics, 2015)。国外学者的相关研究已经充分证明，对建筑用户能耗行为的适当干预是取得显著节能效果的可行方法(Jain, 2013)。

在各类能耗行为干预方式中，使用最多的一种方式是向用户反馈其能耗信息，以帮助其了解自身的能耗行为，并激励其自主采取节能措施(Petersen, 2007)。这一干预方式的效果在许多研究中都得到了证实(Jain, 2012)。相关研究同时对于反馈信息的内容、提供频率、提供反馈的持续时间、传递媒介、个性化的节能提示、能耗显示方式等变量对于节能效果的影响进行了探讨(Gardner, 2010)。

3. 经济全球化与日益频繁的跨文化交流

随着经济全球化的不断深入，来自不同文化背景的人们之间的交流往来日益频繁。中国经济的快速发展和巨大市场潜力吸引了越来越多的外国人前来中国旅游、工作、学习、定居。据中华人民共和国公安部出入境管理局的统计，2014年，外国人入出境共 5 266.81 万人次，同比增长 0.3%。其中入境 2 636.89 万人次。外国人入境人数居前十位的国家分别是：韩国、日本、美国、俄罗斯、越南、马来西亚、蒙古、新加坡、菲律宾、印度。入境外国人中，观光休闲 892.99 万人次，会议商务 426.60 万人次，交通运输工具服务员工 328.54 万人次，访问 112.97 万人次，就业 94.12 万人次，探亲访友 60.33 万人次，定居 27.75 万人次，学习 25.36 万人次，其他入境目的 668.23 万人次。2014 年末持外国人就业证在中国工作的外国人共 24.2 万人。为了使建筑能耗反馈干预行为的节能效果具有更为广泛的适用性，在经济全球化与跨文化交流频繁的背景下，文化因素应当被慎重考虑。

总而言之，建筑能耗反馈在已有研究中展现出了完成建筑节能这一刻不容缓的任务的潜力。然而，现在仍未有完善的建筑能耗反馈体系与方式，在对比研究已有的能耗反馈方式以及结合智能手机移动互联网技术的新的能耗反馈方式仍有空白。现有的研究在提供信息反馈时主要采用公告板或者电子邮件的方式，在反馈的时效性和内容的丰富性方面存在着较为显著的局限性，在一定程度上限制了可实现的节能效果。此外，目前有关建筑能耗反馈干预能耗行为的研究大多都集中在西方，有很强的欧美倾向。故此存在以下问题亟待研究：

问题一：建筑用户能耗信息反馈对建筑用户能耗行为能产生什么样的干预作用和节能效应？

问题二：不同国家的文化差异是否会对能耗信息反馈的节能效应产生影响，该影响的机制是什么？

问题三：不同能耗信息反馈方式对节能效应的影响是否相同，在不同阶段的有效性是否相同？

（二）研究意义

在过去几十年，全球二氧化碳（CO_2）的排放量持续增长（Petroleum，2015），而其中的11%则是由居民用电用暖产生的（Statistics，2015）。因此，减少住宅的能源消耗能够显著减少全球 CO_2 排放量。近年来，为了提高住宅能耗效率，许多节能技术也应运而生，比如节能灯和保温材料。然而，这些技术一经采用就出现了一个“退回效应”。退回效应是指，由于用户的能耗行为效率低所导致的节能技术的节能效果下降（Haas，1998）。因此，学者们最近提出了另一种重要的实现长期节能效果的方式——改变用户的能耗行为（Gardner，2008）。考虑到用户认识到实际用电量能够激励其节能（Attari，2010），许多学者对于能耗反馈系统（eco-feedback system）进行了研究。能耗反馈系统的设计初衷是用来检测和展示住户能耗数据（Jain，2013），被认为具有改变用户能耗行为的潜能。能耗反馈系统的这一作用已经被许多研究所证实。然而，在采用不同的能耗反馈系统的实证研究中，能耗反馈系统的有效性差别很大（Jain，2013）。能耗反馈系统的有效性受许多因素影响，比如用户界面设计（Jain，2012）、信息表达方式（Jain，2013）、社会影响（Rishee，2013）等。一个可能很重要然而并未被现有文献所研究的影响因素就是文化。能耗行为，从本质上来说是一种消费者行为，而消费者行为已被文献所证实其受文化影响（Bedwell，2011）。

本文旨在研究能耗反馈系统的有效性是否受系统试图改变其能耗行为的对象即建筑住户的文化背景影响。本文的研究问题集中在以下几个现有研究尚未解决的问题：第一，在能耗反馈干预能耗行为的研究中，现今智能手机应用程序比起网站查询更为便捷，将已经普及的智能手机应用程序方式与网站方式做对比研究干预效果如何，是否仍旧出现用电量回弹现象；第二，在反馈干预行为以及文化影响消费行为领域，研究对比分析文化因素对这一过程的影响，以及影响机制。本文研究问题的解决将完善已有能耗反馈方式的设计，对后续研究和能耗反馈的应用具有理论和实践的双重意义。而设计一种适用于量度文化因素对能耗行为影响的方法可以给后续在其他国家同领域的研究提供研究方法，在此方法基础上进行实验从而建立文化因素对能耗行为的影响机制则对于相关的战略制定等具有应用实践意义。

本研究的理论意义在于：

(1) 建立能耗信息采集和反馈平台，在此基础上评价不同能耗信息反馈方式的行为干预效果；

(2) 识别影响干预效果的内外部因素；

(3) 识别影响干预效果的文化因素。

本研究的实际意义在于：

(1) 探讨移动互联网技术与智能手机在建筑节能领域的全新应用方式；

(2) 建立考虑文化因素的能耗信息反馈机制，为实现建筑节能提供低成本和可持续的解决方案。

(三) 研究内容与方法

1. 研究内容与方法

本研究旨在建立能耗信息采集和反馈平台，评价不同能耗信息反馈方式的行为干预效果，并在此基础上探讨不同国别用户能耗行为的干预效果，进而建立考虑文化因素的能耗信息反馈机制，通过强化建筑用户的节能行为达成低成本和可持续的建筑节能目标。具体而言，本研究计划建立建筑能耗信息采集和反馈平台。① 评价和比较智能手机应用程序方式与传统能耗信息反馈方式的行为干预效果，观察用电量回弹现象；② 评估和比较其在不同国别用户中影响能耗行为的效果；③ 识别影响节能效果的各类内外部因素，尤其是文化因素，从而建立考虑文化因素的能耗信息反馈机制。

针对上述问题，本文将能耗信息反馈方式对建筑用户的行为干预作为研究对象，主要对以下内容展开论述：

(1) 分析不同能耗信息反馈方式在不同阶段对建筑用户的行为干预效果；

(2) 分析不同国别建筑用户的行为干预效果；

(3) 建立考虑文化因素的能耗反馈干预能耗行为的机制。

本研究的研究技术路线图如图 4－1 所示。

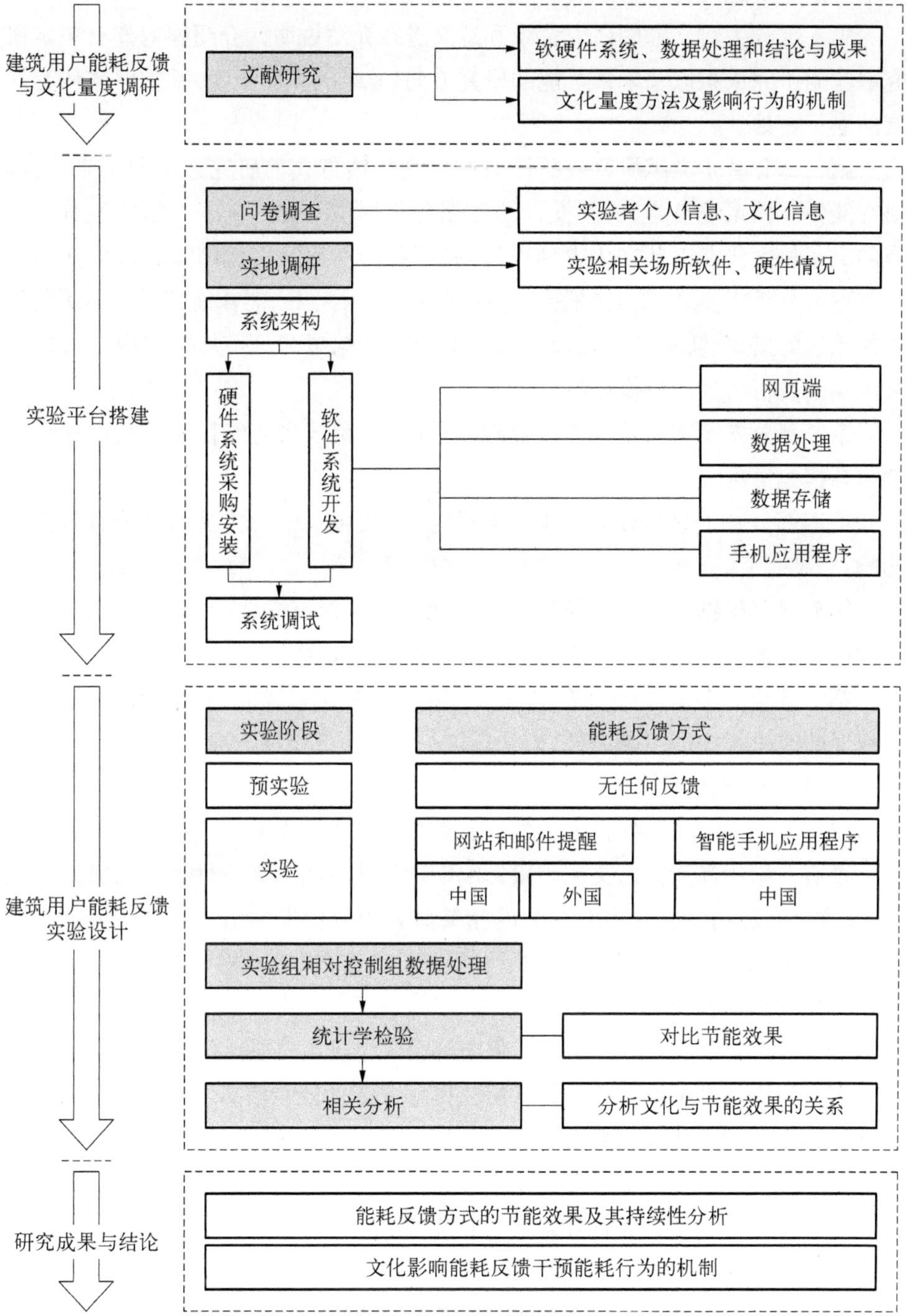
建筑用户能耗反馈与文化量度调研
文献研究
软硬件系统、数据处理和结论与成果
文化量度方法及影响行为的机制
实验平台搭建
问卷调查
实验者个人信息、文化信息
实地调研
实验相关场所软件、硬件情况
系统架构
硬件系统采购安装
软件系统开发
网页端
数据处理
数据存储
手机应用程序
系统调试
建筑用户能耗反馈实验设计
实验阶段
能耗反馈方式
预实验
无任何反馈
实验
网站和邮件提醒
智能手机应用程序
中国
外国
中国
实验组相对控制组数据处理
统计学检验
对比节能效果
相关分析
分析文化与节能效果的关系
研究成果与结论
能耗反馈方式的节能效果及其持续性分析
文化影响能耗反馈干预能耗行为的机制

图 4－1　研究计划路线图

为研究上述内容,本文结构如下。

第一部分为对文章的研究背景和意义进行介绍说明。介绍国内外有关本研究课题的研究成果以及未来可能的研究方向,总结其中的不足,并指明本研究开展的立足之处。

第二部分基于文献研究分析已有的能耗反馈方式的研究方法和结果,为本研究能耗反馈系统搭建、实验设计与数据分析提供基础。基于文献研究分析已有的文化量度研究以及文化影响行为的机制,为本研究文化因素方面的实验设计与数据分析提供基础。文献搜集过程中重点关注:① 能耗信息反馈系统的软硬件系统的搭建、实验数据处理方式和研究结论与成果;② 总结国内外文化因素影响消费行为的分析模型与方法。

第三部分基于国内外相关研究现状,详细介绍本研究能耗信息反馈平台的架构与搭建情况。

第四部分基于数据分析与实验假设,分析文化对于能耗反馈系统有效性的影响。

第五部分根据对两种不同平台的能耗反馈系统有效性的分阶段实验,分析不同能耗反馈方式的能耗反馈系统的有效性及其持续性。

第六部分对文章进行总结,进一步阐明文章的创新点和研究意义,并指出文章以及研究过程中的不足之处,为今后进一步的研究指明方向。

2. 研究创新点

(1) 量度文化因素在能耗反馈干预能耗行为中的作用

现有文献中尚无针对文化因素影响能耗行为分析的系统性模型与方法。因此,本文需在已有的文化影响行为的相关研究中分析提炼出适合本研究的模型与方法,分析文化因素在能耗反馈干预能耗行为中的作用,并依据结果修正该模型或方法在能耗行为领域的应用。

(2) 不同能耗信息反馈系统在不同阶段对建筑用户能耗行为的干预效果

现有研究已经证明向建筑用户提供网站方式的能耗信息反馈可以正面影响其能耗行为。对于能耗信息反馈网站的设计已有很多研究,但是对于智能手机应用程序应实现的能耗信息反馈功能以及对干预能耗行为的潜力对比其他方式尚无参考文献。为了最大化能耗反馈的节能效果,对于能耗反馈的各个方式以及要素都应当加以研究。本文将分别建立智能手机应用程序与网站的能耗信息反馈平台,并在此基础上对比评价能耗信息反馈的行为干预效果以及行为干预效果的持续性。

二、文献综述与理论基础

（一）能耗反馈系统

1. 能耗反馈系统简介

已有的研究结果表明，人对于习惯性行为的认知能够有效地干预非意愿的习惯(Hermsen, 2016)，而反馈恰好是一个能够增强人对于习惯性行为认知的方法，也因此在很多领域内被证明能够有效地改变人的行为，比如教育(Hattie, 2007)和健康(Gardner, 2010)。建筑住户的能耗行为已被广泛视为建筑能耗的影响因素之一，学者们认为通过提高住户对于其能耗的认知可能可以改变住户的能耗行为。能耗反馈(Eco-feedback)这一概念也因此被提出，用来表示通过反馈能耗信息来干预住户能耗行为，最终达到节能的目的。早期的能耗反馈研究主要在70年代和80年代的心理学领域。一个典型的提供能耗反馈的方法就是每天给住户一个写有前一天能耗数据的便签，有时额外提供一个建议的能耗水平。这些早期的能耗反馈研究大都提供了可被观测的行为改变(Darby, 2006)。为了解释能耗反馈的节能效果，学者们在早期将其视为一种行为干预，干预了事物的正常秩序，但在后来又有学者认为其是一种学习过程，人被视为积极感知世界的信息处理者(Ellis, 1978)。然而最近的研究主要集中在提高能耗反馈的有效性，即改变能耗行为为节能行为，从而实现节能(Van Houwelingen, 1989)。90年代出现了传统账单的替代品，信息化账单，以提高建筑住户对于能耗的认识(Egan, 1999)。随着近些年来的检测技术和通信技术的发展，许多不同的能耗反馈方法被提出，从能源审计(Emeakaroha, 2014)到实时显示屏(Vassileva, 2013)，网页和智能手机应用程序(Orland, 2014)。现有的典型的能耗反馈大致可被分为五类(Darby, 2006)，包括：① 直接反馈，来自电表或者与之相连的监控显示屏的直接数据；② 间接反馈，在到达能耗用户前经过处理的信息，比如账单；③ 不经意的反馈，来自微型发电机和社区节能项目的信息；④ 实控反馈，智能电表收集的并可通过智能电表功能查看的反馈；⑤ 能源审计，由用户聘请的外部审计提供的信息。

2. 能耗反馈系统有效性的影响因素

现有研究结果中，使用能耗反馈系统可以实现 −18% 到 55% 的节能效果(Victor, 2014)。如此大的节能效果差异吸引了许多学者对于确定和评价能耗反馈系统有效性的影响因素，以及设计出更有效的设计和实施能耗反馈系统的方式进行研究。Peschiera 等(2010)在其研究中指出,每周一次的邮件提醒会造成对于节能效果有影响的"用电量回弹"(response-relapse)的行为特征。当住户收到周提醒邮件后,住户的用电量明显减少。然而,在两次邮件提醒间的后期几天,住户的用电量显著回弹到了未接收邮件提醒的水平。信息的表达方式也会影响能耗反馈系统的有效性。另一个提高能耗反馈有效性的方法是将住户的能耗历史和其伙伴或同龄人的能耗信息囊括在能耗反馈中,也能够激励节能行为(Statistics, 2016)。计算机化的方法被视为提供能耗反馈信息的最有效的方式(Heras, 2011)。例如,相较于传统的能耗账单,网页能够提供具有更好的交互性的能耗反馈,而邮件能够使得住户能够更高频率地阅读能耗信息。这两种方式可以结合起来提高能耗反馈系统的有效性(Jain, 2012)。

一个还没有被完全研究的影响因素是能耗用户的特征。在研究家庭显示屏(in-home-displays)时,van Dam 等(2010)提出"以不变应万变的家庭显示屏是不恰当的",强调了能耗反馈系统的有效性取决于住户的个人特征。事实上,研究指出,不是所有的住户都有通过使用能耗反馈系统从而节能的潜能(Buchanan, 2015)。因此,为了使得能耗反馈系统有效实施,用户个人特征应当被充分考虑从而提供某种程度上的用户定制化,例如,用户的文化背景。

现有研究中,能耗反馈系统最高能达到 55%的节能效果(Petersen, 2007)。然而,在另一些研究中的效果较差(Peschiera, 2010)或者更加耗能(Jain, 2013)。在不同研究中这样显著的差异表明,为了优化能耗反馈系统的发展与实施,鉴别和评价能耗反馈系统的影响因素是至关重要的。许多研究关注社会影响因素,认为其具有影响建筑住户能耗行为的可能,例如,同期对比(normative comparison),用来将用户的数据和同一时期的伙伴的数据作对比(Iyer, 2006)。Jain 等(2013)指出,经常查看同期对比的住户更可能节能,并推断其为可能激励使用同期对比的住户节能的"竞争性动力"(competitive drive),这一现象也被 Petersen 等(2007)和 Siero 等(1996)的研究观测到。Peschiera 和 Taylor(2012)研究了伙伴网络位置对于能耗反馈有效性的影响,并推测在能耗反馈系统中分享能耗信息的效果以及社交结构和节能之间的关系。Xu 等(2012)发现,恰当地利用基于位置的社交网络系统可以提高能耗反馈的有效性,从而实现节能。Gulbinas 等(2013)建立了能耗反馈系统,并研究了同期比较和用户网络位置对于驱动节能的作用。其研究结果表明,能耗反馈系统的用户参与度和节能效果之间正相关。提供能耗信息的方式是能耗反馈系统有效性的另一重要的影响因素。计算机化的信息反馈方式被认为是最有效的方式(Heras, 2011)。例如,邮件信息能够使得用户提高其阅读能耗反馈信息的频率(Loock, 2012)。网页和邮件信息结合起来的方式在过去研究中被证实具有明显的节能效果(Jain, 2012)。

用户特征是另一个决定能耗反馈系统有效性的因素。van Dam 等(2010)认为,能耗反馈系统的有效性是取决于能耗用户特征的。能耗反馈信息的用户友好的展示方式以及相关的节能建议被认为能够有效地提高能耗反馈系统的有效性。Ozawa(2016)认为,能耗反馈应当根据目标群体的特定生活习惯进行适当调整,从而实现最优的节能效果。此外,Buchanan 等(2015)指出,不是所有的建筑住户都可以通过使用能耗反馈系统从而节能。能耗反馈实现的节能会根据研究所在的个人、组织、文化特征而改变,然而这些因素对于能耗反馈系统有效性的影响尚未被研究。

3. 能耗反馈系统有效性的持续性

行为干预效果的持续性已在很多领域被研究,比如健康和社交技巧(Orland, 2014)。通常来讲,短期的行为干预效果比长期要更显著。例如,一份对于多种健康相关的行为干预的持续性研究中设计了预实验,3 个月、12 个月的实验(van Dam, 2010)。结果显示,一些行为改变在后实验阶段(12 个月)得以持续,比如适度锻炼,而另一些行为改变则在长期衰减,比如酒精的摄入。一份耗时 10 年的研究也发现了类似的结果,也就是吸烟的行为改变在长期显著,而喝酒的行为改变在长期并不明显(Buchanan, 2015)。这个结果说明,即使用同样的方式对同种人群进行相近行为的行为干预,行为改变的持续性仍可能不同,因为其还受到行为本身特点的影响。包括节能行为在内的亲环境行为在 Peschiera(2010)中被研究。结果证实小组干预的节能效果可持续并且即使在结束干预后,参与者们仍旧继续改变他们的生活方式。

持续性作为评价行为干预成功的重要标准之一(Iyer, 2006),对于在实践中应用能耗反馈也是一项主要的挑战(Karjalainen, 2011)。文献中对于能耗反馈有效性的大多数结论都是基于短期而言的,从长期上看,能耗反馈能否干预住户行为从而使其形成一种新的能耗习惯不得而知。而最近的一些研究试图对这一问题给出答案。Kamilaris 等(Wood, 2007)在办公室环境中对个人电脑的使用进行了长期研究。结果发现在移除能耗反馈系统后,能耗反馈的效果能够持续 13 周。Anderson 等(1998)对规范能耗反馈(normative eco-feedback)进行了两年试验。在这个有意思的研究中,他们发现能耗反馈的干预时间会对能耗反馈行为干预效果的持续性产生正面影响，而且住户对于社会规则的关心也和能耗反馈的节能效果积极相关。尽管有了最近的这些研究成果，能耗反馈的行为干预效果能否在能耗反馈系统从拥有全功能、部分功能和整体移除时存续，以及能耗反馈效果的持续性是否取决于能耗反馈的反馈方式，仍需研究。

（二）文化和消费者行为

1. 文化的六个维度

理论已经证实，文化是消费者行为的影响因素之一（Walter, 1976）。文化能够通过价值、英雄主义、仪式化和象征性来影响消费者行为（Hoftede, 2010）。此外，有一些因素能够同时影响文化和消费者行为，例如个性、社交过程和思维过程（Walter, 1976）。

有两种不同的视角量度文化，也就是主位视角和客位视角（Luna, 2001）。主位研究法将文化定义为“一些人区别于另一些人的集体性思维”（Hofstede, 1997）。这个定义强调不同文化之间的对比。而客位研究法恰恰相反，关注于理解文化的内在，将其定义为“所有的现象的镜头”。它决定了这些现象如何被理解和吸收，并且将价值视为文化的中心。在跨文化研究中，文化作为一个复杂的、多维的结构而不是一个简单的分类变量，用来合并文化的主要的不同方面的可靠的维度对于概念化和量度文化来说非常重要（Soares, 2007）。Hofstede 的文化维度模型就是运用主位视角来量度文化价值的，是一种常用的跨文化对比的方法（Hofstede, 1997）。这个模型被应用于本文中来评价文化及其对于能耗反馈系统有效性的影响。Hofstede 定义了六种文化维度，即权利距离（Power Distance Index, PDI）、个人主义或集体主义（Individualism vs. Collectivism, IDV）、男性气质或女性气质（Masculinity vs. Femininity, MAS）、不确定性的规避（Uncertainty Avoidance Index, UAI）、长期导向性或短期导向性（Long Term Orientation vs. Short Term Normative Orientation, LTO）、放纵或约束（Indulgence vs. Restraint, IND）。这些维度的定义如下（Hofstede, 1997）：

权利距离：权利距离指的是在一个社会内，机构或者组织中具有较少力量的成员期待并且接受不平等的权利分配。基本的问题就是社会如何处理人与人之间的不平等。在高权利距离的社会中，人们接受等级制度，也就是每个人有一个确定的位置不许更多的评判。在低权利距离的社会中，人们争取平权，并且诉求不平等权利的评判。

个人主义或集体主义：个人主义与集体主义对立。个人主义指的是一个社会中，人与人之间的联系松散：一个人只需要看顾好自己及其家庭。而集体主义则指的是一个社会中，人们自出生起就被纳入了凝聚力强的团体中，并且用绝对忠诚来交换一生的保护。在此维度中，社会的位置可以从人的自称体现出来，也即"我"或者"我们"。

男性气质或女性气质：男性气质与女性气质相反。男性气质指的是男女在社会中扮演的角色明显区分开的社会：男性被认为是自信、强硬并专注于物质上的成功；女性则被认为是温和、温柔并关心生活质量的。总的来讲，社会更具竞争性。而女性气质则是指性别在社会角色中没有明确划分，两性社会角色具有重叠的社会：男性和女性都可以是温和、温柔并关心生活质量的。总的来说，社会更加和谐。

不确定性的规避：不确定性的规避被定义为一个社会中，机构与组织中的成员对于不确定的、未知的、模糊的或无组织的情况的恐惧程度。主要的关注点在于社会如何对待未来永不可知的这一事实：我们应该努力去控制未来还是随遇而安？不确定性的规避程度强的社会对于信念和行为更为坚定，对于不同寻常的行为与想法无法忍受。而不确定性的规避弱的社会则保有一个相对放松的态度，认为事实比规则更重要。

长期导向型或短期导向性：每一个社会在处理选择现在或是未来的挑战时，都会保有一些与其过去的联系。社会会对这两个目标设定不同的优先级。长期导向型与短期导向性相反，指的是培养面向未来回报的特质的社会，特别是适应、毅力和节俭。短期导向性指的是培养面向过去与现在的特质的社会，特别是传统、保全面子和履行社会义务。

放纵或约束：放纵指的是对于欲望和感情的满足相对自由的社会，尤其是那些有关于休闲、朋友之间狂欢、度假、消费与性的问题。与之对立的约束则指的是一个社会控制这样的满足，人们对于享受他们的生活具有较少的自主权。

2. 文化和消费者行为的关系

理论研究表明，文化是消费者行为的决定因素之一(Walter，1976)。消费者行为是消费者文化价值系统的产物(Hoftede，2010)，而文化价值系统是由特定环境养成的(Luna，2001)。根据 De Mooij and Hofstede(De Mooi，2011)的跨文化消费者行为框架，文化代表了社会中特定的共同特征。它可以影响消费者文化的不同方面，包括消费者的自我概念、态度、生活习惯、交流、激励等，这些反过来也会影响消费者的行为，比如创新的采用、对广告的反应、媒介的应用和抱怨行为。

能耗行为作为消费者行为的一种，也很可能受文化影响。事实上，一些研究已经探索了文化与能耗行为之间的关系。例如，Centilmen(2010)指出不同种族所用的住宅供暖能耗不同，并且认为文化对于塑造人的价值观、信仰、关注点和经济上的喜好很重要，也因此会影响他们的能耗行为。Wilhite 等(1996)做的研究也通过对比日本和挪威的供暖能耗得出不同文化下的能耗习惯不同。其在对于西班牙裔包括节能行为在内的节约行为的研究中指出，集体的文化价值先是影响了一系列先导因素，这些因素影响了人们表达对于环境的关心程度，最终产生了节能行为。这些研究都明示了文化与能耗行为之间的关系。然而，文化与能耗反馈系统的建筑能耗有效性的关系目前还不明确，为了实现能耗反馈的节能效果，这一关系应当被重视并研究。

3. 量度文化维度的量表

价值模块调查问卷(Values Survey Module, VSM)，是由 Hofstede(1980)提出的并经过了多次版本修改，在许多研究中被采用来研究文化与各种消费者行为之间的关系，比如信息系统的采用(Twati, 2014)，移动数据服务的购买(Zhang, 2009)和抗生素的使用(Deschepper, 2008)。最新版本的 VSM(2013)与前文所定义的文化维度一致，并被用于最近的研究中(Dissanayake, 2014)。VSM 2013 是一个 30 个问题的问卷，用来比较来自两个或多个地区或者国家的相似参与者的受文化影响的价值观以及情绪(Hofstede, 2013)。这一问卷的得分可以汇总成国家文化的 6 个维度的评分，每 4 个问题代表一个维度，其余 6 个问题是关于个人基本信息，包括参与者的性别、年龄、教育水平、职业类型、现在的国籍以及出生时的国籍。

三、能耗反馈系统

(一) 能耗反馈系统架构

为了研究能耗反馈系统的有效性，本文建立开发了一个典型的能耗反馈系统。本研究建立的能耗反馈系统包括两个部分，一个是数据收集部分，一个是数据处理与提交部分，如图 4-2 所示。数据收集部分包括电表、集线器、电线和服务器。每一只电表负责一栋楼中固定的一个房间，每一栋楼有一个集线器负责把楼内的所有电表通过电缆集合到一起。集线器负责向服务器中的 MySQL 数据库上传最近的能耗数据，MySQL 数据库将数据进行分析和处理最终提交给用户，本部分将在后续章节进行详细介绍。数据提交部分由用户界面电子邮件门户组成。用户界面负责向用户提供处理完毕的能耗反馈信息，包括三种：电子显示屏、网站和智能手机应用程序，在后续章节进行详细介绍。电子邮件门户负责在每周一给参与者发送电子邮件，提醒他们查看用户界面的能耗反馈信息。

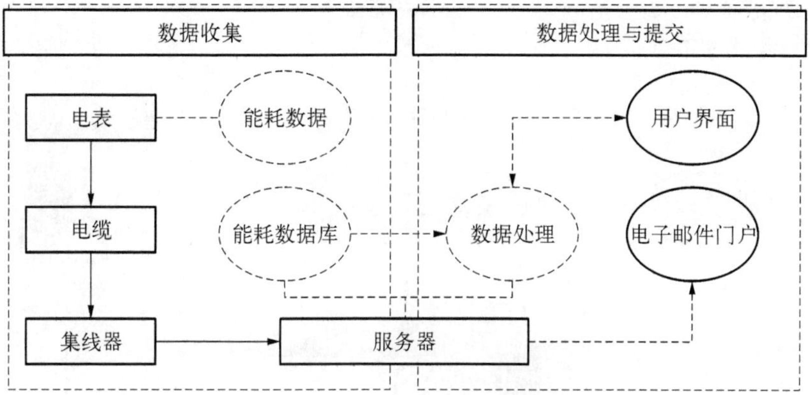

图 4－2　本研究能耗反馈系统架构

（二）能耗反馈系统硬件

在本能耗反馈系统中，智能电表安装在配电室，并通过电缆连接到一个集线器。集线器每 10 分钟向服务器更新能耗数据。能耗数据存储在服务器中，可以通过网络端或移动应用程序对数据进行审查和分析(图 4－3)。基于建筑电气系统实际情况与文献研究，本文将采用 MySQL 作为用户能耗信息的存储数据库，运用 C♯语言开发的程序将用户能耗信息进行处理，.NET 开发平台作为网页端查询能耗信息的开发平台，Android 平台作为手机端应用程序开发平台。需要特别指出的是，实验建筑中存在以下软硬件系统：用电器通过电线连接到被集中安放在配电间的智能电量采集终端，智能电量采集终端通过两芯屏蔽双绞线采用 RS485 协议将数据传送至管理室的转换器，转换器将符合 RS485 协议的数据转化成符合 RS232 协议，然后再通过网线采用 UDP 协议上传至弱电间的交换机到服务器，将数据存储至服务器中的 MySQL 数据库。从能耗行为干预的角度来看本系统：用户对用电器的能耗行为产生的用电数据被已存在的智能电量采集终端实时获取，而后传输到已存在的数据存储服务器中，本文所研发的建筑用户能耗行为干预系统服务器读取数据存储服务器中的能耗数据，并对其数据进行一系列处理后显示在用户界面中，用户收到能耗信息反馈数据后能耗行为受到干预。

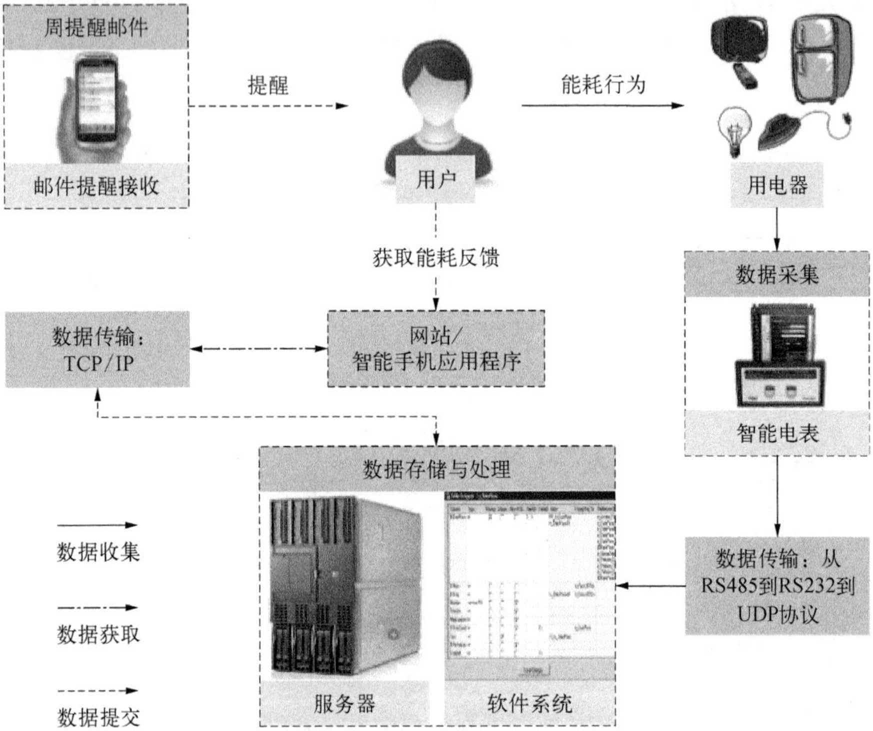

图 4－3　能耗反馈硬件系统

（三）能耗反馈系统用户界面

1. 电子显示屏

本文中的实验建筑为学生宿舍楼，住户为学生。在实验建筑中，每个宿舍楼楼下一楼大厅内都有一块电子显示屏，供楼内同学查看用电量。电子显示屏如图 4－4 所示，包含以下信息：楼内各个房间上个月的用电量和剩余用电量，都是用 kWh 表示。显示屏内的数据是由学校能耗管理部门人工整理而成的图片，每个月更新一次。住户可以切换不同图片来查找其所在房间的能耗信息。但是，电子显示屏数据更新时并不会通知住户，即住户不清楚何时数据会更新。电子显示屏的能耗反馈方式是在实验建筑建成后，本实验开始前就安装运行的。在本文中，电子显示屏作为默认情景，所有实验组和控制组在预实验阶段、实验阶段和后实验阶段都能接触到，因此不作为自变量进行考虑。

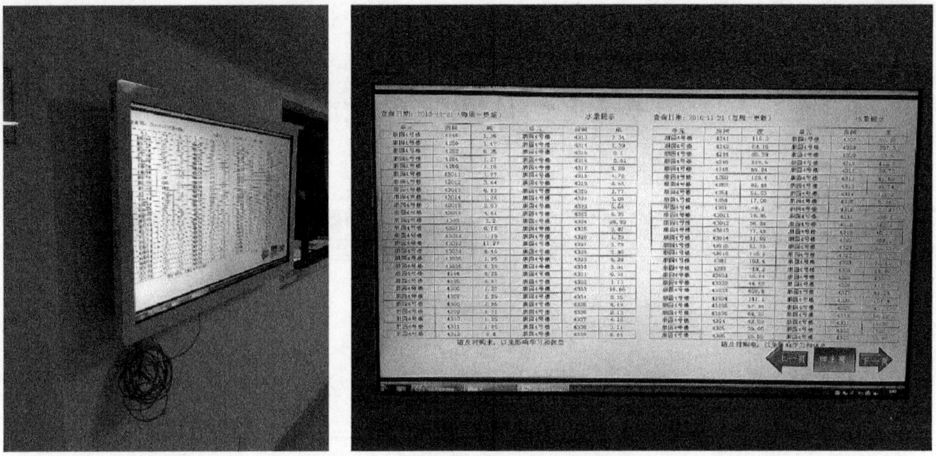

图 4 - 4　电子显示屏实景照片

2. 网站

使用网站作为用户界面的能耗反馈系统提供住户在线查看当前能耗信息的功能，并且配合周提醒邮件功能以提醒用户登录网站查询能耗信息。用户一经登录网站，可以查看到以下信息：① 昨天、过去一周和过去 30 天用电量，全部以 kWh 为单位(图 4 - 5)；② 导览栏，包括查看过去一周和过去三十天的每日用电

图 4 - 5　网站概览页面截图

图、切换语言以及更改账户信息(图 4 - 5);③ 用户过去一周和过去三十天的日用电量折线图,且包含同层同朝向的其他用户的同时间平均用电量(图 4 - 6,图 4 - 7);④ 研究团队的联系信息以提供支持接收反馈(图 4 - 5)。网站具有中文和英文两个版本。

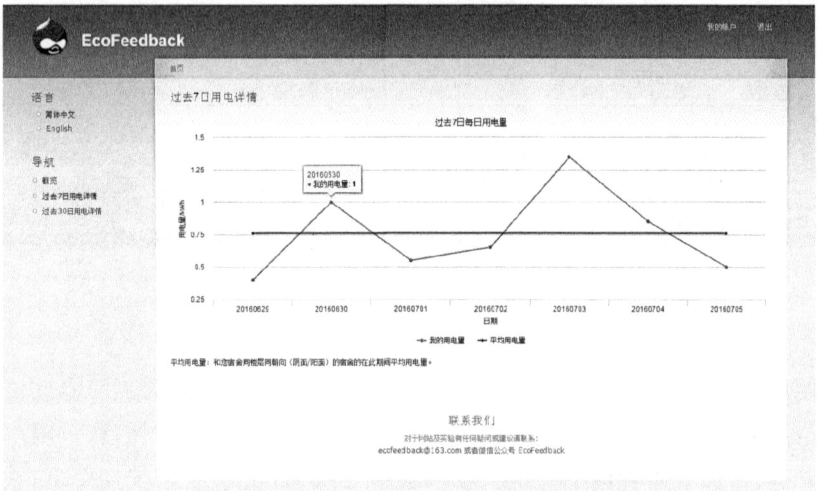

图 4 - 6 网站过去七日每日用电量截图

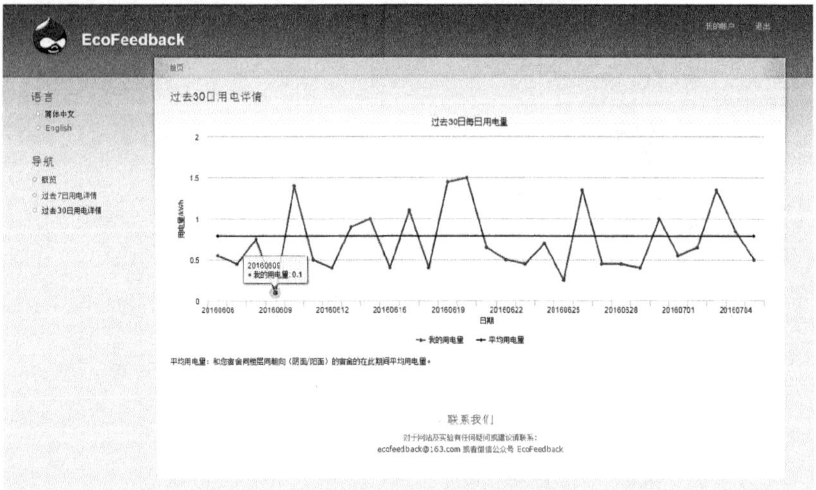

图 4 - 7 网站过去 30 日每日用电量截图

如能耗反馈系统架构所示(图 4 - 2),网站和智能手机应用程序的数据获取系统为同一个系统,两个反馈方式中的能耗反馈信息也完全一致,以排除能耗反馈内容对本实验的影响。

3. 智能手机应用程序

以智能手机应用程序作为用户界面的能耗反馈系统包括一个提供在线查询能耗信息的基于安卓系统的智能手机应用程序，以及一个邮件提醒功能。住户连续 24 小时未使用应用程序时，电子邮件门户会自动给住户发送提醒邮件以提醒其将应用程序启动。智能手机应用程序在其页面中提供与网站内容相同的能耗反馈(图 4-8)。此外，如果用户授权智能手机应用程序，可以使用智能手机应用程序的通知栏功能(图 4-8)。在通知栏中，用户可以看到昨日用电量和过去一周用电量，单位为 kWh。每当用户下拉通知栏时，即可看到能耗反馈，不需要点击进入智能手机应用程序界面。如果用户想要查看详细的能耗反馈，住户可以通过点击通知栏直接进入应用程序界面。应用程序具有中文和英文两个版本。

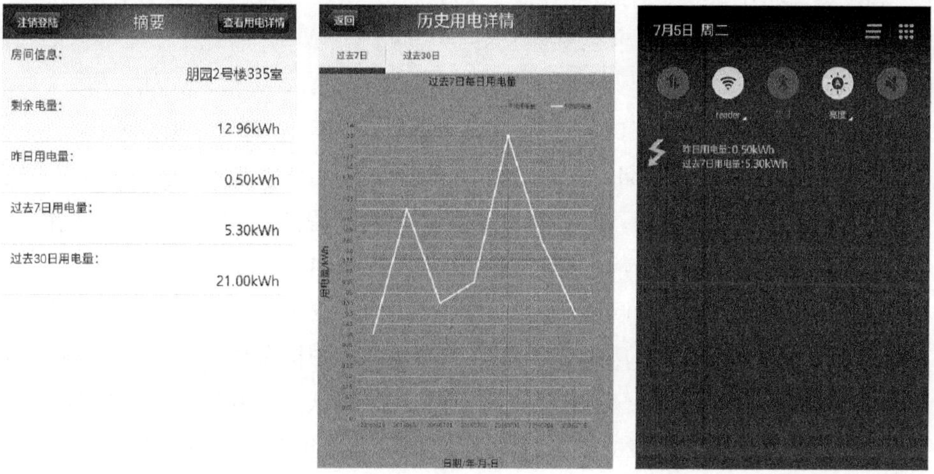

图 4-8　智能手机应用程序主要页面截图

四、能耗反馈系统有效性的反馈方式研究

(一) 反馈方式研究方法论

1. 反馈方式实验建筑

为了研究基于不同反馈方式的能耗反馈系统的有效性，本文对第三部分基于网站和基于智能手机应用程序的两种能耗反馈系统开展了实验。实验建筑是

同济大学嘉定校区朋园宿舍区三栋六层高的中国学生宿舍。每一个房间包括一个浴室、一个卧室和一个阳台，面积为 8 m^2 到 13.77 m^2，可以住一或两个学生。所有实验建筑共包含 470 个单人间和 473 个双人间，每个房间配有一个电表连接到中央控制系统。因为本研究目的在于住户的个人能耗反馈信息对于个人能耗行为的影响，而双人间只配备一个电表无法量度个人水平的变化，因此本文的研究范围限定在实验建筑中有人住宿的单人间。

2. 反馈方式实验参与者

本次实验共有 33 名实验建筑的住户参与，这些参与者都住在单人间中，也就是说电表的度数即为其个人用电量。其他单人间被视为控制组，其电量数据也被能耗反馈系统同时收集，尽管这些学生并未直接受邀请参与到实验中来。参与者通过面试参与实验，在面试中，研究人员向其解释了实验的目的，告知其将收到每周一封的提醒邮件提醒其通过能耗反馈系统网站查看其自身及同伴的能耗信息，并将给其接入网站能耗反馈信息提供账户密码。参与者参与实验后收到研究人员提供的礼品卡以感谢其参与实验。

3. 反馈方式实验设计

本次实验从 2015 年 10 月 17 日开始，到 2016 年 12 月 25 日结束，共计 44 周，包含预实验阶段、短期、中期和长期实验阶段。预实验阶段一共 6 周，从 2015 年 10 月 17 日到 11 月 27 日。住户的预实验阶段的日用电量被能耗反馈系统收集，并用于校准实验阶段的能耗数据。2015 年 11 月 28 日，用户接收到第一封邮件。使用能耗反馈网站的住户的邮件内容包含能耗反馈网站的网址以及默认的账户名和密码。使用智能手机应用程序的住户的邮件内容包含下载应用程序链接的二维码以及登录智能手机应用程序的默认账户和密码。短期实验阶段(阶段一)一共 9 周，从 2015 年 11 月 28 日到 2016 年 1 月 29 日，实验组(SGs)的日用电量被收集以分析带有邮件提醒的不同能耗反馈方式能耗反馈系统的有效性。在短期实验阶段中，使用网站的参与者在每周一收到提醒其登录网站查看能耗反馈信息的邮件，并只能通过网站查询能耗反馈，不能使用手机应用程序；使用智能手机应用程序的参与者只能通过应用程序查询能耗反馈，不能使用网站查询，并且如果其连续 24 小时未使用应用程序功能会收到邮件提醒。没有直接参与到实验中的单人间宿舍的日用电量也同样被能耗反馈系统收集，并作为控制组(CGs)。中期实验阶段(阶段二)一共超过 20 周，从 2016 年 2 月 20 日到 2016 年 7 月 11 日，日用电量被收集以分析无邮件提醒的不同能耗反馈方式能耗反馈系统的有效性。相较于短期实验阶段，在中期实验阶段中，不论是使用网站的参与者还是使用智能手机应用程序的参与者都不再收到邮件提醒，其余设计与短期实验阶段相同。长期实验阶段（阶段三）从2016 年 9 月 12 日起到 2016 年 12 月 25 日止，共 13 周，日用电量被收集以分析不同反馈方式的能耗反馈系统的长期有效性。在后实验阶段中，所有参与者都无法再接触在线的能耗反馈，不论是网站或是智能手机应用程序。通过收集阶段一、阶段二和阶段三的日用电量数据，比较分析不同反馈方式在不同时期的有效性。控制组的设置是为了排除由于客观环境的影响（例如气温变化等）造成的用户能耗数据的变动。由于实验建筑的每户都有电量采集终端，因此本文所研究的住宅楼能耗信息采集以每户用电量为基础。本文把参与建筑能耗行为干预研究的学生分为两个实验组，并将实验组所在楼内其他单人间宿舍作为两个控制组：

实验组 A（SG A）：受邀参与实验的使用基于网站的能耗反馈系统的中国学生；

实验组 B（SG B）：受邀参与实验的使用基于智能手机应用程序的能耗反馈系统的中国学生；

控制组（CG）：只能查看电子显示屏无法使用在线能耗反馈系统的中国学生。

4. 反馈方式研究数据收集与分析

一共有 80 295 个单人宿舍的有效日用电量数据被收集分析，其中 4 277 个来自 SG A，5 864 个来自 SG B，70 154 个来自 CG。本研究所用的统计学方法与前文一致（Jain，2013）。

能耗反馈信息导致的日用电行为改变（Δ_b）的统计学差异是能耗反馈系统有效性的一个指标，通过以下公式进行计算：

$$\delta_{\text{pre-study}} = \frac{\sum_{i=1}^{n}((P-C)/C)}{n} \tag{4-1}$$

$$\delta_{\text{study}} = \frac{P-C}{C} \tag{4-2}$$

$$\Delta_b = \delta_{\text{study}} - \delta_{\text{pre-study}} \tag{4-3}$$

能耗信息反馈带来的实际日用电量统计学差异（Δ_{con}）是另一个能耗反馈系统有效性的指标，通过以下公式计算：

$$\delta_{\text{pre-study\_con}}(\text{kWh}) = \frac{\sum_{i=1}^{n}(P - C)}{n} \tag{4-4}$$

$$\delta_{\text{study\_con}}(\text{kWh}) = P - C \tag{4-5}$$

$$\Delta_{\text{con}}(\text{kWh}) = \delta_{\text{study\_con}} - \delta_{\text{pre-study\_con}} \tag{4-6}$$

表 4 - 1 中是上述公式中变量的定义。

表 4 - 1　变 量 定 义

变　量	定　　　义
P	实验组中某参与者的实际日用电量
C	控制组的平均实际日用电量
n	预实验阶段天数
d	实验阶段的某一天
$\delta_{\text{pre-study}}$	P 和 C 在预实验阶段一个星期中给定的一天的平均百分比差异
δ_{study}	P 和 C 在实验阶段一个星期中给定的一天的百分比差异
$\delta_{\text{pre-study\_con}}$	P 和 C 在预实验阶段一个星期中给定的一天的平均差异
$\delta_{\text{study\_con}}$	P 和 C 在是实验阶段一个星期中给定的一天的差异
Δ_{b}	SG 相对于 CG，从预实验阶段到实验阶段的用电量变化率
Δ_{con}	SG 相对于 CG，从预实验阶段到实验阶段的用电量变化
Δ_{cum}	SG 相对于 CG，从预实验阶段到实验阶段的累计用电量变化

（二）反馈方式实验结果

1. 基于网站的能耗反馈系统

为了减少第一类统计学错误，本文使用基于 Bonferroni 矫正的单因素方差分析对不同阶段的能耗反馈系统带来的能耗行为改变进行两两比较（Mchugh，2011；Armstrong，2014）。本文对使用基于网站的能耗反馈系统的参与者（SG A）的和进行了单因素方差分析，统计分析结果显示 P 值为 0.000，低于显著性水平 0.05，拒绝原假设。也就是说，基于网站的能耗反馈系统带来的能耗行为改变在不同阶段并不稳定。表 4 - 2 为对 SG A 在三个不同阶段的 Δ_{b} 和 Δ_{con}

的详细单因素方差分析结果。从阶段一到阶段二，能耗行为的改变（Δ_b）并未发生显著变化，但是实际的能耗变化（Δ_{con}）降低了。也就是说，尽管阶段二时不再提供邮件提醒功能，基于网站的能耗反馈系统在阶段一带来的能耗行为变化仍旧持续到了阶段二。而实际能耗变化（Δ_{con}）的统计分析结果可能是由于，尽管 SG A 从阶段一到阶段二能耗行为未发生显著变化，但是控制组（CG）和 SG A 之间固有的能耗行为差异在天气变化下导致的统计量 Δ_{con} 发生改变。从阶段二到阶段三，使用基于网站的能耗反馈系统的住户不论是从能耗行为变化上还是从实际能耗变化上，都变得更为耗能。也就是说，一旦基于网站的能耗反馈系统不再向住户开放，其所带来的能耗行为变化就不再持续了。总之，从阶段一到阶段三，能耗行为的改变终止，并最终造成了 45.16%的负面能耗行为改变。

表 4－2　SG A 在不同阶段能耗行为改变的单因素方差分析结果

阶段(I)	阶段(J)	Δ_b(%) 均值差(I—J)	Sig.	Δ_{con}(kWh) 均值差(I—J)	Sig.
1	2	7.75	0.937	0.428 2*	0.000
2	3	−52.91*	0.000	−0.532 2*	0.000
1	3	−45.16*	0.000	−0.104	1

注：对于下述所有表，* 代表 P 值<0.05。

2. 基于智能手机应用程序的能耗反馈系统

本研究对使用基于智能手机应用程序的能耗反馈系统的参与者（SG B）的 Δ_b 和 Δ_{con} 进行了单因素方差分析，统计分析结果显示 P 值为 0.000，低于显著性水平 0.05，拒绝原假设。也就是说，基于智能手机应用程序的能耗反馈系统带来的能耗行为改变在不同阶段并不稳定。表 4－3 为对 SG B 在三个不同阶段的 Δ_b 和 Δ_{con} 的详细单因素方差分析结果。从阶段一到阶段二，再到阶段三，能耗反馈系统的有效性持续下降，造成了总共 30.55%的能耗行为负面变化以及 72.7%的能耗变化增加。也就是说，不论是移除邮件提醒功能还是移除整个基于智能手机应用程序的能耗系统，都会削弱能耗反馈系统的行为干预效果。除此之外，从阶段二到阶段三，Δ_{con} 的变化并不显著，这可能是由于控制组（CG）和 SG B 之间固有的能耗行为差异在天气变化下导致的。

表 4-3 SG B 在不同阶段能耗行为改变的单因素方差分析结果

阶段(I)	阶段(J)	Δ_b(%) 均值差(I—J)	Sig.	Δ_{con}(kWh) 均值差(I—J)	Sig.
1	2	—16.81*	0.000	—0.683 8*	0.000
2	3	—13.74*	0.000	—0.043 2	0.645
1	3	—30.55*	0.000	—0.727*	0.000

(三) 反馈方式影响分析

为了更好地比较基于不同反馈方式的能耗反馈系统的有效性，本节从有效性的持续性的角度对两组实验组的节能效果进行了比较。基于前一节的结果，能耗反馈系统的移除对两组实验组的能耗行为改变都产生了负面影响，分辨为基于网站的 52.91%和基于智能手机应用程序的 13.74%。然而，能耗行为改变本身，Δ_b 并没有在不同阶段比较的结果中研究。表 4-4 为使用两种不同反馈方式在不同阶段的实际能耗改变的情况，以及对同一阶段两个反馈方式的有效性进行独立样本 T 检验的结果。在阶段一，两个实验组都接受了邮件提醒，基于智能手机应用程序的能耗反馈系统实现了 24.27%的节能行为改变。但是，基于网站的能耗反馈系统并没有在这一阶段带来显著的能耗行为改变(—0.26%)。一个可能的原因就是，智能手机应用程序的可达性(accessibility)更高，吸引住户使用以及接纳能耗反馈信息，并最终带来能耗行为的改变。但是实际的能耗改变的结果和能耗行为改变的结果略有不同(表 4-5)。这可能和前文提到的原因相似，除了能耗行为之外，实际的能耗还受到天气等原因的影响。因此，尽管使用网站的实验组(SG A)平均节能行为改变了 0.26%，但是平均每天比平常多消耗了 0.374 2 kWh。

表 4-4 SG A 和 SG B 不同阶段 Δ_b 比较

Period	SG A	SG B	Sig.
1*	—0.26%	—24.27%	0.000
2	—8.01%	—7.46%	0.873
3*	44.9%	6.27%	0.000

表 4-5　SG A 和 SG B 不同阶段 Δ_{con} 比较(kWh)

Period	SG A	SG B	Sig.
1	0.374 2	−0.784 1	0.000
2	−0.053 9	−0.100 3	0.170
3	0.478 3	−0.057 1	0.000

在阶段二，统计分析结果表明，不论是能耗行为的变化还是实际能耗的变化，两种反馈方式之间不再显著不同。但是使用网站的住户向节能方向发生改变，而使用智能手机应用程序的住户向更加耗能的方向改变(图 4-8，图 4-9)。尽管如此，从相较于未接受能耗反馈时的情况而言，两种反馈方式都实现了节能效果：使用网站的住户产生了 8.01% 的能耗行为改变并最终带来平均每天 0.053 9 kWh 的能耗节约；使用智能手机应用程序的住户产生了 7.46% 的能耗行为变化并最终带来了平均每天 0.100 3 kWh 的能耗节约。相较于阶段一，基于智能手机应用程序的能耗反馈系统的有效性在移除邮件提醒后下降了，但是基于网站的有效性并没有下降。邮件提醒作为能耗反馈系统的一个部分，可能在某种程度上影响整个能耗反馈系统干预住户能耗行为的有效性。邮件提醒的频率不同可能是造成这个结果的一个原因。使用网站的用户每周接受一次邮件提醒，而使用手机的用户只要连续 24 h 不使用应用程序就会收到邮件提醒。发送邮件提醒的状况不同，其在整个能耗反馈系统起到的作用可能也略有不同，造成

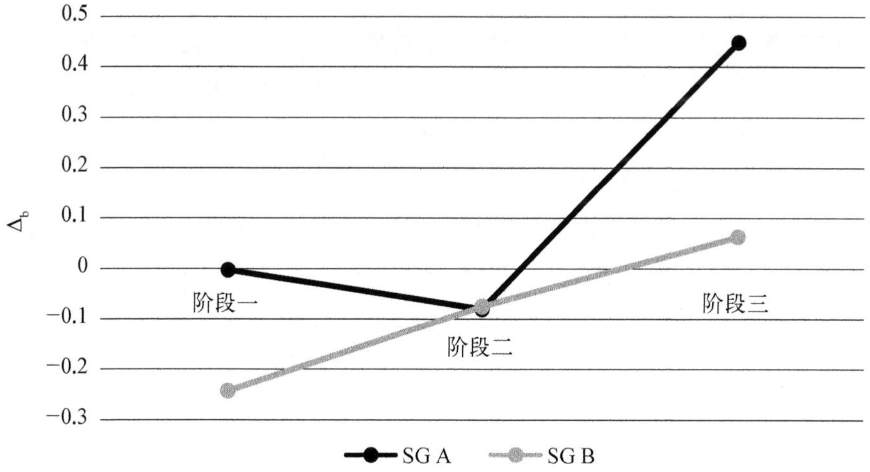

图 4-8　SG A 和 SG B 不同阶段 Δ_b 比较

了住户接触能耗反馈的频率不同并最终带来了不同的行为干预效果。从表4-6可以看出，从阶段一到阶段二，基于智能手机应用程序的能耗反馈系统的住户参与度比基于网站的住户参与度下降得快得多。

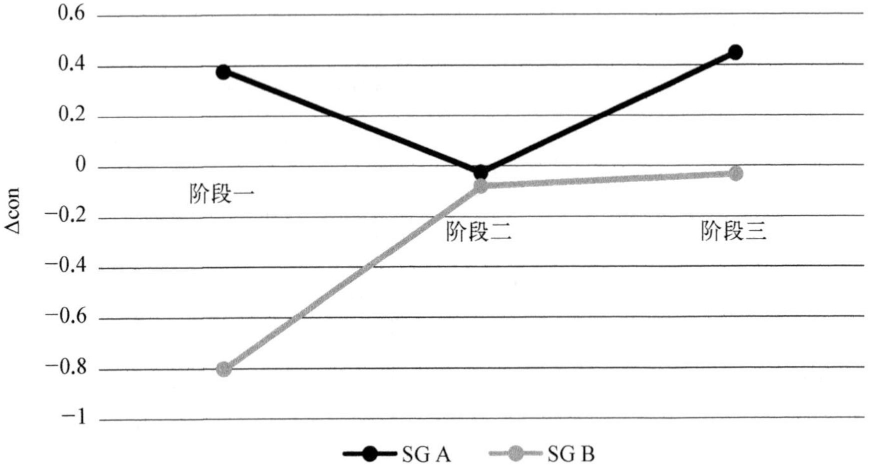

图4-9　SG A和SG B不同阶段Δ_{con}比较

表4-6　SG A和SG B平均每人每周查看能耗反馈次数

Period	SG A	SG B
1	54.90	1.12
2	5.70	0.02

在阶段三，两种反馈方式的节能效果都发生了反弹，导致在这一阶段中，网站用户的能耗行为向耗能方向改变了44.9%，智能手机应用程序用户的能耗行为向耗能方向改变了6.27%。住户在前两个阶段的节能行为改变并没有持续到第三个阶段，并导致了在撤除能耗反馈系统后，住户的能耗行为向更耗能的方向发生改变。但是从两个反馈方式的对比而言，智能手机应用程序相对于网站而言还是更为有效、更为节能。从实际的能耗改变而言，智能手机应用程序还是在阶段三实现了平均每天0.057 1 kWh的能耗节约，而网站则是更为耗能。从这个角度来讲，智能手机应用程序的实际能耗节约效果随着时间的改变、系统的移除仍旧可以持续。

从有效性的持续性角度分析，过去的研究成果推测长期的节能效果可能并没有短期的节能效果那么好(Kamilaris A, 2015)。一旦住户失去了对于能耗反馈系统的新鲜感，他们就不再向之前那样关心能耗反馈信息了，减少了其对能耗反馈系统的参与度，最终可能导致了节能效果的回弹。不过，很少有研究真正做到了个人水平的长期研究，也就没有从正面证实这一推测。但是，最近的一项研究在其实验中应用能耗反馈系统进行了长期的能耗行为干预，并且得到了节能效果长期有效的结论（Anderson，2015）。因为本文和这个研究的关注点不同、实验环境与对象不同，很难对比两个实验的实验结论或者分析具体哪个原因造成了结论的不同。但是，本文认为，使用能耗反馈系统对能耗行为进行更长时间的干预，可能会形成一个长期的能耗行为改变，也就是说形成一个新的节能行为习惯。总的来看，在反馈系统完全运行的阶段一，节能效果最好，部分运行的阶段二效果减弱，完全无反馈系统干预的阶段三产生了用电量回弹。为了进一步研究能耗反馈系统的长期影响，本研究对阶段三按周进行了分析，如图4-10和4-11所示。阶段三可以被划为两个子阶段，阶段3.1从第一周到第六周（2016年9月12日至10月27日），阶段3.2从第七周到第十三周，（2016年10月28日至12月25日）。这两个字阶段中能耗反馈干预效果的持续性显著不同。在子阶段3.1，两个实验组的日用电量变化显著不同（p-value＝0.002＜0.05）。在子阶段3.2，SG A的参与者们渐渐失去了对于节能的关心，比起接受能耗反馈时使用了更多能量，而SG B正相反。这可能是由于两个子阶段外界气温的显著不同造成的。气象记录显示子阶段3.2的日最低气温（平均值＝10.27℃，标准差＝3.77℃）明显地比子阶段3.2（平均值21.15℃，标准差＝

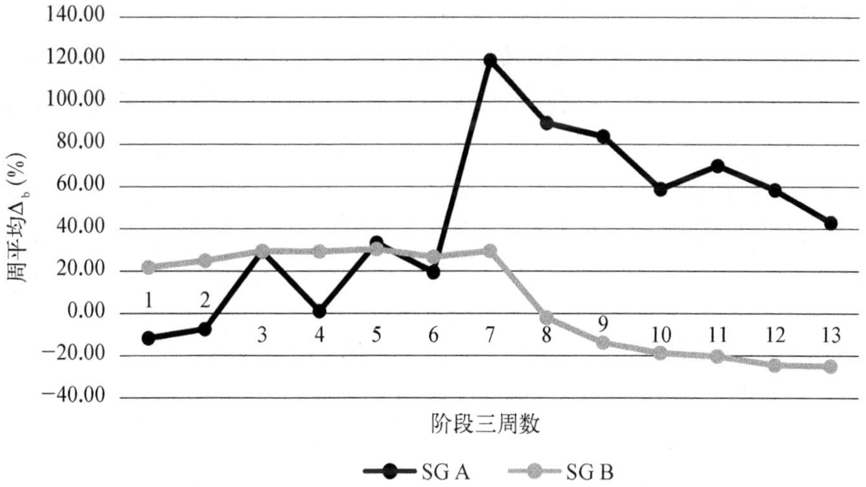

图4-10　阶段三周平均能耗变化率

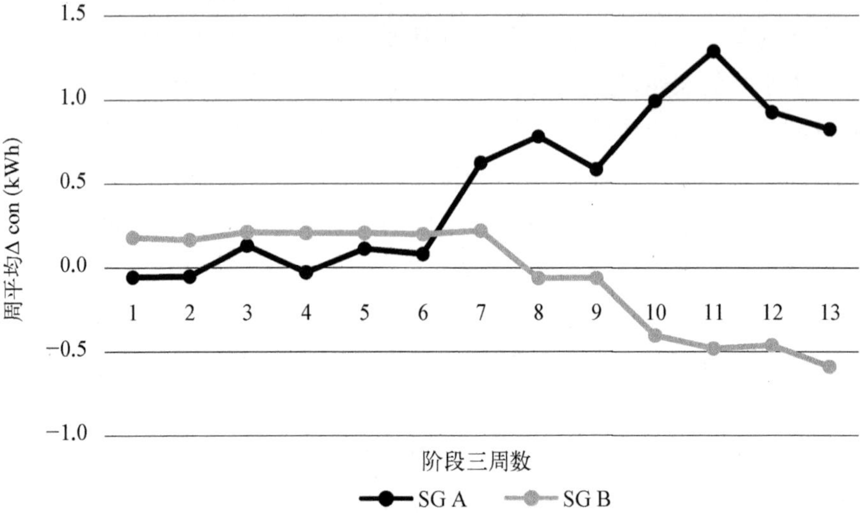

图 4-11 阶段三周平均能耗变化量

1.91℃)低。因此,作为实验建筑的主要用电器之一,空调的使用就明显地因为弹性用电需求而改变了。也就是说,能耗反馈的长期干预效果可以在某些情况下被观测到。这可能与气候变换和能耗弹性有关,未来的研究可以检验这之间的关系。

(四) 小结

许多学者致力于将能耗反馈系统设计得更为有效,通过行为干预实现更好的节能效果。学者们尝试了不同的反馈方式实现能耗反馈,得到的结果不尽相同且难以进行客观的比较。此外,大多数实验结果是在短期实验中证明了能耗反馈系统的有效性,未对不同反馈方式的有效性的持续性加以研究。在将能耗反馈系统广泛应用于实践前,有三个问题需要解决:① 哪一种能耗反馈方式的有效性更高;② 不同反馈方式带来的节能效果是否具有持续性;③ 在移除能耗反馈系统后,住户是否已经将改变的能耗行为作为一种新的习惯。为了研究这些问题,本文对两个基于不同反馈方式的能耗反馈系统进行了实验研究,基于网站和基于智能手机应用程序。

三个阶段的研究结果显示,当移除邮件提醒和整个能耗反馈系统后,住户倾向于更加耗能。这种有效性衰退的现象也符合部分文献的猜想。在对两个不同的反馈方式的有效性进行比较时,基于智能手机应用程序的系统的有效性更强、持续性更高。一个可能的解释就是，智能手机应用程序相较于网站来说，接入能耗反馈更方便。不同阶段的对比研究显示，能耗反馈系统在短期内有效，在中期减弱但仍节能，在长期显得更为耗能。对长期结果的进一步研究显示，能耗反馈的行为改变效果在长期可以被观测到，但可能受到天气和能耗需求弹性的影响。

本文的一个不足之处在于，所有的参与者都是在读博士生，其教育水平可能会影响到本研究的研究结果。然而现有研究证明收入对能耗反馈系统的有效性有影响，但还未证明教育水平对能耗反馈系统的有效性有影响。此外，实验组和控制组的所有住户都是在读博士生，因此，教育水平对本研究的潜在影响很大程度上可以通过控制组削弱。尽管本文是对于能耗反馈系统的有效性的长期研究，但是本文的实验阶段还未长到足以实现新的能耗行为习惯的养成以及持续的有效性，未来的研究可以拉长能耗反馈的干预时间以获得不同的有效性的持续性的结果。

五、能耗反馈系统有效性的跨文化研究

（一）跨文化研究方法论

1. 跨文化实验建筑

为了研究不同文化背景的住户使用能耗反馈系统的有效性，本文基于上述建立的基于网站的能耗反馈系统开展了实验。实验建筑是同济大学嘉定校区朋园宿舍区的四栋六层高的学生宿舍，如图 4 - 12 所示。中国学生住在 1，2 和 3 号宿舍楼，国际学生住在 4 号宿舍楼。每一个房间包括一个浴室、一个卧室和一个阳台，面积为 8 m^2 到 13.77 m^2，可以住一或两个学生。所有实验建筑共包含 470 个单人间和 473 个双人间，每个房间配有一个电表连接到中央控制系统。因为本文目的在于住户的个人能耗反馈信息对于个人能耗行为的影响，本文的研究范围限定在实验建筑中有人住宿的单人间，因为双人间只配备一个电表无法量度个人水平的变化。考虑到空调使用对于用电水平的影响，所有本次研究的单人间都是配备空调的房间。

2. 跨文化实验参与者

本次实验共有 39 名实验建筑的住户参与，包括 10 名中国学生，以及 29 名国际学生（分别来自德国（16）、意大利（5）、法国（2）、美国（1）、黑山（1）、葡萄牙（1）、瑞士（1）、埃塞俄比亚（1）和瑞典（1））。这些参与者都住在单人间中，也就是说电表的度数即为其个人用电量。其他单人间被视为控制组，其电量数据也被

图 4-12 一个实验建筑实景照片

能耗反馈系统同时收集，尽管这些学生并未直接受邀请参与到实验中来。参与者通过面对面的面试参与到实验中来，在面试中，研究人员向其解释了实验的目的，告知其将收到每周一封的提醒邮件提醒其通过能耗反馈系统网站查看其自身及同伴的能耗信息，并将给其接入网站的能耗反馈信息提供账户密码。所有参与者在面试中填写了 VSM 2013 和关于其个人基本信息的问卷，例如邮件地址、性别、教育水平和年龄等。参与者参与实验后收到研究人员提供的礼品卡以感谢其参与实验。值得注意的是，考虑到这次招募的方法，实验的参与者们可能比未同意参与实验的控制组住户们对于能源效率与节能更加关心。然而，本实验的目的不在于广泛应用本能耗反馈系统而进行的节能效果预测，因此上述可能对本文问题来说影响不大(Peschiera, 2012)。

3. 跨文化实验设计

本次实验从 2015 年 10 月 17 日开始，到 2016 年 1 月 15 日结束，共计 13 周，包含一个预实验阶段和一个实验阶段。预实验阶段一共 6 周，从 2015 年 10 月 17 日到 11 月 27 日。住户的预实验阶段的日用电量被能耗反馈系统收集，并用于校准实验阶段的能耗数据。2015 年 11 月 28 日，用户接收到第一封邮件，包含能耗反馈网站的网址以及默认的账户名和密码。实验阶段一共 7 周，从 2015 年 11 月 28 日到 2016 年 1 月 15 日，实验组(SGs)的日用电量被手机以分析能耗反馈系统的有效性。实验阶段中，参与者在每周一收到提醒其登录网站查看能耗反馈信息的邮件。没有直接参与到实验中的单人间宿舍的日用电量也同样被能耗反馈系统收集,并作为控制组(CGs)。控制组的设置是为了排除由于客观环境的影响(例如气温变化等)造成的用户能耗数据的变动。由于实验建筑的每户都有电量采集终端,因此本次研究的住宅楼能耗信息采集以每户用电量为基础。本文将把参与建筑能耗行为干预研究的学生分为两个实验组,并将实验组所在楼内其他单人间宿舍作为两个控制组:

实验组 A(SG A):受邀参与实验的能够查看在线能耗反馈接受周提醒邮件的中国学生;

实验组 B(SG B):受邀参与实验的能够查看在线能耗反馈接受周提醒邮件的国际学生;

控制组 A(CG A):只能查看电子显示屏无法查看能耗反馈网站的中国学生;

控制组 B(CG B):只能查看电子显示屏无法查看能耗反馈网站的国际学生。

4. 跨文化研究数据收集与分析

一共有 20 304 个单人宿舍的有效日用电量数据被收集分析,其中 897 个属于 SG A,2 745 个属于 SG B,10 029 个属于 CG A,6 633 个属于 CG B。本文所用的统计学方法与文献中被使用多次的一个研究方法类似(Jain, 2013)。

能耗反馈信息导致的日用电行为改变的统计学差异是能耗反馈系统有效性的一个指标,通过以下公式进行计算(Jain, 2013):

$$\delta_{\text{pre-study}} = \frac{\sum_{i=1}^{n}((P-C)/C)}{n} \tag{4-1}$$

$$\delta_{\text{study}} = \frac{P-C}{C} \tag{4-2}$$

$$\Delta_{c} = \delta_{\text{study}} - \delta_{\text{pre-study}} \tag{4-3}$$

能耗信息反馈带来的累计实际日用电量统计学差异是另一个能耗反馈系统有效性的指标,通过以下公式计算:

$$\delta_{\text{pre-study\_cum}} = \frac{\sum_{i=1}^{n}(P-C)}{n} \tag{4-4}$$

$$\delta_{\text{study\_cum}} = P - C \tag{4-5}$$

$$\Delta_{\text{c\_cum}} = \delta_{\text{study\_cum}} - \delta_{\text{pre-study\_cum}} \tag{4-6}$$

$$\Delta_{\text{cum}} = \sum_{i=1}^{d} \Delta_{\text{c\_cum}} \tag{4-7}$$

表 4 - 7 中是上述公式中变量的定义。

表 4 - 7 变 量 定 义

变 量	定 义
P	SGs 中某参与者的实际日用电量
C	CGs 的平均实际日用电量
n	预实验阶段天数
d	实验阶段的某一天
$\delta_{\text{pre-study}}$	P 和 C 在预实验阶段一个星期中给定的一天的平均百分比差异
δ_{study}	P 和 C 在实验阶段一个星期中给定的一天的百分比差异
$\delta_{\text{pre-study\_cum}}$	P 和 C 在预实验阶段一个星期中给定的一天的平均差异
$\delta_{\text{study\_cum}}$	P 和 C 在是实验阶段一个星期中给定的一天的差异
$\Delta_{\text{c\_cum}}$	SG 相对于 CG，从预实验阶段到实验阶段的用电量变化
Δ_{c}	SG 相对于 CG，从预实验阶段到实验阶段的用电量变化率
Δ_{cum}	SG 相对于 CG 的累计用电量变化

除此之外，VSM 2013 的参与者数据也经过其规定的方法（Hofstede，2015）对六个文化维度进行了评分，之后按照国籍进行了平均。本文文化维度的国别均分与能耗反馈系统的有效性指标进行关联分析，从而探究文化维度和能耗反馈系统有效性的关系。

（二）实验结果

1. 参与者信息

表 4 - 8 中给出了本次实验中每一个 SG 和 CG 中单人间住户的数量。本次实验共有 39 名实验建筑的住户参与，其个人信息通过问卷进行收集，其中 10 名中国学生在 SG A，以及 29 名国际学生在 SG B（分别来自德国（16）、意大利（5）、法国（2）、美国（1）、黑山（1）、葡萄牙（1）、瑞士（1）、埃塞俄比亚（1）和瑞典（1））。

这些参与者中，82.1%是男性，69.2%和28.2%分别是20—24岁和25—29岁。从教育水平来看，56.5%为在读本科生，17.9%为在读研究生，25.6%为在读博士生。所有住户的房间都有安装空调。由于不希望联系CGs的住户收集个人基本信息时使其意识到参与实验，从而受到影响而改变其能耗行为并最终干预实验结果，本次研究中的CGs的个人信息并没有收集。根据实地考察和面试过程，SGs和CGs中的住户相像，主要的用电行为有照明、空调、手机充电和电脑。

表4-8 每一个SG和CG中单人间住户的数量

组　别	单人间住户的数量
SG A	10
SG B	29
CG A	116
CG B	89

2. 参与者的数据阅览记录

实验期间，参与者一旦登录到能耗反馈系统中，其行为，包括查看数据和更改账户信息，都会被记录到系统中。图4-13为每周每人的平均数据查看次数。根据系统的记录，第一周为参与者查看数据的高峰期，在接下来一周中查看次数迅速减少并在后续保持稳定。整个实验阶段，每个参与者平均查看了其能耗数

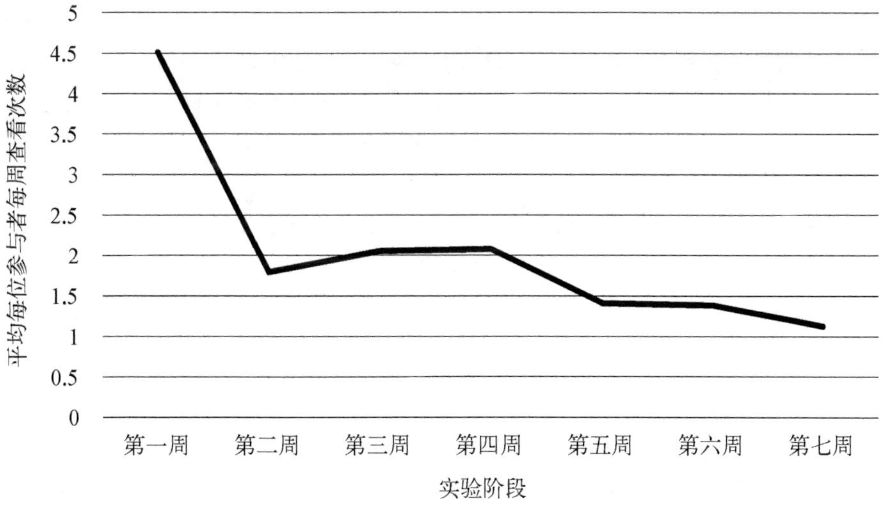

图4-13 参与者平均周查看次数

据19.6次，或者说每周2.8次。每个参与者在整个实验期间至少查看过一次能耗数据。数据同样显示76.9%的参与者每周至少查看数据0.5次，61.5%的参与者每周至少查看数据一次。结果显示，大部分的实验参与者有规律地使用能耗反馈系统，接收能耗反馈系统提供的定制化的能耗反馈信息。

3. 不同国家的Δ_c对比

首先，本文对比了SG A和SG B的能耗改变。图4－14表示相对于CGs，SG A和SG B在实验阶段每日的用电行为改变。由表4－9可见，SG A在使用能耗反馈系统后节约了16.7%的能耗而SG B在同一阶段增加了23.7%的能耗。T检验结果显示，P值为0.000，拒绝了SG A和SG B具有相同能耗改变的原假设。结果显示出，文化背景确实对能耗系统有效性有影响，这一结论也被两组之间的T检验结果支持。国际参与者在使用能耗反馈系统后能耗行为变得更加耗能了，这一结果与大多数文献的结果不一致。一个可能的解释是，国际学生不需要自己根据实际用电量付电费，而中国学生需要，因此其可能缺少节能的动力。另一个原因是，这种分组方法并不能很好地代表每一个国家的文化差别，因此，本文按照国别对参与者的数据进行了分组分析。

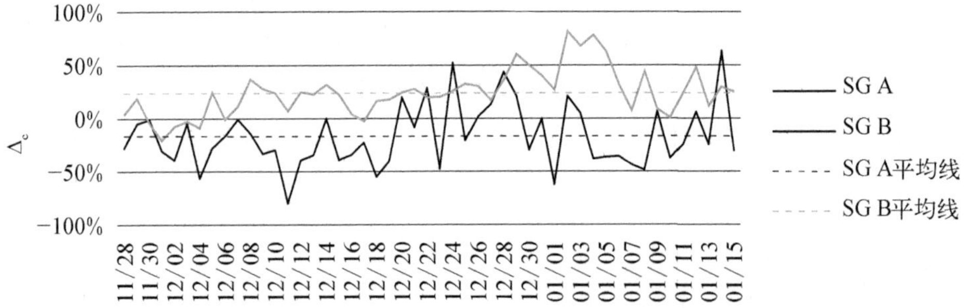

图4－14 SG A和SG B的日用电量变化

表4－9 SG A与SG B之间的结果对比

	SG A	SG B
均　值	−16.7%	23.7%
标准差	1.403	0.772
P　值	0.000	

Δ_c的数据点是对所有参与者按日收集的，并按照参与者的国籍分为了10组，在每一组中，对所有组中的参与者的Δ_c进行按日平均，并得到单一的数据

点。因此，由于实验阶段一共 49 天，每组有 49 个数据点。本文应用单因素方差分析(One-way analysis of variance, ANOVA)来比较不同组的 Δ_c 的差别，以此得出在有限数据点下 Δ_c 差异的统计学支持。表 4-10 中的单因素方差分析结果显示不同国家的 Δ_c 显著不同，P 值为 0.000。也就是说，参与者对能耗反馈的反应受到其文化背景的显著影响。图 4-15 为十个国家 Δ_c 均值的区间图。从图中可以看出，不同国家的能耗行为改变的均值以及置信区间都显著不同。埃塞俄比亚的参与者对能耗反馈的反应更为积极，实现了平均 75.4%的节能效果。来自法国的参与者对能耗反馈的反应最为消极，造成了平均 62.0%的能耗增加。来自德国、意大利、法国和黑山的参与者在使用能耗反馈系统后，从 95%的统计显著性上来讲趋向于增加能耗。延续上一段的分析，七个国家的参与者在使用能耗反馈系统后耗能增加。这一能耗增加的现象也出现在部分文献中(Jain, 2013)，该研究认为部分参与者对于能耗反馈的表现形式难以理解从而造成了该研究中某实验组的能耗增加。另一个可能的解释就是，基于经济学的效用理论，使用户接触到能耗反馈信息提高了参与者对于平衡能耗以及享受生活从而最大化效用的意识与能力，不同国家的参与者可能在效用曲线上发生不同方向的变化以实现效用最大化。

表 4-10 单因素方差分析结果

	平方和	自由度	均 方	F	Sig.
组 间	143.076	9	15.897	17.502	0.000
组 内	1 687.633	1 858	0.908		
总 计	1 830.709	1 867			

4. 不同国家的 Δ_{cum} 对比

单因素方差分析同样被用于研究是否不同国家的参与者的 Δ_{cum} 值不同。结果显示，不同国家的 Δ_{cum} 显著不同，P 值为 0.000。总的来讲，文化影响了使用能耗反馈系统带来的能耗改变。进一步说，图 4-16 给出了不同国家的参与者的累计用电量变化。从图 4-16 可以看出，同样是来自埃塞俄比亚的参与者对能耗反馈的反应最为积极，实现了实验阶段平均每人 81.4 kWh 的电量节约；来自法国的参与者对能耗反馈的反应最为消极，造成了实验阶段平均每人 141.36 kWh 的额外电量消耗。

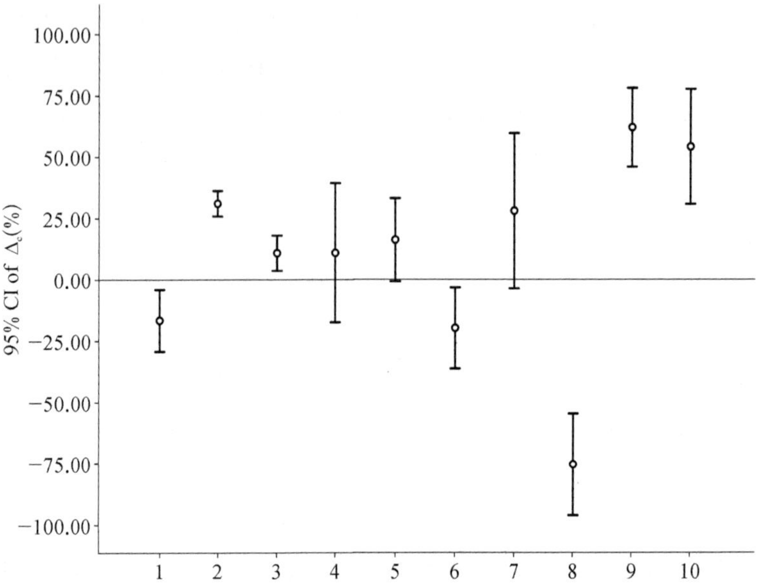

图 4-15 不同国家参与者 Δ_c 均值区间图

注：1—中国人；2—德国人；3—意大利人；4—美国人；5—瑞士人；6—葡萄牙人；7—瑞典人；8—埃塞俄比亚人；9—法国人；10—黑山人。

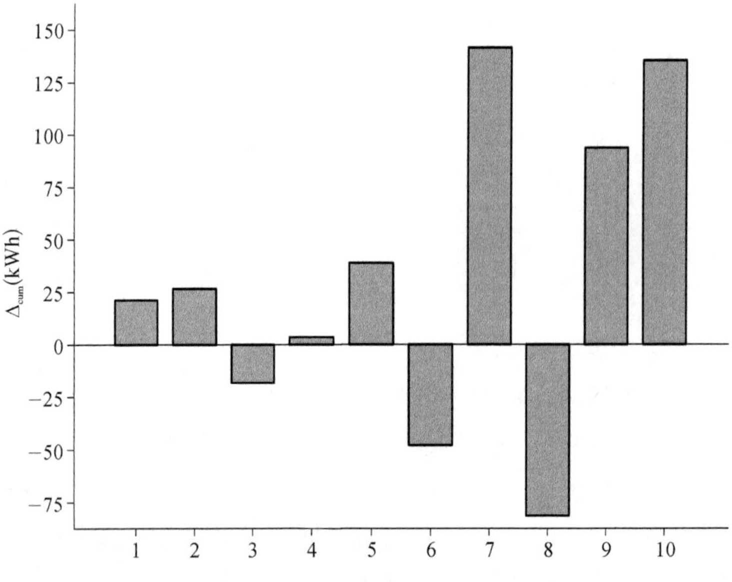

图 4-16 不同国家参与者 Δ_{cum} 均值

注：1—中国人；2—德国人；3—意大利人；4—美国人；5—瑞士人；6—葡萄牙人；7—瑞典人；8—埃塞俄比亚人；9—法国人；10—黑山人。

（三）分析与讨论

本节将对文化维度与参与者的日能耗行为变化以及累计能耗变化（Δ_c 和 Δ_{cum}）进行分析。表 4－11 为使用 VSM 得到的十组参与者所在国家的文化维度得分。由于一些组内的参与者数量较少，本文先对其是否能代表该国的文化进行了检验。文献中证实，不同文化之间每一个文化维度的相对排名从长期来看是稳定的(Hofstede，2001)。Hofstede(2011)在大量参与者的基础上研究了多国文化并给出了其对于各国文化在各个维度上的得分以及相对排名，这一研究成果被广泛认可以及应用，并作为评价是否一个基于 VSM 的调查样本具有代表性的标准。十组在各个文化维度上的相对排名以及其在 Hofstede(2011)中的排名之间的相似性经过余弦相似法进行计算。对于取值为正数的向量来说，向量间的余弦相似度的取值范围为从代表完全不相似的 0 到代表完全相同的 1。计算结果显示对于所有的六个文化维度来说，余弦相似度为 0.76～0.91，平均为 0.84。也就是说，两组相对排名是相当接近的，证明每一组的参与者都具有文化代表性。

表 4－11　参与者的文化维度得分

国　家	文　化　维　度					
	PDI	IDV	MAS	UAI	LTO	IVR
美　国	20	105	35	−155	−30	140
中　国	47	24	29	23	−3	39
埃塞俄比亚	35	−105	−70	−120	−55	105
法　国	−83	140	35	−18	−23	38
德　国	14	82	−14	−49	−27	60
意大利	−16	112	0	−54	1	67
黑　山	−35	35	105	−40	−65	45
葡萄牙	−10	105	−70	−65	40	110
瑞　典	−40	175	−35	−65	−30	110
瑞　士	50	0	35	−40	0	115

Kendall's tau-b 法的相关分析(2009)被用于研究不同组在各文化维度上的平均得分与 Δ_c 和 Δ_{cum} 的平均值之间的关系，从而得出文化维度如何影响能耗反

馈系统有效性的结论。表 4－12 为相关分析的结果。0.05 的显著性(Sig.)水平被用于确定一个文化维度与日能耗行为改变和累计能耗行为改变之间是否显著相关。对于统计学上显著相关的文化维度，相关系数(Cc)被用于量度影响的大小。

表 4－12　Kendall's tau-b 法对能耗改变和各文化维度之间的相关分析结果

能耗改变	文化维度											
	PDI		IDV		MAS		UAI		LTO		IVR	
	Cc	Sig.	Cc	Sig.	Cc	Sig.	Cc	Sig.	Cc	Sig.	Cc	Sig.
Δ_c	−0.231	0.000	0.211	0.000	0.254	0.000	0.186	0.000	−0.063	0.054	−0.138	0.000
Δ_{cum}	−0.186	0.000	0.133	0.000	0.499	0.000	0.325	0.000	−0.270	0.000	−0.185	0.000

Kendall's tau-b 检验的结果显示所有的文化维度都和 Δ_{cum} 显著相关，相关系数绝对值的取值范围为 0.133 到 0.499；除 LTO 之外的大多数文化维度，were correlated with 与 Δ_c 显著相关，相关系数绝对值的取值范围为 0.138 到 0.254。相关分析的结果给出了文化如何通过其六个文化维度从而影响参与者对于能耗信息反馈在能耗行为上的反应。具体来讲，如表 4－6 所示，权利距离(PDI)与能耗反馈系统有效性正相关，也就是说，权利距离得分高的参与者在接受能耗反馈后节约了更多的能源。在一个高权利距离的社会中，住户会接受等级秩序，也就是认为每一个人有其确定的位置无需更多确认，这样的住户会对能耗反馈系统的反应更为积极，也就是更为节能。个人主义或集体主义(IDV)与能耗反馈系统的有效性之间为负相关关系，也就是 IDV 分数越低，住户在接受能耗反馈后越节能。在集体主义的社会中，住户对于能耗反馈系统的反应更为积极，因为能耗反馈中包含了伙伴能耗信息的比较，而集体主义的社会成员不但关心其自身，还关心整个集体，因此集体主义的社会成员愿意为了与集体共享的环境的提高贡献自身的一份力量，也就是调整其自身的能耗行为。男子气质或女子气质(MAS)与能耗系统的有效性之间负相关，尤其是和 Δ_{cum} 之间的相关系数高达 0.499。MAS 的得分低说明是女子气质社会，也就是趋向于女子气质的学习以及更为和谐，在这样的社会中，住户的行为容易受到伙伴的影响从而改善其能耗行为，实现更高的节能效果。不确定性的规避(UAI)与能耗反馈系统的有效性之间也是负相关关系。不确定性的规避高的住户趋向于控制未来、减少对于未来的任何不确定性。这样的住户一旦接受能耗反馈，其对于未来能耗的不确定

性就随之减少，并因此减少为了控制未来能耗不确定性的节能动力，从而造成了能耗增加。长期导向性或短期导向性(LTO)与 Δ_{cum} 正相关。LTO 得分高的住户更易于根据状况的不同改变其传统或习惯，也因此更容易根据能耗反馈调整个人的能耗行为，从而实现节能。最后，放纵或约束(IVR)与能耗反馈系统的有效性也为正相关。IVR 得分低的社会中，住户对于满足自身需要以及享受生活的要求更低，也因此在行为上表现的更为约束，会在接受能耗反馈后约束自身的行为从而节约更多的能源。

（四）小结

本文分析了文化对于能耗反馈系统的有效性的影响。本文建立了一个能耗反馈系统并将其应用在实验建筑中，来自十个国家的 39 名学生参与了本次实验。通过分析参与者的能耗行为改变以及从六个文化维度评价每个国家参与者的文化特点，文化维度与能耗反馈系统有效性的关系得以研究。研究结果显示，中国学生与国际学生的能耗行为改变之间的差异显著。统计分析进一步表明，不论是从每日的改变还是从累计的改变上讲，不同国家的参与者的能耗行为改变都显著不同。进一步讲，本文探索了文化影响能耗反馈系统有效性的机制。文化通过 VSM 2013 进行量度，得出了不同的文化维度评分。而文化维度与用户对于能耗反馈系统的响应之间的关系被分析。研究结果显示，所有的文化维度都和能耗反馈系统的有效性相关，并进一步揭示出能耗反馈系统的有效性是取决于住户的文化背景的。本文的一个不足在于有限的样本量。尽管相较于文献中的样本量来说，本文的样本量足够或者说更大，但是每一个国家内的样本量仍旧有限，因为在实验建筑中的不同国家的学生数量本就有限。有限的样本量造成了本文中对于文化维度的评价和其他大样本的跨文化容量的评价不同。尽管如此，本文首次评价了文化对于能耗反馈系统的有效性的影响，结果表明能耗反馈系统在设计时应当对其目标群体的文化背景进行定制化设计，从而提高其在建筑节能上的有效性。

六、结论与展望

（一）结论

能耗反馈系统作为干预建筑住户能耗行为的一种手段，被学者们广泛研究其在建筑节能方面的效果。文献对不同的能耗反馈系统的影响因素进行了研究，也透露出文化以及反馈方式对能耗反馈系统的有效性可能存在影响，但并未有研究对这一潜在影响通过实证研究进行证实。为此，本文在回顾了相关文献以及理论的基础上，搭建了基于两种不同能耗反馈方式的能耗反馈系统，并将其应用到了本文的实验中。

本文首先研究了文化对于能耗反馈在建筑节能上的有效性的影响，采用了本文搭建的基于网站的能耗反馈系统对来自十个国家住在同一个大学宿舍区的39名大学生进行了实验。通过对能耗数据进行处理以及统计分析，结果表明，不论是从日常能耗数据来看还是从累计能耗数据来看，来自不同国家的参与者对能耗反馈系统的行为响应不同。为了进一步研究其中文化对于能耗反馈系统的有效性的影响机制，本文采用了 Hofstede 的文化维度模型对文化进行分析，并用与之对应的广泛采用的 VSM 2013 对文化维度进行了度量。本文对各文化维度与住户对能耗反馈的反应做了相关分析。结果显示所有的文化维度都与能耗反馈系统的有效性显著相关。也就是说，能耗反馈系统的有效性取决于住户的文化背景，因此在其设计中应当充分考虑目标住户群的文化背景并进行定制化设计以提高建筑节能效果。

文献中大多数实验结果是在短期实验中证明了能耗反馈系统的有效性，未对不同反馈方式的有效性的持续性加以研究。因此，本文接下来通过对两个基于不同反馈方式的能耗反馈系统(网站和智能手机应用程序)的实验，对以下三个问题进行了实证研究：① 哪一种能耗反馈方式的有效性更高；② 不同反馈方式带来的节能效果是否具有持续性；③ 在移除能耗反馈系统后，住户是否已经将改变的能耗行为作为一种新的习惯。三个阶段的长期研究结果显示，智能手机应用程序的节能效果更强、更持续。一个可能的解释就是，智能手机应用程序相较于网站来说，接入能耗反馈更为容易更为方便。在基于智能手机应用程序的能耗反馈系统中，随着时间的推移以及能耗反馈系统部分或整体的移除，住户们的能耗行为改变越来越弱。在基于网站的能耗反馈系统中，邮件提醒的有无似乎对能耗反馈系统的有效性并没有显著影响；然而移除整个能耗反馈系统则会带来能耗行为和实际能耗的回弹，造成更多的能源消耗。此外，本文实验结果对能耗反馈系统有效性的持续性研究提供了实证证据。

本研究有以下不足。

(1) 总样本量有限。本文对这一不足进行分析并认为现有的样本量足以支撑本文的结果与结论。但是本文仍相信更大的样本量会带来说服力更强的研究结论。

(2) 跨文化研究中，不同组内的样本量不同，而已有的文化维度研究的样本量都非常大。本文也对这一不足进行了分析，认为本文的参与者对其国家的文化具有较好的代表性，因此本文的结论有效。

(3) 在反馈方式的研究中，所有的参与者都是在读博士生，而教育水平可能会影响到本研究的研究结果。现有研究证明收入对能耗反馈系统的有效性有影响，但还未证明教育水平对能耗反馈系统的有效性有影响。此外，实验组和控制组的所有住户都是在读博士生，因此教育水平对本研究的潜在影响很大程度上可以通过控制组削弱，不会对研究结果产生显著影响。

尽管存在不足，本文首次对文化和反馈方式对于能耗反馈系统的有效性的影响进行了分析，研究发现能耗反馈系统的设计应对目标群体的文化背景具有指向性且应当注意反馈方式的设计与选择以提高建筑节能效果并使得节能效果可持续。

（二）进一步工作的方向

本文的研究虽然取得了初步的成功，但依然任重道远，尚有许多有待进一步深入的研究工作，这里择其要者简要讨论如下。

(1) 本文仅对来自 10 个国家的 39 名参与者进行了文化维度的分析，实际上，单单是中国也可以分地域区分地域文化，或者在更大样本量的基础上进行更多国家的、更为深入的分析。

(2) 本文中对文化和反馈方式这两个能耗反馈系统有效性的影响因素进行了分析，文献中有学者对其他影响因素进行了分析。为了使能耗反馈系统应用于实践从而实现节能，未来的研究可以关注如何将这些不同的影响因素整合在一个能耗反馈系统中从而实现更高的节能效果。毕竟这些因素之间可能不是完全独立的，可能相互之间存在影响或者共同作用于某些中间变量。

(3) 尽管本文是对于能耗反馈系统的有效性的长期研究，但是本文的实验阶段还未长到足以实现新的能耗行为习惯的养成以及持续的有效性。因此，能耗反馈系统有效性的持续性仍旧是一个可以深入研究的问题。如果能够研究出经过某一段时间（比如说一年或两年）的行为干预之后，即使撤销能耗反馈系统（比如说学生毕业、住户搬家脱离系统），参与者的节能行为仍旧稳定的保持住，形成一个使其在今后的工作生活中都能时刻不经意地节约能源的习惯，那么能耗反馈系统的实践应用将对社会更有意义。

参考文献

[1] ANDERSON K, SONG K, LEE S H, et al. Longitudinal Analysis of Normative Energy Use Feedback on Dormitory Occupants[J]. Social Science Electronic Publishing, 2015.

[2] ARMSTRONG R A. When to use the Bonferroni correction[J]. Ophthalmic and Physiological Optics, 2014, 34(5): 502 - 508.

[3] ATTARI S Z, DEKAY M L, DAVIDSON C I. Public perceptions of energy consumption and savings[J]. Proceedings of the National Academy of Sciences, National Acad Sciences, 2010, 107(37): 16054 - 16059.

[4] BEDWELL B, SHAO J. C-Aware: Introduction to a Case-Study of Cross-Cultural Participatory Design of Persuasive Visualizations[J]. 2011.

[5] BUCHANAN K, RUSSO R, ANDERSON B. The question of energy reduction: The problem (s) with feedback[J]. Energy Policy, Elsevier, 2015, 77: 89 - 96.

[6] CENTILMEN P. Ethnic Variation in Residential Energy Consumption and Conservation Behavior on the Basis of Cultural Differences[J]. 2010.

[7] CHEN V L, DELMAS M A. Real-time, appliance-level electricity use feedback system: How to engage users? [J]. Energy and Buildings, 2014, 70(2): 455 - 462.

[8] DARBY S. The Effectiveness of Feedback on Energy Consumption[J]. A Review for DEFRA of the Literature on Metering, 2006.

[9] DE MOOIJ M, HOFSTEDE G. Cross-Cultural Consumer Behavior: A Review of Research Findings[J]. Journal of International Consumer Marketing, Taylor {&} Francis Group, 2011.

[10] DESCHEPPER R, GRIGORYAN L, LUNDBORG C, et al. Are cultural dimensions relevant for explaining cross-national differences in antibiotic use in Europe? [J]. BMC health services research, BioMed Central, 2008, 8(1): 1.

[11] DISSANAYAKE D, SEMASINGHE D M. Does the Innate Culture make all Failures to Entrepreneurs? An Existing Context Specific Problem[J]. International Journal of Scientific and Research Publications, 2014.

[12] EGAN C. How customers interpret and use comparative displays of their home energy use[J]. Proc. European Council for an Energy-Efficient Economy, 1999.

[13] ELLIS P. A review of social research on the individual energy consumer[M]. School of Economics and Political Science, 1978.

[14] EMEAKAROHA A, ANG C S, YAN Y. A persuasive feedback support system for energy conservation and carbon emission reduction in campus residential buildings [J]. Energy & Buildings, 2014, 82: 719 - 732.

[15] GARDNER B, WHITTINGTON C, MCATEER J. Using theory to synthesise evidence from behaviour change interventions: the example of audit and feedback[J]. Social

science & medicine, Elsevier, 2010, 70(10): 1618 - 1625.

[16] GARDNER G T, STERN P C. The short list: The most effective actions US households can take to curb climate change[J]. Environment: science and policy for sustainable development, Taylor & Francis, 2008, 50(5): 12 - 25.

[17] HAAS R, AUER H, BIERMAYR P. The impact of consumer behavior on residential energy demand for space heating[J]. Energy and buildings, Elsevier, 1998, 27(2): 195 - 205.

[18] HAAS R, AUER H. The impact of consumer behavior on residential energy demand for space heating[J]. Energy and Buildings, 1998, 27(2): 195 - 205.

[19] HATTIE J, TIMPERLEY H. The power of feedback[J]. Review of educational research, Sage Publications, 2007, 77(1): 81 - 112.

[20] HENRY W A. Cultural Values Do Correlate with Consumer Behavior[EB/OL]. [2015 - 10 - 26]. http://www. jstor. org/stable/3150845? seq=1#page_scan_tab_contents.

[21] HERAS D B, OTERO D, ARGÜELLO F. An eco-feedback system for improving the sustainability performance of universities[C]//Virtual Environments Human-Computer Interfaces and Measurement Systems (VECIMS), 2011 IEEE International Conference on. 2011: 1 - 6.

[22] HERMSEN S, FROST J, RENES R J. Using feedback through digital technology to disrupt and change habitual behavior: A critical review of current literature[J]. Computers in Human Behavior, Elsevier, 2016, 57: 61 - 74.

[23] HOFSTEDE G H, HOFSTEDE G. Culture's consequences: Comparing values, behaviors, institutions and organizations across nations[M]. Sage, 2001.

[24] HOFSTEDE G, HOFSTEDE G J, MINKOV M. Cultures and organizations[M]. New York: McGraw Hill, 1997.

[25] HOFSTEDE G, HOFSTEDE G J, MINKOV M, et al. Values survey module 2013 [EB/OL]. [2015 - 11 - 20]. http://www. geerthofstede. nl/vsm2013.

[26] HOFSTEDE G, MINKOV M. Values Survey Module 2013 Manual[EB/OL]. [2015 - 11 - 20]. http://www. geerthofstede. nl/vsm2013.

[27] HOFTEDE G, HOFSTEDE G J, MINKOV M. Cultures and organizations: software of the mind: intercultural cooperation and its importance for survival[M]. McGraw-Hill, 2010.

[28] HOFTSTEDE G. Culture's consequences: International differences in work-related values[J]. Beverly Hills CA: Sage Publications, 1980.

[29] IYER M, KEMPTON W, PAYNE C. Comparison groups on bills: Automated, personalized energy information[J]. Energy and Buildings, Elsevier, 2006, 38(8): 988 - 996.

[30] JAIN R, GULBINAS R, JOHN E, TAYLOR P J C. Can social influence drive energy savings? Detecting the impact ofsocial influence on the energy consumption behavior of networkedusers exposed to normative eco-feedback[J]. Energy and Buildings, 2013,

66(5): 119 - 127.

[31] JAIN R K. Building Eco-Informatics: Examining the Dynamics of Eco-Feedback Design and Peer Networks to Achieve Sustainable Reductions in Energy Consumption[D]. Columbia University, 2013.

[32] JAIN R K, TAYLOR J E, CULLIGAN P J. Investigating the impact eco-feedback information representation has on building occupant energy consumption behavior and savings[J]. Energy and Buildings, Elsevier B. V., 2013, 64: 408 - 414.

[33] JAIN R K, TAYLOR J E, PESCHIERA G. Assessing eco-feedback interface usage and design to drive energy efficiency in buildings[J]. Energy and Buildings, 2012, 48(5): 8 - 17.

[34] JAIN R K, TAYLOR J E, PESCHIERA G. Assessing eco-feedback interface usage and design to drive energy efficiency in buildings[J]. Energy and Buildings, Elsevier B. V., 2012, 48: 8 - 17.

[35] KAMILARIS A, NEOVINO J, KONDEPUDI S, et al. A case study on the individual energy use of personal computers in an office setting and assessment of various feedback types toward energy savings[J]. Energy and Buildings, Elsevier, 2015, 104: 73 - 86.

[36] KARJALAINEN S. Consumer preferences for feedback on household electricity consumption[J]. Energy and Buildings, Elsevier, 2011, 43(2): 458 - 467.

[37] KATZEV R D, JOHNSON T R. Promoting energy conservation: An analysis of behavioral research[J]. Boulder, CO (US): Westview Press, 1987.

[38] LOOCK C-M, LANDWEHR J, STAAKE T, et al. The Influence of Reference Frame and Population Density on the Effectiveness of Social Normative Feedback on Electricity Consumption[J]. ICIS 2012 Proceedings, 2012.

[39] LUNA D, FORQUER G S. An integrative framework for cross-cultural consumer behavior[J]. International Marketing Review, MCB UP Ltd, 2001, 18(1): 45 - 69.

[40] MCHUGH M L. Multiple comparison analysis testing in ANOVA[J]. Biochemia Medica, 2011, 21(3): 203 - 209.

[41] MOHAMMADMORADI H, GNAWALI O, MOSS D, et al. The impact of user engagement in the effectiveness of energy saving programs: poster abstract[C]// Proceedings of the 15th International Conference on Information Processing in Sensor Networks. 2016: 47.

[42] MOOIJ M DE, HOFSTEDE G. Cross-Cultural Consumer Behavior: A Review of Research Findings[J]. Journal of International Consumer Marketing, Taylor & Francis Group, 2011.

[43] ORLAND B, RAM N, LANG D, et al. Saving energy in an office environment: A serious game intervention[J]. Energy and Buildings, Elsevier, 2014, 74: 43 - 52.

[44] OZAWA A, FURUSATO R, YOSHIDA Y. Determining the relationship between a household's lifestyle and its electricity consumption in Japan by analyzing measured electric load profiles[J]. Energy and Buildings, Elsevier, 2016, 119: 200 - 210.

[45] PESCHIERA G, TAYLOR J E, SIEGEL J A. Response-relapse patterns of building occupant electricity consumption following exposure to personal, contextualized and occupant peer network utilization data [J]. Energy and Buildings, 2010, 42 (8): 1329 - 1336.

[46] PESCHIERA G, TAYLOR J E, SIEGEL J A. Response-relapse patterns of building occupant electricity consumption following exposure to personal, contextualized and occupant peer network utilization data[J]. Energy and Buildings, Elsevier B. V., 2010, 42(8): 1329 - 1336.

[47] PESCHIERA G, TAYLOR J E. The impact of peer network position on electricity consumption in building occupant networks utilizing energy feedback systems[J]. Energy & Buildings, Elsevier B. V., 2012, 49: 584 - 590.

[48] PETERSEN J E, SHUNTUROV V, JANDA K. Dormitory residents reduce electricity consumption when exposed to real-time visual feedback and incentives[J]. International Journal of Sustainability in Higher Education, Emerald Group Publishing Limited, 2007, 8(1): 16 - 33.

[49] PETROLEUM B. BP Statistical Review of World Energy 2015[J]. London, 2015.

[50] QUINTAL F, NUNES N J, NISI V. Exploring the dimensions of eco-feedback in the wild[C]//Sustainable Internet and ICT for Sustainability (SustainIT), 2015: 1 - 3.

[51] SIERO F W, BAKKER A B, DEKKER G B, et al. Changing organizational energy consumption behaviour through comparative feedback [J]. Journal of environmental psychology, Elsevier, 1996, 16(3): 235 - 246.

[52] SOARES A M, FARHANGMEHR M, SHOHAM A. Hofstede's dimensions of culture in international marketing studies [J]. Journal of Business Research, 2007, 60 (3): 277 - 284.

[53] STATISTICS I E A. CO_2 emissions from fuel combustion-highlights[OL]. [2015 - 01 - 10]. http://www. iea. org/publications/freepublications/publication/CO2EmissionsFrom FuelCombustionHighlights2015. pdf.

[54] TWATI J M. The influence of societal culture on the adoption of information systems: The case of Libya [J]. Communications of the IIMA, 2014, 8(1): 1.

[55] VAN DAM S S, BAKKER C A, VAN HAL J D M. Home energy monitors: impact over the medium-term[J]. Building Research & Information, Taylor & Francis, 2010, 38(5): 458 - 469.

[56] VAN HOUWELINGEN J H, VAN RAAIJ W F. The effect of goal-setting and daily electronic feedback on in-home energy use[J]. Journal of consumer research, JSTOR, 1989: 98 - 105.

[57] VASSILEVA I, DAHLQUIST E, WALLIN F, et al. Energy consumption feedback devices' impact evaluation on domestic energy use[J]. Applied Energy, 2013, 106: 314 - 320.

[58] WILHITE H. Experiences with the implementation of an informative energy bill in

Norway[J]. Ressurskonsult report, 1997, 750.

[59] WILHITE H, NAKAGAMI H, MASUDA T, et al. A cross-cultural analysis of household energy use behaviour in Japan and Norway[J]. Energy Policy, Elsevier, 1996, 24(9): 795 - 803.

[60] WOOD G, NEWBOROUGH M. Energy-use information transfer for intelligent homes: Enabling energy conservation with central and local displays[J]. Energy and buildings, Elsevier, 2007, 39(4): 495 - 503.

[61] XU X, TAYLOR J E, LAURA A, et al. The impact of place-based affiliation networks on energy conservation: An holistic model that integrates the influence of buildings, residents and the neighborhood context[J]. Energy & Buildings, Elsevier B. V., 2012, 55: 637 - 646.

[62] ZHANG A, JIANG N, CHE P. Cross-Culture Study on the Consumption Behavior in Mobile Data Services [C]//Management and Service Science, 2009. MASS' 09. International Conference on. 2009: 1 - 5.

[63] 谷立静,郁聪.我国建筑能耗数据现状和能耗统计问题分析[J].中国能源,2011,33: 38 - 41.

[64] 中华人民共和国教育部中华人民共和国住房和城乡建设部.住房城乡建设部教育部关于印发《节约型校园节能监管体系建设示范项目验收管理办法(试行)》的通知[EB/OL].[2015 - 05 - 01]. http://www.mohurd.gov.cn/zcfg/jsbwj_0/jsbwjjskj/201406/t20140618_218232.html.

[65] 中华人民共和国住房和城乡建设部办公厅.加大供热计量改革工作力度确保完成建筑节能任务目标——仇保兴副部长在2010年北方采暖地区供热计量改革工作会议上的讲话[EB/OL].[2015 - 05 - 01].http://www.mohurd.gov.cn/lswj/ldjh/qjh41q.htm.

[66] 中华人民共和国住房和城乡建设部中华人民共和国财政部.财政部住房城乡建设部关于进一步推进公共建筑节能工作的通知[EB/OL].[2015 - 05 - 01]. http://www.mohurd.gov.cn/zcfg/jsbwj_0/jsbwjjskj/201105/t20110510_203337.html.